钟扬纪念文选

本书编委会 ◎ 编

复旦大学出版社

《钟扬纪念文选》编委会

主　任：焦　扬　许宁生

主　编：袁正宏　刘承功　金　力

副主编：陈玉刚　张人禾　陈浩明

编　委：（按姓氏笔画排序）

　　　　王卫东　包晓明　严　峰　李子凡

　　　　陈　洁　陈家宽　周　鹏　赵佳媛

　　　　南　蓬　曾　艺　楚永全

本书由复旦大学出版资助基金资助

序

焦 扬

我们说，伟大时代呼唤伟大精神，崇高事业需要榜样引领。当我看到下面一组数据，我又一次真真正正地感到，榜样的力量是无穷的！

2017年9月25日，复旦大学党委委员、研究生院院长、生命科学学院教授钟扬同志，在赴内蒙古为民族干部授课途中遭遇车祸，不幸逝世，年仅53岁。据不完全统计，自钟扬同志逝世至今，全国80余家主流媒体刊发纪念钟扬同志的原创报道500余篇，100余家网站刊发相关报道近5 000篇，近千个微信公众号发布相关文章1 800余篇。《人民日报》"中央厨房"相关新媒体产品一周内点击量达4 500万次，新华社微信公众号关于钟扬的报道阅读量近40万次。钟扬离去的第一时间，20余万人参与了在微信朋友圈发起的"献花缅怀钟扬教授"活动，纪录片《播种未来》一天全网点击量超过1 200万次；今年清明节期间，300多万人参与了在微信朋友圈发起的"点亮一颗种子，传递一个梦想"纪念钟扬线上活动……

一个人的离去，为什么令如此多的人哀思长存、深切怀念，使众多媒体在长达半年的时间里深入追踪、连续报道，又引发全社会强烈反响、广泛开展学习活动？答案只能是，今天，我们的时代仍然需要群众信服的先进典型，我们的社会仍然需要具有深刻感召力的优秀楷模。钟扬同志就是这样的典型和楷模，我们在他的身上看到了巨大的榜样力量。

不同的人，生的厚度不一样，离去的高度也不一样。钟扬同志53年的人生历程向我们生动诠释了人生的厚度，并为我们留下了一个震撼人心的逝去高度，昭示过往，感染当下，引领来者。他将永远以鲜活的形象留在深沉的文字里、厚重的史册里和人民的心坎里。

钟扬同志是深深扎根祖国大地的人民科学家，是教书育人好老师的楷模，是无私奉献的党员领导干部，是新时代共产党员"不忘初心、牢记使命"的优秀代表，是"两学一做"学习教育中涌现出来的先进典型，也是在复旦文化土壤的滋养中成长起来的优秀知识分子。在他身上，拥有很多我们这个时代、这个社会所迫切需要的宝贵精神和优秀品质，值得我们学习、铭记和践行。

——**对党忠诚、坚守初心的政治品格**。20多年前，钟扬同志在入党申请书中写到，要"为祖国的科学事业发展贡献力量""为伟大的共产主义事业奋斗终身！"这是他的初心，也是支撑他攻坚克难、不懈奋斗的动力源泉。正是在这种坚定理想信念的指引下，他始终奋斗在教书育人、科研报国、援藏扶智的道路上，培养了一批批未来的国家栋梁，取得了大量独创性科研成果，填补了西藏高等教育发展史上的诸多空白，创造了骄人的业绩。

——**扎根祖国、至诚奉献的爱国情怀**。钟扬同志说过，"只要国家需要、人类需要，再艰苦的科研也要去做"。他坚持把论文写在祖国的山川上，足迹遍布西藏最偏远、最艰苦、最荒芜的地区。他坚持把希望的种子撒在祖国的大地上，16年如一日，在青藏高原跋山涉水，在东海之滨披星戴月，用手收集种子，用脚丈量雪域高原，用心厚植国家未来，用爱浇灌民族团结之花。

——**为人师表、潜心育人的崇高师德**。钟扬同志常说教师是他最看重的身份。他认为，"每个学生都是一粒宝贵的种子，全心浇灌就会开出希望之花"。他坚持教书育人、立德树人，坚持有教无类、因材施教，始终爱生如子、甘为人梯，始终为人师表、以身作则。作为一名播种人，他把科研的种子、人才的种子、精神的种子播撒在了青少年的心中，播撒在了祖国的山河中。

——**矢志不渝、只争朝夕的奋斗精神**。钟扬同志始终孜孜不倦、忘我奋斗，把有限的生命投入无限的事业中。他始终把事业放在心上，对于认准的目标，他会抓铁留痕、持之以恒；对于要做的事情，他总是锲而不舍、踏石留印；对于当下的日常工作，他从不"歇歇脚、松松劲"，面对责任不推诿，面对问题不敷衍，面对困难不畏惧。在时代大潮中，他从不犹豫、从不懈怠、从不彷徨,在人生征程中,他永远坚定、永远搏击、永远奋进。

——**胸怀博大、为民造福的高尚人格**。钟扬同志总是把奉献社会作为自身的价值体现,把服务人民作为自己的肩头责任。他为国家种子库收集了上千种植物的4 000万颗种子,在东海之滨尝试引种了红树林,同时致力于科普工作,在青少年心中播下科学的种子。在他身上体现了一代代复旦人倡导并身体力行的"团结、服务、牺牲"的精神。

钟扬同志的一生是追梦的一生、拼搏的一生、奉献的一生。他的先进事迹和崇高精神感人至深、激荡人心,在全社会引发了广泛关注和强烈反响。中共中央宣传部追授钟扬同志"时代楷模"称号,教育部追授他"全国优秀教师"称号,中共上海市委追授他"上海市优秀共产党员"称号。

钟扬同志虽然离开了我们,但他的精神将永远激励着我们向善向上、团结拼搏。作为钟扬同志生前工作的地方,复旦大学在全校广泛开展向钟扬同志学习活动,发起争做"钟扬式的好党员""钟扬式的好老师""钟扬式的教学团队""钟扬式的科研团队"主题教育活动。为进一步弘扬钟扬同志先进事迹和崇高精神,学校启动了《钟扬纪念文选》的编辑工作,遴选、收录社会各界纪念钟扬同志的文章和媒体报道等内容。书中一件件生动事例,一句句真挚话语,一个个感人细节,把钟扬同志对党无比忠诚、对事业无比热爱、对学生无比关切的高尚情操,形象地再现在我们面前。相关文稿结集成册,为我们提供了一卷生动的理想、信念教育读本。

我们要以钟扬同志为榜样,深入学习贯彻党的十九大精神,用习近平新时代中国特色社会主义思想武装头脑,不忘育人初心,牢记时代使命,忠诚履责、勇于担当,加快建设中国特色世界一流大学,努力培养能够担当民族复兴大任的时代新人,更好地服务国家战略、服务经济社会发展,更多地造福于社会、造福于人民,为实现中华民族伟大复兴的中国梦、实现人民对美好生活的向往不懈奋斗!

是为序。

(作者为复旦大学党委书记)

目　录

序　　　　　　　　　　　　　　　　　　　　　　　　　　焦　扬 / 1

第一部分　钟扬同志先进事迹　　　　　　　　　　　　　　　 / 1
钟扬同志基本情况　　　　　　　　　　　　　　　　　　　　　 / 3
钟扬同志生前主要事迹　　　　　　　　　　　　　　　　　　　 / 4

第二部分　钟扬同志先进事迹报告团演讲内容汇编　　　　　　　 / 13
不忘初心的追梦人　牢记使命的拼搏者　　　　　　　　　金　力 / 15
耸立在雪域高原的精神坐标　　　　　　　　　　　　　　拉　琼 / 19
播种未来的时代先锋　　　　　　　　　　　　　　　　楚永全 / 23
在我心里，你永不会远去　　　　　　　　　　　　　　张晓艳 / 27
扎根大地的初心力量　　　　　　　　　　　　　　　　颜维琦 / 31

第三部分　纪念文章汇编　　　　　　　　　　　　　　　　　 / 35
在钟扬校友事迹座谈会上的讲话　　　　　　　　　　　包信和 / 37
追思小文　　　　　　　　　　　　　　　　　　　　　施蕴渝 / 40
永远在路上的探索者　　　　　　　　　　　　陈　凡　卢宝荣等 / 42
纪念植物学家钟扬　　　　　　　　　　　　　　　　　何芳良 / 46
独特的存在——写在钟扬离去百日　　　　　　　　　　曾　嵘 / 49
他本该采集更多的种子——悼念好友钟扬　　　　　　　周浙昆 / 52
追忆钟扬教授　　　　　　　　　　　　　　　　　　　王升跃 / 55
忆钟扬　　　　　　　　　　　　　　　　　　　　　　周继明 / 57
送别钟扬老师　　　　　　　　　　　　　　　　　　　马　坚 / 60

记我与钟扬老师的点滴交往	张　宁 / 62
逝去的激情岁月——忆与钟扬共事的片段	李　伟 / 65
追忆我一生的良师益友与好兄弟	黄德世 / 70
师者，智慧的宝库，精神的脊梁	于　漪 / 72
播种未来的追梦人——追忆钟扬	陈浩明 / 73
我想让大家读懂钟扬	陈家宽 / 76
一个追赶时间的人	拉　琼 / 79
一个有点傻气的人	黄　梵 / 83
一个真正的师者	经佐琴 / 88
不凡的善梦者——纪念钟扬教授读书活动（一）	曹则贤 / 92
不凡的善梦者——纪念钟扬教授读书活动（二）	江世亮 / 102
不凡的善梦者——纪念钟扬教授读书活动（三）	顾洁燕 / 105
不凡的善梦者——纪念钟扬教授读书活动（四）	顾卓雅 / 109
忆钟扬，哭钟扬	李亦学 / 110
永远的讲者——忆钟扬	吴家睿 / 112
寻"根"者钟扬	任文伟 / 114
我们永远的科普引路人　　徐　蕾　刘漫萍　鲍其洞　李必成 / 120
落其实者思其树	赵佳媛 / 126
钟老师永远活在我们心中	南　蓬 / 130
忆我恩师——钟扬教授	扎西次仁 / 136
斯人已逝，精神长存	单增罗布 / 140
哭钟扬师	蔡　宁 / 144
钟扬教授的未竟事业	刘玉仙 / 146
艰辛不负少年魁	杨长江 / 150

目录

高山仰止，景行行止	包晓明	/ 155
一个真正的榜样！	周　笑	/ 161
《钟扬媒体报道集》：永不抵达的签名	张鹤仪	/ 166
幸遇良师，师恩难忘	徐翌钦	/ 169
纪念我最敬爱的钟扬老师	陈思涵	/ 174
他引领我们走进科学殿堂	朱薪宇	/ 176
人生终有一次最后的远行——送别钟扬教授	刘　深	/ 178
创造丰富的土壤，长成参天大树——追忆钟扬教授	陈　怡	/ 182
播种未来　大爱永存	杨宇平	/ 188
悼钟扬教授	谌中和	/ 192
怀念我的表弟钟扬	吕放光	/ 195
静默的天空	林逸心	/ 201
永念钟扬二爷	钟桂香	/ 205
关于弘扬"钟扬精神"的倡议书	陈　凡　顾红雅等	/ 210

第四部分　媒体重点报道汇编　　　　　　　　　　　　　　/ 213

《人民日报》：一粒种子的初心与梦想——追记优秀共产党员、
　　复旦大学教授钟扬　　　　　　　　　　　　　　　　　／ 215

新华社：一颗种子的答案——雪域高原播种者钟扬的"精神珠峰"　／ 228

《光明日报》：播种未来的追梦人——追记扎根大地的人民科学家钟扬　／ 239

《经济日报》：在高原播撒"希望的种子"——追记援藏教师、复旦
　　大学教授钟扬（上）　　　　　　　　　　　　　　　　／ 242

《经济日报》：播种梦想　延续生命——追记援藏教师、复旦
　　大学教授钟扬（下）　　　　　　　　　　　　　　　　／ 247

China Daily：Death of famed "seed man" plants new hope　　　／ 252

《科技日报》：胸怀大爱，灌溉科学的种子——追记我国著名
　　植物学家、复旦大学教授钟扬　　　　　　　　　/ 256
《中国青年报》："探界者"钟扬　　　　　　　　　　　/ 260
中国新闻社：一位奔走在青藏高原的"追梦者"　　　　/ 269
《南方人物周刊》：钟扬：种子的意义　　　　　　　　/ 273
《中国教育报》：为使命而生——追记复旦大学教授钟扬　/ 293
《解放日报》：种子，西藏，和一个善梦者——记复旦大学教授钟扬　/ 306
《文汇报》：他在无数人心中播下种子——追忆复旦大学教授钟扬　/ 311
《新民晚报》："他用半辈子干了别人三辈子的事"
　　——记燃尽生命之光的钟扬　　　　　　　　　　/ 316
澎湃新闻：追梦人钟扬　　　　　　　　　　　　　　　/ 321

附录　　　　　　　　　　　　　　　　　　　　　　　/ 331
　　钟扬先生年表　　　　　　　　　　　曾　艺　董少校 / 333

第一部分

钟扬同志先进事迹

钟扬同志基本情况

钟扬，男，汉族，1964年5月出生，湖南邵阳人。1979年9月考入中国科学技术大学少年班无线电专业，1984年分配到中国科学院武汉植物研究所工作，1991年6月加入中国共产党，2000年调入复旦大学。钟扬同志生前系中组部第六、七、八批援藏干部，教育部长江学者奖励计划特聘教授，国家杰出青年科学基金获得者，复旦大学党委委员、研究生院院长、生命科学学院教授、博士生导师，长期从事植物学、生物信息学研究和教学工作，在植物学、分子进化、生物信息学、青藏高原植物多样性与适应机制等前沿领域取得一系列重要研究成果，是我国生物资源与安全领域的重要专家。曾获国务院政府特殊津贴、全国先进工作者、全国对口支援西藏先进个人、上海市先进工作者、上海市教卫工作党委系统优秀共产党员、复旦大学优秀共产党员等荣誉，以及国家科技发明二等奖、教育部自然科学一等奖、中国高校自然科学一等奖等多项国家和省部级奖励。2017年9月25日，钟扬在赴内蒙古为民族干部授课途中遭遇车祸，不幸因公殉职，年仅53岁。2017年10月13日，教育部追授钟扬同志"全国优秀教师"荣誉称号；12月12日中共上海市委追授钟扬同志"上海市优秀共产党员"称号；2018年3月29日，中宣部追授钟扬同志"时代楷模"称号。

钟扬同志生前主要事迹

钟扬是深深扎根中国大地成长起来的一名科学家和人民教师，也是党的一名优秀领导干部，他对党无比忠诚，对科研无比执着，对学生无比关怀，对事业无比热爱，以超乎常人的精神和毅力，为国家和人民奋斗到了生命的最后一刻。

"只要国家需要、人类需要，再艰苦的科研也要去做。"

"一个基因可以拯救一个国家，一粒种子可以造福万千苍生。"作为植物学家，钟扬深知，种质资源事关国家生态安全，事关整个人类未来。他将种质资源作为科研主攻方向之一，毕生致力于生物多样性研究和保护。

青藏高原是国家最大的生物"基因库"，有2000多种特有植物，但由于高寒艰险、环境恶劣，植物学家甚少涉足，这个世界屋脊的生物"家底"也因此从来没有被盘点过。如何把这个最大的生物"基因库"真正建立起来，为国家和人类储存下绵延后世的丰富"基因"宝藏，成为钟扬执着努力很多年的科研目标。从2001年起，他十六年如一日，在雪域高原艰苦跋涉50多万公里，收集上千种植物的4000多万颗种子，彻底填补了世界种质资源库没有西藏种子的空白。他和团队采集的高原香柏已提取出抗癌成分，将为人类生命科学作出新的贡献；他们在"无人区"追踪数年，最终寻获"植物界小白鼠"——拟南芥，并无偿提供给全球科研机构，为全球植物学研究提供了支撑。

藏族"神树"西藏巨柏是国家一级重点保护植物,由于是制作藏香的主要原料,长年遭受砍伐,已处于濒危边缘,拯救巨柏成为钟扬的一桩心事,但巨柏一般长在悬崖边,周边布满灌丛,要靠近都很难。为此,钟扬带领学生扎西次仁花了整整3年时间,不顾重重险境,想方设法逐一采样,终于将这全世界仅存的3万多棵西藏巨柏全部登记在册,建立起保护的"数据库"。他还通过研究,找到了可在制香功能上替代巨柏的柏木,从根本上为珍稀的巨柏筑起了保护屏障。

野外采样常常会遇到危险,但再苦再难,钟扬从不放弃。学生拉琼回忆过这样一段经历,"我们在珠峰大本营准备继续向上攀登,钟老师出现了严重高原反应,随时都会有生命危险。大家建议他待在帐篷里等,他却说'我最清楚植物的情况,我不去你们更难找,我必须上!'"那一次,他们历经艰险,最终在海拔六千多米的喜马拉雅山北坡采集到了珍贵的高山雪莲,这也攀登到了中国植物学家采样的最高高度。

《藏北的窗》是钟扬的一篇工作日记,里面有这样一段记录,"半夜,一阵胸闷将我从睡梦中惊醒。我急忙唤醒同屋的博士生老王,说'开点窗吧',他应声起床。黑暗中,却听'哐当'一声巨响,一股寒风扑面而来——糟糕,老王把整面窗户从二楼推了下去……"类似这样住宿条件的艰苦只是钟扬在西藏工作艰苦的点滴之一。十几年来,他的足迹遍布西藏最偏远、最艰苦、最荒芜的地区,经历了无数生死一瞬的艰险。峭壁上蜿蜒的盘山路,曾有巨石滚落砸中他所乘的车;在荒原里迷路,没有食物,几近绝望;在野外的干粮就是难以消化但扛饿的"死面团子";没有水,就不洗脸,没有旅店,就裹着大衣睡在车上,突遇大雨冰雹就躲在山窝里;为了保障植物遗传信息独立,披星戴月赶路,一天奔波七八百公里,每天只睡三四个小时……藏族同事给他起了个很特别的名字——"钟大胆",因为不管多么危险,多么困难,只要对研究有帮助,钟扬就一往无前。

在科研上,钟扬从不会有半点马虎和懈怠。他的学生耿宇鹏回忆,"一次外出采样,钟老师说去阿里。我们都提出质疑,阿里太高、太苦,而且物种较少，辛苦一天也只能采几个样，别人都不愿去。如果去物种丰富的藏东南，条件又好一些，而且很快就能完成采样数量。钟老师却说，正是因为别人都不愿去，阿里地区肯定还有未被发掘的特有植物，哪怕再苦，我们也必须去！西藏的每一个物种都对国家有着重要的价值！"

在青藏高原是如此，在相距西藏 5 000 公里外的上海，也是如此。现在去上海浦东临港，你会看到一片独特的红树林，这是钟扬和他的团队送给未来上海的礼物。大家都知道，红树林有着重要的生态效益，是难能可贵的"海岸卫士"，但却很难在高纬度地区存活。凭着用科研改善生态、造福人民的执着，钟扬带领团队通过十年不懈努力、艰苦攻关，最终在上海成功引种红树林，创造了目前世界红树林引种的最高纬度。十年中，冰冻灾害、野兔啃食、土壤不适……一个又一个困难面前，钟扬没有退缩，终于找到了适合红树林的最佳栽培方法。钟扬曾经感慨地说，"我一直梦想着上海的海滩能有大片大片繁盛的红树林，实现这个目标大概需要50年，我不一定能看到了。但红树林将造福上海的子子孙孙"。

"生命就这么长，要把最宝贵的时光献给祖国最需要的地方。"

16年，是钟扬生命的三分之一，也是他为祖国雪域高原献出的宝贵时光，从2001年起，他坚持10年自主进藏开展科研，此后更连续成为中组部第六、七、八三批援藏干部。第一次刚到西藏时，钟扬发现，西藏大学的植物学专业是"三个没有"：学科没有教授，老师没有博士学位，申请课题没有基础。更关键的是，老师们也并不相信钟扬的到来能为西藏大学带来什么改变，毕竟来的教授一拨又一拨，合作的人一批又一批，都没有帮助他们实现什么科研突破。但他们没想到的是，钟扬却坚守了下来，而且，这一坚守就是整整16年。

既是学生又是同事的扎西次仁回忆道："钟老师当时到了藏大，什么都没说，就是带着我们一起去野外考察。他血压高，身材又胖，刚到西藏时高原反应特别厉害，头晕、恶心、无力、腹泻，但他从不抱怨。每天清晨出门，为了把包里的空间尽量省下来装采样，他就只带两个面包、一袋榨菜、一瓶矿泉水,几乎天天如此。"

学生拉琼回忆,"钟老师生活极其简朴。他常年穿的一条牛仔裤是29元在拉萨地摊上买的。但他对藏大师生非常慷慨无私。例如,他私人出资组织了80多个藏大学生赴上海学习,私人出资鼓励藏大老师申报国家级项目。这些年,不舍得给自己多花一分钱的钟老师,自掏腰包给藏大师生的扶持,加起来至少几十万元"。

2002年,钟扬协助琼次仁申请国家自然科学基金,结果失败了。他安慰琼次仁:"万事开头难,我们明年再来!"在他的鼓励下,两人一起总结教训,继续进行高密度的野外考察,高原反应严重时,钟扬常常一边插着氧气管,一边连夜修改研究报告。2003年,申报终于成功了,消息传来,整个西藏大学沸腾了!这是西藏大学有史以来第一个国家自然科学基金项目,极大地增强了藏大师生的信心。2005年,琼次仁不幸查出癌症,弥留之际,他紧紧拉着钟扬的手说:"钟老师,我还没有和您合作够啊!""我走时,您来抬我",这是一个藏族同胞给予朋友最深的信任。

2015年,钟扬突发脑溢血,死里逃生苏醒后,第一时间口述让人写下了一封给党组织的信,他说,经过多年在西藏的工作,更加意识到建立高端人才队伍的极端重要性,他将矢志不渝地将余生献给西藏建设事业。长期的高原生活和过高的工作强度,使钟扬出现心脏肥大、血管脆弱等种种症状,每分钟心跳只有40几下。医生多次向他发出警告:不适合再进藏工作!但他还是一次次毅然选择了遵循初心,一次次踏上了进藏的路。

16年间,钟扬帮助西藏大学创造了一个又一个第一:申请到第一个国家自然科学基金项目、第一个生态学博士点、第一个生物学教育部创新团队,培养了藏族第一位植物学博士,带领西藏大学生态学科入选国家"双一流"建设一流学科名单,填补了西藏高等教育的系列空白,将西藏大学生物多样性研究成功推向世界。

"钟老师对西藏教育的影响是极其深刻的,不仅仅带来了学科上的新发展,更重要的是,带动和培养了一批又一批高水平的科研人才队伍,为西藏植物学未来发展奠定了坚实基础,也打造了高端人才援藏的新模式。"西藏大学副校长李俊杰由衷地说。

"每个学生都是一颗宝贵的种子，全心浇灌就会开出希望之花。"

"我有一个梦想，为祖国每一个民族都培养一个植物学博士。"钟扬特别喜欢招收少数民族学生，因为他认为少数民族地区培养人才尤其难，但培养好了，这些学生回到家乡，就能成为靠得住、留得下、用得上的生力军，帮助少数民族地区提高科研和生产水平。十几年间，他培养的少数民族学生已遍布西藏、新疆、青海、甘肃、宁夏、内蒙、云南等西部省份。由他培养的藏族首位植物学博士扎西次仁已成为西藏种质资源库主任，博士生拉琼已成为西藏大学生命科学系第一位博士生导师，哈萨克族首位生态学博士吾买尔夏提也回到新疆农业大学任教，成为民族地区急需的科研教学骨干。

钟扬招收学生还有一个"特点"，相比多数导师喜欢招收基础好、天赋高的学生，他却常常招收那些"特殊"学生、"问题"学生。杨桢是一名患"肌无力"的学生，在一次听过钟扬讲座之后对植物学产生了浓厚兴趣，于是鼓起勇气给钟扬写了封信。令他意外的是，钟扬很快约他见面，见到他的身体状况，鼓励他追求梦想，指导他复习迎考，经过努力，杨桢终于成为复旦的研究生，并进入钟老师门下。入学后，考虑到杨桢不能外出采样，钟扬指导他主要做生物信息学研究，并手把手辅导科研，杨桢终于以优异的成绩顺利毕业，他激动地说："是钟老师给我点亮了人生中的明灯，尽管身体不好，但也希望能像他那样，把自己的智慧贡献到国家需要的地方！"如今的杨桢，已经成为中科院的一名科研人员，正沿着钟老师的足迹继续前行……

学生韩利平至今也对钟扬深深感恩。她博士二年级时，由于课题推进不顺，精神几近崩溃，下定决心要退学。没想到穷途末路之际，当时是生科院常务副院长（分管研究生教育）的钟扬听说了她的情况，和她多次谈心，请她调整到自己的实验室重新选择感兴趣的课题方向，一起梳理研究思路，全力提供帮助，最终韩利平顺利毕业了。这样的故事还有很多很多……身边有人诧异，为什么要花费这么大功夫帮助这些基础并不好的学生，钟扬说，

"每个学生都有自己的价值,我们不能让任何人掉队"。

钟扬对学生,总如父亲般关爱。植物学野外考察多,钟扬始终把学生的安危放在第一位,一有什么意外,他总是冲在最前面保护学生。学生朱彬这样回忆,"一次野外考察,我因为缺氧晕倒了,钟老师赶紧给我吸氧。到了半夜,极度劳累的钟老师也出现了严重高原反应,我想把氧气管换给他,结果他一把阻止我,说'别动,快点插回去!我习惯了,没事的!'"学生王莉回忆,"在野外采样的路上,白天,钟老师总会坐在最颠簸的最后一排,而到了开夜车的晚上,他又总会换到副驾驶的位置,让我们休息,他忍着高原反应的不适,上气不接下气地坚持和司机说话,防止司机睡着发生危险"。

钟扬长期患有痛风,发作起来腿痛难忍。但让学生徐翌钦最为感动的是,"有一次上山采样,钟老师痛风发作,双腿几乎不能走路,大家都劝他在车上等。他担心我们上山不安全,于是他捡了一根粗树枝当拐杖,一瘸一拐带我们上山"。无数野外考察的清晨,都是钟扬冻得嘴唇发紫、强忍着身体不适,早起做饭、打包,他说,"年轻人贪睡,让他们多睡会儿";早上的实验室,钟扬总会习惯性多买几份早饭,因为他知道,"早上来找我的孩子们常常来不及吃饭,不吃伤胃"。

钟扬不仅是复旦大学"研究生心中的好导师",他还长期坚持为本科生上课,他的课广受学生欢迎。他主编的教材《简明生物信息学》是目前该学科全国高校使用最广、印量最多的教材。他还经常为青年学生上党课,结合自己的人生经历,鼓励同学们将个人的事业与国家的发展紧密结合起来。

在忙碌的科研教学之余,钟扬还以巨大的热情投入大众科普教育事业。他参与了上海科技馆、自然博物馆的筹建,并作为学术委员会成员义务服务17年。他承担了上海科技馆英文图文翻译和上海自然博物馆近500块中英文图文的编写工作。他的五十岁生日就是在上海自然博物馆加班编辑词条中度过的。他投入大量精力,出版了《基因计算》等科普著作3部、《大流感》等科普译著6部,录制了《植物家族历险记》《种子方舟》等科普教育节目。他还是最受青少年欢迎的明星专家,常常挤出时间办公益科普讲座,他的实验室也一直对中小学生开放。有人问钟扬,"你堂堂一个大教授,干嘛花这么多时间来给小朋友科普？"钟扬回答，"科学知识、科学精神和科学思维是要从小培养的，现在让他们多一点兴趣，说不定今后就多出几个科学家"。

"一名党员，要敢于成为先锋者，也要甘于成为奉献者。"

"组织的需要第一""功成不必在我""干事比名分重要""有责任，我担着"，这些都是钟扬对同事说过的话，也是他作为一名党员领导干部的坚定信念。他33岁就担任武汉植物所副所长，成为一名副局级领导干部；2000年，为投身高等教育事业，毅然来到复旦大学做了一名普通教师。2003年，因为组织需要，他担任了生命科学学院常务副院长，推动了一系列突破性改革，使学院的学术水平和国际地位得到很大提升。2008年院班子换届，很多老师提议让钟扬出任院长，但他却婉拒了，他说学院应该全球招聘院长，这样可以进一步提升学术影响力。2012年，他接受组织安排担任研究生院院长，始终秉持"以学生为本"的办学理念，紧紧抓住研究生培养质量这一关键，探索实行了"集中授课式"课程项目、"问题驱动型"研究生培养质量检查、研究生服务中心、导师服务中心等系列改革举措，受到国内同行广泛关注和高度评价。

钟扬常常感到时间不够，无论何时，他都以时不我待、只争朝夕的紧迫感投入工作。他一年飞行次数最高超过170次，有时密集到一周坐10趟飞机；每次出差都选择最早班飞机，只为上午到达后就能立即开始工作，为了赶早班飞机，好几次深夜睡在机场楼梯间里；经常在办公室工作到半夜，为了不打扰看门师傅休息，研究生院办公楼专门设置了一个门禁，只有钟扬有唯一一张门禁卡，因为只有他才会这么晚离开；他的闹钟固定地设在凌晨3点，不是用来叫早的，而是提醒他到点睡觉；突发脑溢血后，他只住了十几天院就重新投入工作，而当时半身不遂的他甚至连午餐盒都无法打开……"他用53年的人生做了别人100岁都做不完的事"，他的同事这样感叹。

钟扬确实用有限的时间做了很多的事，但留给自己、留给家庭的时间却少之又少。妻子张晓艳心中一直有个很大的遗憾，家里那张"全家福"已经是12年前的了，一年前，在儿子的多次恳求下，钟扬终于答应挤出时间陪全家一起去旅游，多拍点"全家福"，可到了出发前，他又因为工作安排缺席了。钟扬和妻子曾有一个私下约定：孩子15岁前，妻子管；15岁以后，钟扬来管，2017年9月9日，他们的双胞胎儿子过完了15岁生日，但钟扬却永远失约了。妻子张晓艳说，"国家的教育事业是钟扬一生的牵挂，家人商量决定捐出他车祸的全部赔偿金，用于支持西部少数民族地区的人才培养工作"。

尽管做过多个领导岗位，但钟扬严格自律、简朴廉洁的作风却从未改变。同事包晓明回忆，"钟院长对个人生活要求极低，他没有羊毛衫、羽绒服，他的办公室有一个纸箱，里面放着已经破洞的牛仔裤、住院时用的拖鞋等，他不舍得扔，觉得在办公室偶尔还能穿。他连一张纸都特别珍惜，双面打印还不算，还会把空白处剪下来记录待办事项"。

在钟扬去世后，一些同事上门探望才发现"钟扬家里竟一直是上个世纪的老旧陈设，简陋的家具，老式的电视机，简直难以和他的身份联想到一起"。和他熟悉的同事都知道，"钟扬从来不对职务待遇、收入条件有任何要求，他唯一的心愿就是做事，做对国家、对社会有价值的事"。

"雪域十六载援藏报国胸怀西部常在路上，风华五三秋崇德育人桃李天下播种未来"，几十字的挽联道不尽钟扬追梦的一生、拼搏的一生、奉献的一生。钟扬同志的先进事迹感人肺腑，崇高品德激荡人心，在他身上，集中体现了对党忠诚、坚守初心的政治品格，始终坚持党的原则第一、党的事业第一，人民利益第一，面对国家需要，勇挑重担、攻坚克难；面对党的事业，不畏艰险、锐意进取。集中体现了扎根祖国、至诚奉献的爱国情怀，用手盘点生物家底，用脚丈量雪域高原，用爱浇灌民族团结之花，用心厚植国家未来，把希望播撒在中华大地上。集中体现了矢志不渝、只争朝夕的奋斗精神，始终把事业放在心上，把心放在事业上，在时代大潮中从不犹豫、从不懈怠，认准了目标，就坚持不懈、扭住不放，跨过一沟再越一壑，过了一山再登一峰。集中体现了胸怀博大、为民造福的高尚人格，始终严于律己、襟怀坦荡，心底无私、淡泊名利，学为人师、行为世范，秉持"功成不必在我"理念，只求真真切切培养一批人，为国家民族、为人民群众多做实事。

第二部分

钟扬同志先进事迹报告团演讲内容汇编

不忘初心的追梦人　牢记使命的拼搏者

金　力

各位领导，同志们、同学们：

我是复旦大学副校长金力，也是和钟扬共事了14年的同事和挚友。

在复旦生命科学学院，我和钟扬是两个著名的"胖子"，也是著名的工作"疯子"，平常都太忙了。以至于这两个多月来，我一直觉得他还没走。在我内心里，始终不愿去面对、去回忆、去接受这个事实。直到参加这个报告团，才让我不得不鼓起勇气来回忆他……

倘若要让我用一个关键词来凝练钟扬的一生，我觉得应该是"追梦"二字。在刚才的短片里，大家也听到了他说的话："我有许多梦想，它们都在遥远的地方，为了梦想，我独自远航。"

我想，钟扬就是这样一个一生追梦的人。

1979年，15岁的他高一就实现了大学梦，考入中科大少年班。从无线电专业毕业后，他分配进入中科院武汉植物研究所工作，开始从事植物学研究。天资聪颖，年少有为，他二十几岁就成为当时国内植物学领域的青年领军人物。

这些成绩的背后，是他超乎常人的坚持和勤奋。他特别推崇格拉德威尔的"一万小时理论"，他最初从无线电专业转向植物学研究，花了整整两年业余时间，风雨无阻，旁听了武汉大学生物系所有课程。他也曾风趣地说，自己做科研有"新四不像"精神。像狗一样灵敏的嗅觉，把握前沿；像兔子一样迅速，立即行动；像猪一样放松的心态，不怕失败；最后也是最重要的，像牛一样的勤劳，坚持不懈。

2000年，钟扬放弃了武汉植物所副所长的岗位，来到复旦做一名普通教授。2003年开始，我和钟扬同在生命科学学院领导班子并肩作战了整整5年。为了促进学科的进步，推动复旦的发展，钟扬有很多战略考虑，有很多创新举措。我们合作非常默契。2008年，我担任学校副校长之后，学院很多老师提出应由钟扬接任院长，而他却摆摆手婉拒了，他说学院应该在全球招聘院长，这样可以提升全球影响力。

在他心中，对职务和名利总是看得很轻。

他的头脑里，考虑得更多的是社会、是国家，关注的不仅是当下，还有长远的未来。

来到复旦后，他和学院几位老师一起承担了重建生态学科的使命。他越来越意识到，随着人类活动和环境变化，很多物种在消失，保存种质资源已经成为一项基础性、战略性的工作。他经过大量细致的文献调研和实地野外考察，发现西藏独有的植物资源一直未受足够重视，物种数量被严重低估。即使在全世界最大的种质资源库中，也缺少西藏地区植物的影子。他开始把目光投向我国生物资源最为丰富的青藏高原。

为国家打造生态屏障，建立起青藏高原特有植物的"基因库"，成了他心中又一个梦。

去过青藏高原的人都知道，在与自然极限的抗争中，人类是极其脆弱和渺小的，因此几乎没有人愿意在那样高寒险恶的环境中长期工作。所以我最为佩服的就是，钟扬为了心中理想，竟然能整整坚持16年！

我相信，如果不是这场意外，他还会继续坚持下一个10年，20年！

他曾得意地告诉我：这十几年他们已经收集了4 000多万颗种子，占西藏植物物种的五分之一。在未来的10年，可能再完成五分之一。我至今无法忘怀他当时兴奋的表情，他对我说，如果能多培养一些人，大家协同攻关，20年就有可能把西藏的种子库收集到四分之三，也许再用30年就能够全部收集完！

10年、20年、30年！人生能有几个10年啊！那么多的艰苦，也只有他，说起这些能云淡风轻；也只有他，扎根进去，就毫不犹豫，绝不回头……

除了科研上的长远眼光，钟扬选择来复旦，也源于他的教师情结。他说：每个人的生命都有其结束的一天，但是他毫不畏惧，因为他的学生会将梦想之路延续。在他眼里，每个学生都是独特而宝贵的种子，只要用心浇灌，就会生根发芽，开花结果。

在复旦大学任教17年，他培养了100多位研究生和博士后。他的生物信息学课，是生科院最受欢迎的课，我的学生都选了他的课。他始终坚持有教无类、因材施教，根据每位学生的特点进行有针对性的培养。他曾和我们半开玩笑说，在商场，顾客是上帝；在老师心里，就要把学生当上帝。他每次午饭会跟不同学生一起吃，他说这样才能跟学生有更多接触，更好地了解学生的特点。

他还有一个特点，那些基础较为薄弱、研究没有方向，甚至毕业出现问题的学生，他最后都会收到自己名下，一个个谈心，一个个指导。很神奇的是，最后这些学生都能够顺利毕业，甚至有些学生非常优秀地毕业，这是他的能力。为了学生的学术发展，他可以仔细标记好英文文献的学习重点，可以花30多个小时给他们改一篇论文，甚至细到每一个标点符号。

他还很喜欢招收少数民族学生，他曾对我提起过，他有一个梦想，想为祖国每一个民族都培养一个植物学博士。我和他培养的第一个藏族学生扎西次仁接触非常多，他现在已经是西藏种质资源库的主任了。

我知道他长期患有痛风，发作起来走路会一瘸一拐。他曾开玩笑对我说，痛风痛风，就是痛起来要你发疯！然而每一个跟着他去过野外的学生都知道，当痛风发作，腿痛难忍的时候，他也绝不会让学生自己冒险上山，他的做法是，就近找根粗壮的树枝当拐杖，忍痛坚持着，带大家上山。

在我眼中，钟扬就是这样一个极其坚强、心怀大爱、纯粹无私的人。他敢于有梦、勤于追梦、善于圆梦，一旦树立目标，就咬定青山不放松。

就像大家都知道，他还尝试为上海引种"海岸卫士"——红树林。我们知道红树以前最北存活纬度是在温州，以前没人敢想。有一次我们一起开院务会，钟扬提出来说，气候变暖了，也许上海也能种活。上海的海岸线是很脆弱的，需要红树。于是他马上开始投入尝试，经过多年努力终于成功。

他知道这些种下的小苗至少要50年后才能长大，长成红树林则要上百年，甚至更久，自己肯定不能看到这一幕，但他说，这是我献给未来上海的礼物。他真心希望上海光秃秃的海岸线能长出美丽的红树林，成为上海新的生态名片。

他就是这样，始终不忘科研报国之初心，牢记民族复兴之使命；始终不忘立德树人之初心，牢记人才培养之使命。他的追求里始终是人类、是国家，是科学、是教育。他的追求里有无数的别人，唯独没有他自己。

所以大家问我眼里的钟扬是什么样的，我说，他就像一个战士，冲锋在最前线，他一心只想着前方的高地，忘记了喘息，也忘记了自己……

不是杰出者才善梦，而是善梦者才杰出。钟扬是这么说的，也是这么做的。所以，他最终达到了令人仰望的生命高度。

谢谢！

（报告人为中国科学院院士、复旦大学副校长）

耸立在雪域高原的精神坐标

拉　琼

尊敬的领导，老师们、同学们：

我是来自西藏大学的教师拉琼。今年9月25日，是一个让我、让许许多多藏大人刻骨铭心的日子——用生命支援西藏大学发展、全力培养少数民族学生的钟扬老师，永远地离开了我们……

那天中午，我正在钟老师西藏大学的宿舍里整理房间，我们已经和他约好了，三天后，他回拉萨参加西藏大学生态学一流学科建设的会议。在钟老师的带领下，西藏大学生态学刚刚入选了国家"双一流"建设一流学科名单，我和藏大的同事们都特别兴奋，特别期待钟老师的到来。

下午1点10分，我收拾好房间，准备坐下来歇一会儿，却突然接到电话，得知了老师的噩耗。当时我的脑子一片空白，真是如同晴天霹雳。看着房间里挂着的老师的帽子、衣服和用过的东西，我的泪水不断涌出，震惊、悲痛、绝望，难以言语。

于我而言，钟老师是我人生中最重要的良师、益友，也是我事业发展的精神支柱。

2006年夏天，我与钟扬老师第一次相遇，那时我刚从国外读完植物学硕士回到藏大。睿智、自信、渊博、幽默、热情是钟老师留给我的第一印象，是非常深刻的印象。第一次见面他就提醒我说："你刚从挪威拿到硕士学位，回到西藏，千万别把英语给丢了啊。"随后几次见面他更是鼓励我尽快报考复旦的博士研究生。后来，我真的有幸成为钟老师的学生，成了他培养的第二名藏族植物学博士。博士毕业回到西藏大学后，在钟扬老师的持续影响下，现在我已经成长为西藏大学理学院的教授、博士生导师。本来我以为能更好地和老师一起实现科研梦想了，而老师他，却永远离开了我们……

当初钟老师来西藏，是因为青藏高原拥有世界上最丰富的高山植物资源，但重视程度远远不够，即使在全世界最大的种质资源库中，也没有西藏地区植物的影子。他认为这不应该，必须要填补这个空白。西藏需要科学家，更需要长期扎根的科学家。

钟老师到了西藏后，发现西藏的科研基础太薄弱。当时西藏大学的生态学科可以说是"三个没有"：学科没有教授，教学科研团队中没有博士，课题申请没有基础。钟老师意识到，西藏需要的不仅是科学家，更急需的是教育工作者，于是，钟老师决定投入更多的精力帮助西藏大学提升科研水平和人才培养，他要成为这里的"援藏教师"。

一开始，钟老师是自发援藏，那时，他还不是中组部选派的援藏干部，他的很多帮扶工作，西藏大学也还没有条件给予经费保障。但他从不计较这些，他就是想把事情做好。

熟悉钟老师的人知道，他生活极其简朴。他常年穿的一条牛仔裤是在拉萨地摊上买的，只花了29元。刚开始我还觉得，一个上海来的大教授，怎么如此小气。但后来我发现，他对藏大师生非常慷慨无私。例如，他想帮助藏大的学生开拓视野，私人出资发起了"西藏大学学生走出雪域看内地"活动，组织了80多个西藏大学学生赴上海学习。面对西藏大学老师申报国家级项目没经验、不敢报、没人报的现象，他不仅帮老师们义务修改项目申请书，还提供申报补助。只要是藏大老师申报项目，无论是否成功，他都补助两千元，用于支付申报过程中产生的费用。这些年，穿着旧牛仔裤、背着旧书包，不舍得给自己多花一分钱的钟老师，自掏腰包给藏大师生的扶持，加起来至少几十万。

钟老师刚到西藏时高原反应特别厉害，并不是说钟老师去过西藏很多次，高原反应就不存在了。事实上，差不多17种高原反应，钟老师每次进藏都会遭遇几种，他还有高血压、痛风，16年的坚持，其毅力是常人无法想象的。

2002年，钟老师帮助藏大的琼次仁老师申报国家自然科学基金，当时他常常一边插着氧气管，一边连夜修改申请报告。最终，这个项目成为西藏大学拿到的第一个国家自然科学基金项目，极大地增强了藏大老师们的科研信心，也极大增强了藏大老师与钟老师之间的友谊。2004年，琼次仁老师不幸罹患癌症，弥留之际，他紧紧拉着钟老师的手说："我走时，你抬我，你来抬我。"琼次仁老师的话，体现了我们藏族人能够给予朋友的最高的信任。钟老师就像那高原的神鹰，给了我们无限的信心、勇气与力量！

这些年，钟老师带着我们采样的足迹遍布西藏最偏远、最艰苦、最荒芜的地区，经历了无数艰险。在野外，没有水就不洗脸，没有旅店就裹着大衣睡在车上，突遇大雨冰雹就躲在山窝里。我们的车曾被峭壁滚落的巨石砸中，曾在荒原里抛锚，没有食物，几近绝望，但我们都挺过来了。钟老师特别能吃苦，特别有毅力，我们有藏族同事给他起了个别名——"钟大胆"。因为不管多么危险，多么困难，只要对研究有帮助，他就一往无前。

印象最深的一次，是我和扎西次仁跟着钟老师去采集高山雪莲。我们从海拔5 200米的珠峰大本营出发向更高的山地挺进时，钟老师出现了严重的高原反应，随时都会有生命危险，我们都建议他待在帐篷里等，他却说："我最清楚植物的情况，我不去的话，你们更难找。你们能爬，我也能爬！"最终，钟老师带着我们在海拔6 000多米的珠穆朗玛峰北坡采集到了被认为是生长在海拔最高处的种子植物——鼠曲雪兔子。这一次，钟老师也带着我们攀登到了中国植物学家采样的最高点！

16年来，钟老师对西藏人才培养几乎倾注了全部心血。他帮助西藏大学创造了一个又一个"第一"：申请到了西藏第一个理学博士点，为藏族培养了第一个植物学博士，带出了西藏第一个生物学教育部创新团队，带领西藏大学生态学科入选国家"双一流"学科建设名单，为西藏生态学的未来发展奠定了坚实基础。

钟老师是一个永远在路上的人，他只在飞机和汽车上给自己一点短暂的休息时间。2015年中风之后,医生、亲友、同事都劝他终止援藏工作,不能再去西藏,说他简直是拿自己的生命做赌注。而钟老师却再次向组织递交了继续担任第八批援藏干部的申请书。

他还是像过去一样没日没夜地穿梭于西藏、青海、宁夏、新疆和内蒙等少数民族地区。他总是说"没事、没事,我很好"。可万万没有想到,这次到城川民族干部学院出差竟成为他与世界的诀别。

在青藏高原的高山沙石地,生长着一种喜光、耐寒、耐贫瘠的高山植物——藏波罗花。有一首藏族民歌写到:

世上多少玲珑的花儿,

出没于雕梁画栋;

唯有那孤傲的藏波罗花,

在高山砾石间绽放。

这是钟老师生前最喜欢的一首藏族诗歌。他曾说过,环境越恶劣的地方,生命力越顽强。他就像这青藏高原的藏波罗花,深深扎根,顽强绽放。他把生命最宝贵的时光,献给了祖国最需要的地方,填补了西藏高等教育的系列空白,放飞了我们的科研梦想,成为雪域高原的精神坐标,留下了震撼人心的精神力量。

谢谢大家!

(报告人为西藏大学理学院教授)

播种未来的时代先锋

楚永全

尊敬的各位领导，同志们、老师们、同学们：

我来自研究生院。钟扬院长是2012年9月正式到研究生院任职的，到不幸去世时正好五年。这五年，他为学校研究生教育事业的改革发展倾注了大量精力，研究生院的每一项工作成绩都凝聚着他的心血。在我们同事心目中，他不仅是杰出的植物学家、贡献突出的援藏干部、爱生如子的人民教师、广受欢迎的科普大家，还是一位卓越的研究生教育领导者、一位忠诚干净担当的党员干部。

这五年时间里，钟院长本着"以学生为本"的办学理念，尽可能地满足和适应学生成长的诉求、时代发展的要求、社会进步的需求，做足育人文章，唱响育人强音，主导推行了成效显著的教育改革。

为了提高研究生教学水平，他上任不久就设立并在全校大力推广"集中授课式"课程项目。由本校教师牵头，请海内外名师共同授课，集中讲授各学科专业的前沿热点和新兴、跨学科方向的发展动态。他告诉我们："也许我们不能改变所有课程的质量，但可以提高研究生的学术品位，让同学们知道什么是好的学术。"他把这个项目的英文名称（Fudan Intensive Summer Teaching）简称为FIST。FIST的英文原意是"拳头"，暗含着要把项目建成品牌的决心和信心。目前FIST项目已经开花结果，每年开课数量稳定在70—80门，受到导师和研究生的广泛欢迎。

为了加强研究生培养质量监督，他连续实施"问题驱动型"中期质量检查。邀请校外的学科专家、管理专家和德育专家，来校与研究生做"一对一"面谈，了解学生个体的真实状态。专家反馈意见只讲问题，不讲成绩。在专家访谈的同时进行大范围的问卷调研。这种请外校同行来"挑毛病""自揭家丑"的做法，显示出他极大的勇气。一个连续参加检查工作的专家谈到钟院长时说："他敏锐坦诚，敢于直面现实，敢于自我剖析、自我改进，为了理想一直前行。"钟院长很重视这项工作，为了能切实达到工作目的，真检查、发现真问题，他亲自撰写专家邀请函，阐述工作要求，还和同事们一道关起门来反复打磨调研问卷，在专家来校期间抓紧时间和他们深入交流。当时的情形，至今回想起来仍历历在目。

为了提升研究生院的工作效率和服务能力，他创设了研究生服务中心。钟院长在他到院任职的会上，发言很简短，我记得只着重讲了一条：就是要从自己做起，也希望研究生院全体员工首先做好对院系和师生的服务工作。他直接推动成立了研究生服务中心，一直坚持全年无休，365天为同学办事。服务中心成立初期，他不但兼任主任，还亲自坐班给我们示范。他每天到院里来，总是要到中心转一转，和来办事的同学聊一聊，如果发现了典型案例，就拿到院务会上"解剖麻雀"。他常常对我们说，"宁可我们自己累一点，也要尽可能方便学生"。在他的带动下，研究生院的工作作风有了根本改观，去年又成立了导师服务中心，拓宽了对导师的服务功能。

改革需要正确的理念、务实的措施，更需要敢于担当的精神。在研究生院，钟院长总是把最大的责任扛在自己肩上。我们工作中遇到困难了，去找他，他说："不要紧，我们一起想办法"，"你们放手去做，我来担这个责任"。有很多次，遇到棘手的问题，都是他亲自出面带着我们去化解。国务学院的老师告诉我：他们试点筹办学校第一个全英文博士项目时，由于政策衔接问题遇到很大阻力，向钟院长求助，他花了很多时间亲自协调解决。今年这个项目的第一批留学生已经毕业了，可是对那个在背后为他们付出大量心血的钟老师，同学们却再也没有机会当面说一声感谢了。

钟院长去世后，有人说：他用53岁的人生，做了一般人100岁都做不完的事。这背后是他对事业的挚爱和远远超过常人的努力拼搏。他的时间表排得非常满，经常每天只休息三四个小时。他脑溢血住院时，轮班陪护的研究生在凌晨三点被他手机上的闹钟吵醒，第二天问他，才知道这是平常提醒他该上床休息的闹钟。他经常在办公室工作到深夜，为了不影响物业师傅休息，我们就在办公楼里装了个门禁，只给他一个人办了门禁卡。这不是搞特殊化，而是因为整个楼里面只有他才会经常这么晚离开，他办公室里的那盏灯总是在深夜还亮着。他需要经常在上海和西藏之间往返，为了不耽误两边的工作，往往是白天处理好上海的事情后，当晚飞到成都，有时就在机场的楼梯间睡上一会儿，天一亮就乘最早的航班飞拉萨，到了拉萨就直接投入工作。

作为一名党员干部，钟院长始终襟怀坦白。虽然担任研究生院院长，却没有为自己和所在的学科、院系谋取过研究生教育方面的特殊资源。

钟院长的工作非常繁重，但他对自己认为重要的事情都很开心地去做。他在世的时候就是我们身边的先进典型。几年前我还在研究生工作部工作时，曾经邀请他为学生入党积极分子培训班讲课，他那时还不认识我，从口袋里掏出一张纸片，看了看日程安排，就很爽快地答应了。那次讲座，他用青藏高原生物多样性的例子，结合自己的成长经历，勉励同学们把个人选择和国家需要结合起来。像这样鲜活生动、贴近生活的辅导报告，使教育工作更有温度，思想引领更有力度，立德树人更有效度。他做过很多类似的报告，一批又一批年轻人从他身上汲取了成长的正能量。后来我到研究生院和他共事，担任党支部书记，他也非常支持党建工作，多次给我们讲党课。他是9月25日早上5点多在赶往机场的路上遇车祸去世的，就在几个小时前，晚上12点钟的时候，他还在和我们联系，约定26日下午给支部上党课，带大家一起学习科学家黄大年的先进事迹。他和黄大年很熟悉，也有很多共同点，所以我们请他来讲。谁也没想到，这成了我们之间最后的约定。

一场突如其来的车祸把钟院长从我们身边夺走了。如今，我们再也看不到他那总是斜背着硕大背包、步履匆匆的身影，再也听不到他睿智的见解和爽朗的笑声。他走后的这段日子，每天晚上我们离开办公楼的时候，仍会习惯性地抬头看他的那扇窗,房间里的灯再也没有亮过。不过,他已经在同事们的心中点燃了一盏灯,它永不熄灭,将一直引领我们前行。

(报告人为复旦大学研究生院副院长)

在我心里，你永不会远去

张晓艳

尊敬的领导，老师们、同学们：

首先非常感谢市委，追授钟扬为"上海市优秀共产党员"。也非常感谢复旦大学，事情发生后的第一时间，学校就持续给了我们很多关心。很多认识的、不认识的人都给了我们真诚的关怀和无私的帮助。借这个机会，我要一并向大家表示感谢！

这两个多月来，所有的人见到我的第一句话都会说，张老师，你必须坚强。是的，我必须坚强，而且我别无选择，我只能坚强。

我和钟扬一起走过了33年，共同经历过很多风雨，唯独没有考虑过生离死别。我一直觉得钟扬没有理由走，因为我们上有四位80多岁的老人，下有一双未成年的儿子。

在去银川的路上，儿子反复问我，到底怎么回事？为什么我们要去银川？他很快从铺天盖地的媒体上得知事实，然后在QQ空间悄悄写下："父亲，我们还没有长大，你怎么敢走！"我想，钟扬离开我们唯一的理由就是他太累了，就像儿子在网上发的话所说的："爸爸，你终于可以好好休息了！"

钟扬出意外的那一天，如何让家里的老人接受这个事实，是我必须紧急应对的。我做了最周密的考虑，然而，当天傍晚，钟扬爸爸还是收到了来自一个老同事的手机短信，内容是"请二老节哀"。当时他们还没有反应过来，还打电话去问人家，到底谁去世了。最后还是没有瞒住老人，他们从武汉打电话来问我，并在电话里嚎啕大哭。我对老人说，钟扬能有这么大的作为，没有辜负父辈的期望；我当初选择了他，也是看中他是个有志向的人，他心怀伟大事业。

我和钟扬1984年一起分配到中国科学院武汉植物研究所。钟扬是学无线电专业的，负责所里唯一的一台计算机，他把当时国外最前沿的科研文章都找来和大家分享。后来我们一起做了一个将计算应用于荷花分类的研究，没有想到这个工作的开端，让他对植物学产生了浓厚的热爱之情，之后他全身心地投入到了植物学的研究中。

在90年代初的时候，我们先后到美国做访问学者和留学。当时选择回国的人很少，但是钟扬从没有纠结过这个问题。回国时，别人都会带一些彩电、冰箱，而钟扬把我们攒的生活费都买了计算机设备，回来捐给了单位。我们一起去提货的时候，海关都不相信，怎么可能有人用自己省吃俭用节约下来的钱给公家买设备。他头脑里经常想的是：我应该为这个单位，为这个国家做些什么事。

2000年，复旦大学的陈家宽教授找到了他，希望请他到复旦大学生命科学学院当老师。当时钟扬虽然刚刚30出头，却已经是中国科学院武汉植物所的副所长了，当时的前景也是看得见的。但他一直有一个教师梦。他经常开玩笑说，他在妈妈肚子里的时候，就注定要成为老师了，因为他妈妈在生他的前一个小时，还在课堂上给学生上课。那天晚上他回家后很激动，觉得自己的这个梦想终于有机会实现了！于是他毫不犹豫就接受了陈家宽老师的邀请。

到上海后最开心的事情莫过于迎来了我们的双胞胎儿子。关于孩子的培养，我们曾有一个约定。钟扬说：我确实不是很擅长带孩子，孩子15岁以前，你就多管一点；15岁以后交给我来管。

后来钟扬又成了援藏干部，孩子照顾得就更少了。我当时宽慰自己：等他三年援藏期结束，也就回来了，情况会越来越好的。可是每一期的援藏结束，他都有无可辩驳的理由继续——第一次是要盘点青藏高原的植物家底；第二次是要把西藏当地的人才培养起来；第三次是要把学科带到一个新的高度。

从高原到平原的不停切换，伴随的是17种高原反应和醉氧，这些都需要极强的意志力来克服。他的心脏跳动已经到了临界值，对身体的伤害很大，我们也一直跟他说，必须要考虑健康问题。他说我知道，我想让西藏的事业有个可持续的发展，那时候我会考虑留在内地帮助西藏。

2015年，他有过一次脑溢血。几乎所有人都认为经过这次大病，他会放慢工作的脚步。可是后来，他不仅没有放慢，反而还加快了。他说他有一种紧迫感，希望老天再给他十年，让他把这个人才梯队真正带起来。

钟扬刚刚到西藏大学的时候，那里连硕士点都没有，他对我说，他心里有一个很大的梦想，梦想都是需要付出心血，付出牺牲的。对孩子的培养和付出，钟扬虽然留下了永远的遗憾，但是他这样做，并不是逃避父亲的责任，而是为复旦，为西藏，为国家培养更多人，那也是他的责任，更大的责任。

2017年9月9日，是孩子们15岁生日，因为下午西藏大学的同事过来开会，他给在山东的小毛订了蛋糕，然后中午和大毛一起匆忙过了个生日。他非常高兴地说起，西藏大学生态学科上了"双一流"，这是个很大荣誉，是西藏的第一个，看得出来他非常自豪。他在西藏开创性的工作，真的像一个襁褓里的婴儿，最后长成了伟岸的男子汉，让他觉得所有的辛苦都是值得的。

在西藏工作16年，钟扬对西藏的爱是深入骨髓的，包括他让小儿子在上海的西藏班读书，学习藏语，也是希望有一天儿子能继承他的事业。

在钟扬走后，我在家整理旧照片才发现，我们全家最近的一张全家福竟然已经是12年前的了。最近几年也有过一些全家一起拍照的机会，但是几乎每一次钟扬都因为工作又临时缺席了。

虽然钟扬陪伴我们的时间很少，但是我们全家人的心始终是紧靠在一起的。每年我生日的时候，他总会记得给两个孩子一些钱，让他们去给我准备礼物。他也会在孩子很多关键的问题上进行引导。出意外的前两天，他还在微信里指导大毛科创活动的申请书。而那也是他发给儿子的最后一条信息……

回首33年，从与他相识、相爱，直到今天，有太多太多美好的回忆。

直到我们在这里缅怀钟扬,我依然感到,他并没有远去。钟扬还在的时候,有时到了凌晨两三点,我会想,他怎么还没回家呢?是啊,他工作太忙了,也许现在还在某个遥远的地方忙碌着呢。

国家的教育事业是他一生的牵挂。我们家人商量,准备把他的车祸赔偿金全部捐出来,用于支持西部少数民族地区的人才培养工作。我想,这是我们家人能为钟扬未竟的事业做的一点事,也是他所希望看到的。

谢谢大家!

(报告人为钟扬同志妻子、同济大学教授)

扎根大地的初心力量

颜维琦

各位尊敬的领导、老师、同学们：

大家好！我是光明日报记者颜维琦。

从这个秋天到冬天，树叶在飘落，时间在流逝，我们对钟扬老师的思念却丝毫没有停止。

钟扬离去后，科学界、教育界、各大媒体及网络上对他的追忆怀念连绵不绝。为什么一位生物学教授能感动这么多人？我们跟随他生前在雪域高原、在上海海滨、在复旦校园、在各个角落播撒下的种子，不断探寻他的精神世界。

几乎所有人都有一个共识：钟扬是一个极具人格魅力的人，见过他一次面、听过他一次课的人，都会深深记住他。

在我11年的记者生涯里，采访过的人有很多，但让我忍不住一次次回头看的，并不多。而钟扬，就是那个让我采访了一次就再也忘不了的人。

我是2015年的夏天第一次见到钟扬，在复旦大学8号楼，研究生院的院长办公室。8月的太阳很大，阳光直直地照着校园。那天，他刚刚接受了一群中学生关于"怎样才能成为一名学者"的访问，我进门时，孩子们刚刚离开。

钟扬热情地招呼我进屋坐下。这一照面，我心中有些惊讶：这个教授的外貌真不像个教授。泛黄的格子衬衫、牛仔裤、身材微胖、面庞黝黑，看上去有些粗犷。但很快，钟扬就用他睿智幽默的谈吐、宽广深远的思考，让我领略到一个教授的风采。

那天,我们一直聊到午后时分。从攀上海拔6 000多米的雪原采集种子,到十多年坚守开垦西藏的高原生态学科,从学术援藏如何常态长效,到怎样在孩子心中播下科学的种子……

后来我才知道,我的这次采访机会是从死神手里抢来的。就在三个月前,他51岁生日那天,钟扬突发脑溢血,死里逃生。可在医院才住了13天,他就迫不及待溜回了学校。

他轻描淡写地笑着说:"要不然你是不会在这个时间找到我的。现在正是在西藏野外工作最好的时候,每年的这个时候我都在那里。"

对于医生明令禁止他再上高原,钟扬憨厚一笑:"不让我去西藏那怎么行,还有好多事情没有做完。"那次见面后没多久,他又背上那个永远塞得满满的双肩包,一次次踏上去西藏的道路。

16年,是钟扬生命的三分之一,也是他为祖国雪域高原献出的时光。他本可以在上海过安宁的生活,同样可以教书育人,更可以陪伴家人,但他选择了另外一条截然不同的艰辛道路。

他是开拓者、先锋者。扎根中国的大地,用一生奉献深情的泥土。

钟扬常说:有些事情是难,但再难,总要有人去做。他的学生告诉我,"一次外出采样,钟老师说去阿里。大家都提出质疑,阿里太高、太苦,物种又少,辛苦一天也只能采几个样,别人都不愿去。如果去物种丰富的藏东南,条件好一些,而且很快就能完成采样数量。钟老师却说,正是因为别人不愿去,我们必须去!"钟扬深知,西藏的每一个特有物种都对国家有重要价值,每一颗种子都蕴藏着民族复兴的"中国基因"。

走进高原,钟扬为祖国采集珍贵的种子,还为寻找一种高端人才培养的援藏新模式,把科学研究的种子播撒在高原。在他的推动下,西藏大学的高原生态学科已经建起了一支站在世界前列的科研队伍。

记得采访时,他翻出新写的文章对我说,"我是学生物的,生物讲究群体效应。就拿高原生态学这个领域来说,再用10年,培养10名博士生,聚集起20个人,肯定能做出有世界影响的成果"。他还说,"没有持久的热情和长期的投入做不成事情"。

在那年突发脑溢血苏醒后,他第一时间口述记录下一封给党组织的信,信中写道:"这十多年来,既有跋山涉水、冒着生命危险的艰辛,也有人才育成、一举实现零的突破的欢欣;既有组织上给予的责任和荣誉为伴,也有窦性心律过缓和高血压等疾病相随。就我个人而言,我将矢志不渝地把余生献给西藏建设事业……"

一位院士在追思钟扬时说:"去过西藏一两次的人都知道高原反应的厉害,但是钟扬坚持了十几年。他所做的工作不是去办几次讲座,做几个项目,而是沉下心来把在上海、在复旦的科研和学识输送到民族边远地区,深深扎根,矢志不渝。他是真正爱国的,爱她的每一寸土地,正是这种至诚热爱,让他不畏艰险。"

这就是钟扬老师,一位真正的中国知识分子。他永远背着行囊准备出发,直到生命最后一刻还在奉献。

他是播种者、奉献者。扎根中国的大地,用赤子之心播种未来。

钟扬的衣袋总是装着很多小纸片,上面密密麻麻写满待办事项,每做好一项就用笔划掉。他常常感到时间不够。但再忙,也坚持腾出大量时间倾听学生的想法,和学生深入讨论。每次回上海,他就抓紧时间与学生见面,要么和学生一起做标本,要么就在办公室"坐诊",直到深夜。学生们说,他就像一棵大树、一座大山,做他的学生是幸福的。

一位只听过钟扬一堂课的学生说,钟老师的课终生难忘。他对生物学的态度,在科学以外,透着对人类命运、生命价值的深深思考与关怀。对于学生而言,这种思想的启发,是一生莫大的财富。

随着采访的深入,我还发现,在上海,有很多中小学生认识钟扬。他是最受欢迎的明星专家、"科学队长",常常挤出时间办公益科普讲座,甚至客串讲解员,他的实验室也一直对中小学生开放。走在上海自然博物馆,近500块中英文展板上的文字都经他亲自修改、反复斟酌。他参与了上海科技馆、自然博物馆的筹建,并作为学术委员会成员义务服务17年。在他眼中,"科学思维和科学精神要从小培养,说不定以后就为国家多培养几个科学家"。

教书育人，播种未来，培养担当民族复兴大任的时代新人。钟扬用自己的实际行动和崇高精神，扬起学生理想的风帆，给予他们思想的引领、品格的锻造，他是点亮学生人生的好教师。

从第一次采访钟扬，到几次撰写报道介绍钟扬，一次次听他的同事、友人、学生讲述钟扬，一个感受越来越强烈：钟扬一生的故事，就是种子的故事。

一颗种子，把根深深地扎进泥土，用尽全力拥抱生养它的大地。一颗种子，就代表着希望，意味着生命与可能。

钟扬用毕生寻找种子，播撒种子，他的一生就是扎根大地的"中国种子"！

他因信念而伟大，因逐梦而不凡，因执着而永生，他的精神生长在春天里。

他是复旦的骄傲，上海的骄傲，他的一生无愧"共产党员"的名字！

钟扬虽然走了，但我相信，这并不是我最后一次采访钟扬。那颗名叫"钟扬"的种子必将生根发芽，滋养大地，将伴着我们，一路追梦，一路前行，一路奋进！

谢谢大家！

（报告人为《光明日报》记者）

第三部分

纪念文章汇编

在钟扬校友事迹座谈会上的讲话

包信和

刚才我们回顾了钟扬校友的生平和科教援藏的事迹,少年班的同学作了发言,施院士作了深情的回顾。在座的老师、同学当中,我可能是跟钟扬最熟悉的。大家都知道,来科大之前,我在复旦做了两年的常务副校长,主管人才培养工作;钟扬是复旦大学研究生院的院长,我们在复旦一起合作共事。可以说,钟扬是一个很特别的人,也是少有的能让我敬佩的人。

钟扬是一个很有才华和能力的人,走到哪里都能够很快地脱颖而出,独当一面。钟扬校友是我们科大少年班的学生,大学毕业后去武汉植物所,很快就成了植物所的骨干,中间还去日本进修。2000年后钟扬到复旦大学生命科学学院任教授,从生命科学学院常务副院长做起,很快就是复旦大学研究生院的副院长、院长。一般985大学的研究生院院长都是校长兼任,钟扬担任复旦大学研究生院的院长,这一点是很特别的,他能力突出得到大家的认可是有目共睹的。

钟扬是一个纯洁、高尚的人,坦荡无私的品格深深地感染了和他交往的每一个人。钟扬是复旦大学的教授,同时他也是西藏大学的援藏教师。他16年援藏,每年坚持几个月在青藏高原工作。刚刚公布不久的国家"双一流",西藏大学唯一入选的一流学科就是生态学,这个博士点还是在钟扬的全力支持下才申请到的,也是西藏大学第一个博士点。钟扬真是全身心地爱上西藏,全力地投入到青藏高原的人才培养、科学研究当中,而且身体力行,真正地融入西藏。钟扬有一对双胞胎儿子，其中一个就送到西藏班上中学。这一点外人很难理解，但他却觉得这是很自然的。

钟扬是一个非常热心公益，身体力行奉献社会的人。他不仅在上海滩涂种下了红树林，而且为孩子写科普文章，为小孩子上学上课，不遗余力，而且做得那么自然、那么理所当然。在复旦的时候，钟扬还和我夫人一起合作设计FIST课程，开展生物进化、多样性与科学伦理的研讨交流，可以说我们一家都跟他有很密切的合作。钟扬也是一个非常热心，爱生如子的人。在复旦的时候，他大力推行建设研究生服务中心、导师服务中心，最大限度地为学生和老师创造好的环境。有一个细节，钟扬坚持复旦大学博士生毕业典礼的时候要唱名。每年一两千学生，他都从头到尾念学生的名字，看到他最后几乎到了要虚脱的样子，大家都很感动。还有一个细节，钟扬是一个时间一点一滴都抓得很紧的人，永远在忙碌，有时遇到不感兴趣的"陪会"，他总是自顾自地摆弄手机，用他的说法，有1分钟就能写很多字，可以说是惜时如金。

钟扬校友已经离我们而去了，但是他短暂的一生启发我们思考人生的价值。钟扬就像一粒种子，又回到了大地，钟扬精神能够生根发芽造福人类。今天，我们在这里召开钟扬校友追思会，就是要深入开展学习钟扬校友的活动，把"钟扬精神"继承发扬。钟扬是复旦大学的教授，也是我们科大杰出的校友。我们要让更多的师生加入到了解钟扬教授、学习钟扬校友，弘扬钟扬精神的队伍中来。一是要学习他科教报国、赤诚为民的坚定信仰。我们的学生大多是独生子女，没有吃过什么苦，了解钟扬校友的事迹和人生轨迹，能够启发他们多思考人生的价值，更多地回报社会、回报父母和国家；二是要学习他潜心育人、行为世范的高尚师德。钟扬是我们身边黄大年式的科学家，他爱生如子，立德树人，矢志不渝地培养人才，值得我们发扬学习，用实际行动报效国家，培养我们学生的人生观和价值观。三是要学习他不畏艰险、锐意进取的创新精神。他十几年如一日，克服困难把科教种子播撒在雪域高原，把论文写在上海海滨和青藏高原，把生态文明印在人民心里。钟扬是我们的楷模，是一座精神珠峰,我们要弘扬"红专并进 理实交融"的校训,把钟扬精神融入工作学习,践行科学报国真无价的信仰和追求。

(本文作者为中国科学院院士、中国科学技术大学校长,曾任复旦大学常务副校长)

追思小文

施蕴渝

惊悉钟扬不幸去世我十分悲痛。钟扬是我们科大少年班的学生，获无线电电子学工学学士，但后来一直从事植物学与生物信息学交叉学科领域的教学与研究工作。2005年我们实验室的研究生用核磁共振波谱技术测定了一个酵母中的类泛素蛋白质Urm1的三维结构，当时这个蛋白质的功能并不清楚。那时泛素及一些类泛素蛋白质已在真核生物中发现，但没有蛋白质修饰在原核生物中发现，所以泛素及类泛素蛋白质在进化过程中的起源仍然是个谜。我找了钟扬问他能不能用生物信息学的方法根据Urm1的序列及三维结构信息，获得这类蛋白质的进化信息。他很热情地与他的学生一起作了这类蛋白质的系统进化分析，通过他们的工作得到结论，Urm1在泛素及一些类泛素蛋白质家族中十分独特，它是一个进化中保守的"分子化石"，它的结构和序列可能最好地保守了这个超家族共同祖先蛋白质的特征。它可能由原核生物中的载硫蛋白进化而来。文章发表在PNAS，103，11625-11630，2006。别的实验室后续的实验工作发现Urm1在tRNA及其他含硫分子的硫修饰中具有重要功能。我和钟扬是此篇文章的共同通讯作者。

此后我和钟扬多次见面。每次见到他，都觉得他充满激情，特别是2010年全国高等学校生物科学与工程教学指导委员会在西藏开会，钟扬那时作为上海的援藏教师，西藏大学的长江特聘教授在拉萨接待了我们。看到他黑红的脸庞，壮实的肩膀，俨然像一个西藏人。言谈之中充满了对西藏，对他所从事的工作的热爱。尽管那时他已有了高原病。今天他走了，我们从网上含着泪水读着他的事迹，十六年中，他培养出了一批藏族科研人才，为西藏大学培养了第一位植物学博士，为西藏大学申请到第一个生态学博士点，第一个国家自然科学基金项目，帮助西藏建立起了科研"地方队"。他一次又一次地走进西藏，走进那些最偏远、最荒凉、最艰苦的地方。一去就是十六年。从阿里无人区到滚滚流淌的雅鲁藏布江边，不管多么危险，只要能对研究有帮助，他都会去。十六年间，他已走了超过四十万公里的路程。为了寻找西藏特有的种子资源，为了寻找青藏高原生物进化的轨迹，他不畏艰险在海拔数千米的高山上奔波探查，因为他坚信，一个基因可以为一个国家带来希望，一粒种子可以造福万千苍生。

　　我真不敢相信，就这么一个充满活力的年轻生命就此永远离开了我们。钟扬，你一路走好，你是我们科大人的骄傲，是我们每个科大人的学习榜样。你收集上千种植物的几千万颗种子一定会在祖国大地、世界各地生根发芽。钟扬，你说："任何生命都有结束的一天，但我毫不畏惧，因为我的学生会将科学探索之路延续，而我们所采集的种子也许会在几百年后的某一天生根发芽，到那时不知会完成多少人的梦想。"你又说："不是杰出者才做梦，而是善梦者才杰出。"你用你短暂的一生表明，你是最杰出的。

　　　　　　　　　　　　（本文作者为中国科学院院士、中国科学技术大学教授）

永远在路上的探索者

陈 凡 卢宝荣等

9月25日上午,噩耗从遥远的内蒙古鄂尔多斯市传到复旦大学校园,正在当地出差的复旦大学研究生院院长、著名植物学家钟扬遭遇车祸,不幸逝世。

悲伤迅速地弥漫在整个复旦校园,每一个听到消息的人,无论与钟扬老师渊源深浅,都扼腕叹息,叹息我们永远失去了一位挚友、一位良师、一位永远充满激情与梦想的探索者。

1964年,钟扬出生于湖北黄冈。如果要用一个字形容钟扬,最准确的莫过于一个"早"字。早慧的钟扬年仅15岁就进入中国科学技术大学的少年班,学习无线电电子学。大学毕业后,钟扬进入中国科学院武汉植物研究所工作。在与所学专业几乎毫不相关的植物学领域,钟扬再次展现出他过人的天资。敏捷的思维和深厚扎实的数学物理功底,使他总能从全新的角度思考和发现问题。他受到"计算物理学(Computational physics)""计算化学(Computational chemistry)"等的启发,提出"计算生物学(Computational biology)"的概念,并把这个尚属新生事物的边缘交叉科学作为自己努力的方向。1993年,他在中国科学院武汉植物研究所创建了第一个计算生物学青年实验室,一群与钟扬志同道合的年轻人靠着他从美国带回的计算机系统,开始了一场全新的探索,由此开启了中国计算生物学的绚丽篇章。钟扬在计算生物学领域的探索即使在国际上也属先行,他领导下的青年实验室,在数量分类学、分支分类学、数量生态学、植物数据库等领域取得了大量成果。例如他与陈家宽教授合作，在国内首先将数量分类和分支分类方法用于水生植物的研究。有意思的是，当时"计算生物学"这个概念在国内显得太过超前，大家更习惯称之为"计算机在生物学中的应用"。然而，在他成立实验室的后一年，冠以"计算生物学"名称的国际学术刊物第一卷出版，三年后，国际计算生物学学会（International Society for Computational Biology，ISCB）成立。如今，计算生物学已经成为基础生命科学密不可分的一部分，深度融入了从分子尺度到生态系统尺度的不同领域。

钟扬出色地推进了计算生物学在植物学领域的国际合作。钟扬与美国密歇根州立大学（MSU）和加利福尼亚大学伯克利分校（UC-Berkeley）等多家单位合作，针对国际上已有同类数据库所采用分类系统不一致的问题，提出了一种新的交互分类数据模型（UNIC结构）和一个检测分类树与系统树差异的新测度；并设计和实现了基于分类本体论（Taxonomic onotology）思想的交互分类数据库系统（HICLAS）。他建立的这些方法打破了不同机构的界限，为不同系统之间提供了一种"通行的语言"，为国际合作奠定了关键性基础。英国雷丁大学教授、生物分类及信息学权威Frank A. Bisby在其为*Science*撰写的"生物多样性信息学"专题综述中引用了钟扬在*Taxon*上发表的数据模型，*Science*也于当年发表了钟扬的相关评述。

此外，针对植物分子进化分析中用不同基因重建的物种间系统发育关系有不同的拓扑结构，即产生不一致基因树的问题，钟扬与美国密歇根州立大学桑涛博士合作，提出了一种新的统计检测模型来区分产生不一致基因树的因素（杂交和Lineage sorting）。通过运用自展技术来检验杂交物种形成假说，并应用计算机模拟技术确定了该模型对基因树各分支进化速率相同和进化速率可变两种情况下的不同适用范围。该工作被澳大利亚昆士兰大学的M. A. Ragan教授列为该领域的前沿方向之一。

认识钟扬的人都知道，他学识渊博，绝不局限于植物学领域，他对生物学的各个分支都有涉猎，而且有自己独到的见解，这也使得他可以与多学科的专家合作，且硕果颇丰。近10年来，为了满足大规模基因组和蛋白质组分析的实际需求，钟扬在国内建立了一批分子数据库，包括多蛋白查询整合信息系统（Multi-Protein Survey System，MPSS），为同时提取多个蛋白质的相关信息提供了新的平台，鉴定植物抗逆相关候选基因的数据库系统（PlantQTL-GE）以及PB转座子及小鼠插入突变的数据库系统（PBmice）。这些数据库系统，为生物信息学和分子进化分析的发展提供了新的工具。例如，通过建立C3植物光合作用代谢的系统生物学分析模型和计算机模拟，发现了环境扰动下代谢通路间协调性增强的规律，这无疑是植物系统生物学研究中的开创性工作。他还参与了SARS冠状病毒分子进化分析和日本血吸虫全基因组的系统发育分析等工作。

钟扬的"早"还体现在他较早认识到藏族优秀人才培养的紧迫。科学家钟扬深谙教育的重要性，他连续三次申请援藏，在西藏教育科研第一线坚守了十六年。在高原（拉萨，海拔>3 600米）与海滨（上海，海拔<5米）之间的常年奔波使得钟扬的身体健康日益恶化，西藏大学的教育和科研事业却迎来了翻天覆地的变化。他带领西藏大学理学院的老师成功申请了第一个国家自然科学基金项目，培养了藏族第一个植物学博士，推动西藏大学获批了第一个理科硕士学位授予点（生物学）和第一个理科博士学位授予点（生态学），主持了西藏自治区第一个国家自然科学基金重点项目。他所领导的生态学学科最近也顺利进入了国家的"一流学科"建设。他每年在西藏进行大量的野外科学考察和研究，在西藏野生资源的遗传多样性和化学多样性方面的研究已取得重要进展。功夫不负有心人，钟扬及其团队首次在西藏发现了分布于海拔4 000米以上的拟南芥群体，并在其全基因组测序的基础上，检测了功能基因的适应性进化，表明西藏拟南芥是一个生长于海拔最高的生态型，为全世界的植物学基础研究提供了新的种质资源。在国家自然科学基金重大研究计划项目"青藏高原极端环境下植物基因组变异及适应性进化机制研究"支持下，钟扬及其团队获得了一系列的成果，例如，揭示了西藏特有植物西藏沙棘和山岭麻黄等的微进化特征、完成了青藏高原鱼腥藻的全基因组测序和转录组分析、发现了蓝藻高原适应的分子遗传学证据。在发生车祸时，钟扬教授已经预定了数日后再度进藏的机票。

钟扬对近年来国内教育质量下滑忧心忡忡，在担任复旦大学研究生院院长后，他推动了多项教育相关的改革，启动了创新性的FIST课程等项目，备受各方赞誉。他认为教育是场"接力赛"，学生的创新思维和批判性思维应该从基础教育抓起，在儿童阶段及早开发。带着这份责任感，他在繁忙的工作之余，花费了大量精力用于中小学生的科普教育和思维训练。他热衷于科普教育和科普宣传，翻译了包括《大流感》（*The Great Influenza: The Epic Story of the Deadliest Plague in History*）在内的近十本译著，通过分享这些他所读过的精品英文原著，将思考的种子传播开去，把教育的触角延伸在生活中的每一分钟，传达给每一个人。

斯人已去，音容犹存！钟扬教授的不幸离世，是植物生物学界的一大损失，也是教育界的一大损失！他永远离开了他热爱和为之奋斗的科研和教育事业，但是他的探索道路并没有终止，作为一个将分子进化分析模型和生物信息技术应用于进化基因组学与系统生物学研究的学者，作为一个永远不知疲倦、热情追求和探索着生命奥秘的奇人，钟扬教授的精神将永存于我们的心中。有更多缅怀他、崇敬他的后来者，将会追随着他探索的足迹不断前行，去圆他的激情与梦想！他仍然行走在探索者路上！

安息吧，我们的挚友、良师和追梦者！

（本文作者陈凡系中国科学院遗传与发育生物学研究所研究员，卢宝荣系复旦大学生命科学学院教授，James C. Crabbe系牛津大学沃弗森学院教授，赵佳媛系复旦大学生命科学学院实验师，钟伯坚系南京师范大学生命科学学院教授，耿宇鹏系云南大学生态学与环境科学学院副教授，郑煜芳系复旦大学生命科学学院副教授，王红艳系复旦大学生命科学学院教授）

纪念植物学家钟扬

何芳良

著名植物学家、复旦大学研究生院院长、西藏大学教授钟扬9月27日出差期间因遭遇车祸不幸离世的消息令学界深感悲痛，许多与钟扬教授熟悉的学者纷纷以各种形式撰文纪念这位良师益友。《知识分子》特约著名华裔生态学家、华东师大与加拿大阿尔伯塔大学教授何芳良撰写追忆钟扬教授的文章。何芳良教授回忆了两人因工作和共同的学术兴趣而结下的长达32年的珍贵友谊，以及钟扬教授的学术贡献。

9月27号我在浙江百山祖出野外，6点多下山，已看不太清楚山路。出了山路，同行的浙大于明坚教授突然说钟扬在内蒙出了车祸。震惊不已，当时脑袋一片空白，难以言语，强忍泪水望着四周朦胧群山，恍惚觉得天地有灵，万木哀恸，百兽悲泣。

我与钟扬的友谊始于32年前。我1985年初在中科院武汉分院进修英语，班里有来自武汉植物园的同学。由于我对数量生态的兴趣，植物园的同学就把我介绍给了到中科院武汉植物所工作不久的钟扬。记忆中钟扬当时很着迷数量分类，对杨含熙先生的"数量生态学"尤为熟悉。"brilliant""执着""自信""快速"是钟扬给我留下的印象。那个年代的国家正处在大变革之初，"科技现代化"是当时的"中国梦"。那时生活比较简单，没有什么诱惑，国际交流也非常有限，年轻人对科学的追求有种初生之犊的劲头，有无穷的想象力，但想法（idea）简单，理想化。我们兴趣相投，思想碰撞，一起发表了两篇文章。一篇1986年发表在《预测》上，另一篇1988年发表在《武汉植物学研究》。从网络上竟然下载到了这两篇文章，都是有关生态系统演替模型。现在读来，仍然能感受到年轻时那种对学术追求的热情和执着，折服那时的想象力。

1986年我在沈阳应用生态所（原林业土壤研究所）读研时，夏天去西安交大参加一个生物数学的讲习班，在兵马俑"巧遇"钟扬，与他的舅妈和孙女一起在兵马俑门前合影，成了一个永恒的记忆。(这张照片由钟扬收藏，我们2004年在复旦重逢时，他给我一个电子版，同时告诉我说是"巧遇"。尽管难以置信，因为机率几乎为零，但钟扬记忆力惊人，故我接受他的巧遇之说)

我与钟扬的另一次合作是1987年（或1988年），在沈阳应用生态所组织召开"青年生物数学"会议（孙其信是另一主要组织者）。其中的细节已记不清楚了，只记得中科院数学所的陈兰荪和北师大刘来福两位老师前来助阵。

我1990年去了加拿大，便与钟扬失去了联系。直到2004年的夏天，我访问华东师大，陈小勇告诉我说，钟扬在复旦。我很是激动，当天下午就赶到复旦，聊了个把小时。钟扬在复旦已有一个很大的实验室，意气风发，处在事业高峰。那天正赶上他的一篇有关SARS的文章在 *Science* 发表，他正忙于与媒体打交道。西安"巧遇"的照片就是那天从他的计算机里拷过来的，也让我很感叹他对过去的材料收藏得如此井井有条。

再次见到钟扬已是2009年，也是夏天。我在海南岛出野外，回加拿大路过上海，在复旦吃午餐，钟扬和李博在座，还有其他几个复旦同仁。记得餐馆是钟扬的学生开的，与复旦一墙之隔，装潢得很有格调，很有文化的感觉（遗憾的是，听说该餐馆业已不存在）。席间钟扬对他学生的创业称赞有加，也得知那个夏天他忙于与加拿大皇后大学（Queen's University）做一个本科生交流项目。

其后我与钟扬见面的次数就多了起来，几乎每年都能见到。特别是2015年5月，由于对西藏的向往，我与我的同事John Spence专门去西藏旅游，一起与钟扬从成都飞拉萨。原本也想去看看他在西藏大学的实验室，但由于对外籍游客的限制，遗憾没能跨进藏大校门，只好在饭店里与他组里的老师和学生做了个交流。正好碰上饭店接待一个"Road Scholar"，趁机合影，自嘲是三个"Road (Rhodes) Scholars"（罗德学者）。

钟扬异常健谈，跟他有过四五次饭局。只要钟扬在，整个饭局总是欢声笑语，根本消停不下来。有冷笑话，热笑语，但话语中不乏哲理，引人思索。在饭桌上，我更喜欢安静，但从不厌倦有钟扬相伴的饭局。呜呼，上苍吝啬，不肯让钟扬多留一天，让我们再听一回他的哲言笑语。

钟扬属于天才类人物，是国内生物学界为数不多的多学科交叉学者。很有意思，在听旁人说起钟扬时，人们往往会说他是科大少年班出身，但在我的记忆中，他从未跟我提过少年班的事。钟扬来自计算机和数学背景，他的研究领域横跨分子生物学、进化和生态学。由于我的专业限制，对钟扬的研究了解不深，但对他和施苏华等2002年发表在 *Ecology Letters* 的红树林研究印象深刻。在2000年左右，生态学家刚刚开始利用分子生物学手段来了解生物群落的构建机制（或称物种共存机制）。钟扬等开创性地比较红树科植物同义替代和非同义替代突变，构建系统发育树，来研究红树植物适应极端环境的机制，从而让我们更好地了解红树林独特的生物地理分布。这是综合分子进化、生物多样性和生物地理学研究的典范。

另外，我还记得2015年在西藏时，钟扬特别兴奋地告诉我，他在西藏发现野生拟南芥，正在忙于采种子，虽然我一时没能理解其中意义（严重的高山反应让我心不在焉）。钟扬是一个有远见卓识的人，从他的眼神，我能看得出来，他能穿透未来。钟扬不仅仅是天才，还是帅才，他的离世是科学界难以弥补的损失。他的精神遗产（legacy）将会永存。

人生本是一部剧本，或长或短，皆以喜剧开篇，悲剧谢幕。不分贫贱，无论荣辱，上至帝王将相，下到平民百姓，没有例外。所不同者，有的剧本写得精彩些，读者芸芸，而有的写得乏味些，应者聊聊。钟扬的剧本精彩之极，他不光读者无数，而且深深地影响了许多人一生的轨迹，让他们的生活更加精彩。钟扬一生笑傲天下，谱写辉煌，无怨无悔。钟扬兄，安息。

2017年10月1日于闵行华东师范大学

（本文来源于《知识分子》微信公众号，作者为著名华裔生态学家，华东师大与加拿大阿尔伯塔大学教授）

独特的存在

——写在钟扬离去百日

曾 嵘

这是我发表的第一篇非科学文章,没想到是由钟扬的离去而触发。这段时间,一直想给他一个真正的告别,而且希望这个告别不太过悲伤,因为这定非他所愿。在钟扬离去百日的时候,谨以此文和他说再见。

钟扬在身边,是我的朋友之一时,我已习惯了他的存在。他走了,我才蓦然发现,他是一个那么独特的存在。他走了,就无人可替代他,心里的那个位置,空了冷了,只能靠回忆填一填,暖一暖。

我和钟扬是朋友,这当然不是我一厢情愿,而是他亲自认证过的。几年前他为某杂志组织专辑,发信向我邀稿,谁知我竟未收到,数日后的一次聚会上,他气呼呼地说:"我自认为和曾嵘是朋友吧,但她压根不理睬我的邀稿。"说罢抛来一个幽怨眼神,我连忙指天指地发誓真没收到,他方才原谅我。

我们是如何成为朋友的呢? 2003年我们同赴剑桥参加一个中英论坛,在机场初识,那次旅程一路延误辗转,历时近30小时才到达,但同行有钟扬,怎会觉疲倦!那时他已进藏工作,绘声绘色地讲西藏的种种轶事,并邀请我去西藏,自此我们成为朋友。

此后每次开会,若得知参会人中有钟扬,我就心中窃喜,因为有他的地方绝不会乏味。我最喜欢和钟扬吃饭喝酒聊天，他常常逗得我乐不可支，他还一本正经、振振有词。欢趣之余，他也不忘智力挑战，他会抛出诸如熊猫为何只吃竹子，长颈鹿是否会游泳等烧脑问题，让各位生物学家也莫衷一是。

在三亚，他带我看红树林，而后的饭桌上，他兴奋地说："现在全球变暖，是坏消息吧，但也有一个好消息——某些原本寒冷的地带能种葡萄了，那我想，上海说不定也可以种红树林呢！你想象一下，要是你家小区也种上红树林，那房价立马暴涨！"我呵呵直乐，以为他只是玩笑，没想到后来他真在上海种上了红树林。

2013年，钟扬再次邀请我去西藏，我终于在认识他十年以后，踏上高原。他特别建议我去色拉寺看辩经，他说："辩经讨论的都是终极问题，比如生命的意义是什么？"他转而笑说："你想想，要是在上海街头，你拉住一个人，问生命的意义是什么，人家一定当你是神经病，而在西藏，这是人们每天思考的问题。"

钟扬少年得志，博闻强记、能言善辩是他的天赋，却也不免给他贴上狂傲的标签，这并非世俗所能尽容。西藏给予他新的方向，他的理想主义有了安放的所在。这些年来，他竭力地、过度地燃烧，是热爱、是奉献，也是他对世俗的藐视。

当悲伤慢慢平复，我也逐渐接受钟扬已经离开这个现实，可一想到，饭桌上不再有他讲笑话，我还是一阵黯然心痛。我开始认真地想，为什么这么怀念钟扬？为什么钟扬是难以替代的存在？

我认识许多深耕某一领域的科学家，也结交一些游走于天地间的博物学者，我受教于不少哲思广厚的谆谆师长，也钦佩各位热情通俗的科普达人，但是，能将这几者浑然而成于一身的，我只见过钟扬一个。在我看来，他采集种子培植红树的工作或可传承，而那个将科学与人文融合得熠熠闪光的钟扬，只怕再难寻觅。

钟扬科大少年班出身，智商自是高人一等，早期的文化熏陶奠定了他的人文功底，多年的科学生涯训练了他的思想逻辑，理想主义又赋予他浪漫与热忱。他是少有的深刻而有趣的灵魂，这既源自他的天性，更依赖于他的坚持。他当然不是完美无缺，但在科学家工具化的今天，在科技与人文割裂的今天，在利益大于理想的今天，他的天性与坚持，是那么珍贵。

作为深谙进化生物学的学者，在钟扬眼里，万物起灭常常是以亿年为单位计算的，一个个体的生死不算什么，况且他从来厌恶平庸，从这个角度说，他如愿了，他轰轰烈烈地走完一生，他留下了"科学队长"的声音，留下了自然博物馆的文字。科学与人文终有分久必合的一天，而那时我们不该忘记，曾经有他——钟扬，跨过了最艰难的时刻，然后挥袖而去。

（本文来自曾嵘科学网博客，作者为中科院上海生命科学研究院生物化学与细胞生物学研究所蛋白质组研究分析中心执行主任）

他本该采集更多的种子
——悼念好友钟扬

周浙昆

9月25日完成在亚美尼亚的野外工作启程回国,到了埃里温国际机场一接通Wifi,在朋友圈里就收到一条消息:"植物学家钟扬不幸车祸去世",我一时没有反应过来。网络上的东西真真假假,微信里的东西我从来只是微微地信一信。紧接着复旦大学官网上的消息也来了,悲剧被证实,我简直不敢相信,不愿意相信这是真的,那个步履匆匆、谈笑风生的钟扬就这么走了?一时间一种难以述说的情绪弥漫在心中,久久未能散去。

钟扬1984年毕业于中国科技大学少年班,专业不是植物学,却到了武汉植物园工作。我1982年毕业,我痴长几岁,但在学术上我们是一代的。在上世纪80年代中叶先后到科学院工作。那时的科研环境和现在大不一样,在当时要看到领域内最新发表的期刊论文都非常困难,而那个时候年轻一代植物学工作者,有一种强烈的使命感,急切地想要赶上世界学科发展的步伐。当时的青年植物学工作者自发地举办了"青年植物学家系统演化的研讨会",大家热烈讨论学科的未来发展方向和中国植物学的努力方向,学习各种新的研究方法和手段。钟扬虽然不是植物学专业出身,但是都积极参加了研究会,他积极推进数学与生物学的结合,后来还出版了一系列数学分类的相关专著如《数量分类的方法与程序》《分支分类的理论与方法》和《简明生物信息学》，推动了学科的交叉与发展。我就是在那个时候和钟扬相交相识的。

钟扬性格开朗，谈笑风生，是那种Party中心的人物，和他在一起，你会被他的乐观与开朗所感染。钟扬是个十分有趣的人，我还记得他向我传授的吃自助餐利益最大化的秘诀。钟扬又是那种敏于行的人。1993年我们从西藏墨脱考察归来，当时国家自然基金委分管植物口朱大宝先生，邀请我和孙航在基金委的一个会议上做了关于西藏墨脱考察的报告，会后的交谈中，钟扬说对我们在墨脱的考察非常向往，希望自己也有机会到西藏工作。让我没有想到的是他竟然真到西藏大学去工作，将自己对西藏的向往迅速落实到行动中，援藏去了西藏大学，而且一待就是16年，为西藏大学植物学科和生态学科的发展作出了巨大的贡献，他去世时仍是西藏大学校长助理。后来大家的工作越来越忙了，见面的机会是越来越少了，甚至连节日的礼节性问候都免了，更多的是通过论文或者email在神交，成了那种很少联系、但却又从未相忘的朋友，相互之间有什么事情，一个email就能搞定。就在一个月前，在网上看到他把在西藏采集种子的故事讲得绘声绘色，我还想着什么时候见了面，向他讨教两招呢。其实我们同在孙航主持的科技部重大基础专项"青藏高原特殊生境下野生植物种质资源的调查与保存"项目中工作，他负责西藏的采集，我负责横断山的采集。现在想起来我和钟扬的最后一次见面，就是项目执行过程中，他到昆明开会，我请他吃过桥米线。

钟扬年仅53岁，正值壮年，他就这么走了，天妒英才呀。要知道这个世界上，还有那么多的种子等待着他去采集。从亚美尼亚回到上海，转机时看到一张当地的报纸，摘录了钟扬的讲演的语录："任何生命都有结束的一天，但我毫不畏惧。因为我的学生，会将科学探索之路延续；而我们采集的种子，也许在几百年后的某一天生根发芽，到那时，不知会完成多少人的梦想……"读起来怎么那么像钟扬向这个世界的诀别。野外工作充满着艰辛，甚至是危险，2001年我的学生在野外遇难，好友在野外考察中突发疾病因当地医院处置不当而去世，我自己也有过数次的有惊无险。但是，我们要有意识去规避风险，我们的事业不要求我们"马革裹尸还"。钟扬的车祸发生于凌晨5点左右，这个时候大多数人都在睡梦中，钟扬却在路上。

在鄂尔多斯完成工作的钟扬，为了赶上早晨从银川起飞的航班，半夜匆匆上路。如果钟扬不把日程安排得那么紧凑，不赶夜路，车祸也许可以避免。作为一个科研人员，我十分理解钟扬对日程那种争分夺秒的安排，因为有太多太多的种子在等着他去收集，有太多太多的事情等着他去处理。我自己又何尝不是这样，常常乘最早的航班出发，坐最晚的航班回程。钟扬的不幸遇难，给了那些经常做野外工作的科学家一个警示，野外工作安全第一。记得有一次和一个国外同行出野外，那位驾驶员把车开得飞快，还向我炫耀他弯道超车的秘诀。回到驻地后，那位国外同行让我把下面这句话告诉那位驾驶员，她说："Please tell the driver, life is beautiful, make it longer." 各位常做野外工作的同行们，让我们珍惜生命，远离危险，在野外工作中务必把安全放在第一。生命在，事业才会在。

（本文来自周浙昆科学网博客，作者为中国科学院昆明植物研究所研究员）

追忆钟扬教授

王升跃

今天上午,在遥远的西北宁夏银川,人们与著名的植物学家钟扬教授做最后的告别。虽然意外发生已经过去了四天多,但依然感觉钟老师似乎又去了西藏高原采集种子去了,只是这次去得比较久,或者很久……

这几天脑海里不时地闪现钟老师的身影,那几次共事的情景历历在目,好像就是在昨天。

与钟老师最密切的合作是九年前我们的血吸虫基因组研究项目,我们请钟老师和他的团队在基因组水平上进行物种进化的分析。以往的分析都是在一个或者几个基因上展开的,但是对于数千、上万个基因的并行分析却不是一件容易的事。因为不同的基因受到的选择压力是不一样的,进化速度也是不同的。我记得我们接连开了几次讨论会,尝试不同的方法,钟老师的学生进行反复计算,一直没有好的结果。最后钟老师提出的一个非常巧妙的思路,用最保守基因差异分析进行物种分组,然后再进行大规模基因比对分析,很好地克服了分析上的难题。我们的工作于2009年7月以 *Article* 形式发表在 *Nature* 杂志上,这里面也包含了钟老师的心血。

第二次合作是与钟老师和张树义老师(我国著名的动物学家和生态学家)共同申请国家自然基金重大研究计划项目——重要生物DNA条形码的技术规范体系与信息系统构建,他们让我担任项目负责人。我们连续工作了数日,终于完成了申请书的撰写和递交。正当我们满怀希望等待初评的结果,没有想到的事发生了——形式审查没有通过。一查是我的名字已在另外两个重点项目中出现过了，我的项目超了。一下子蒙了，更主要的是如何向两位合作者——钟老师和张老师交代。虽然两位老师没有表示出任何责怪或不满，但一直以来我在心里还是对他们心怀歉意的，期待有机会来弥补这个遗憾。可现在如何是好？

这些年与钟老师的多次相遇，总是令人难忘。记得有一次看到钟老师那儿有好几瓶浸泡各种中药的酒，钟老师让我喝了一小杯肉苁蓉浸泡的酒，不善饮酒的我，一下子满脸通红，后面就是一连串的笑话……后来从欧洲回来，给钟老师带了几瓶比利时的啤酒，我明白了他为什么这么豪爽。

还有就是每次和钟老师交流，都会听到各种生物学的趣闻。他总是兴高采烈地说起，在哪里找到了可以下海的青蛙……在西藏找到了一株葡萄树，法国人是多么的感兴趣……还有很多很多。

两周前，应瑞金医院陈赛娟院士的建议，我们去西藏日喀则市人民医院商讨如何开展包虫病防治方面的合作。为了适应西藏高原，减少高原反应，我们在拉萨住了两晚。我和同行的张文宝教授（新疆医科大学第一附属医院）无意中聊起了钟老师讲课时的情景(大家都已熟知)，还提到想去钟老师在西藏大学的实验室看看，可惜钟老师当时正在内地。可万万没有想到，这将永远无法实现了。

钟老师似乎已离我们而去，又似乎就在我们身边……

钟老师，您一直和我们在一起。

（本文作者为国家基因组南方中心研究员）

忆钟扬

周继明

钟扬去世以后不久，我去看望他的爱人张晓艳。晓艳是同济大学生命学院的教授、博导。她给我一个她家的地址，这不是我原来去过的他在五角场家的地址。我寻思是否复旦给他安排了大一点、好一点的房子。原来那个房子是钟扬加入复旦时学校给他安排的，比较小。

到了钟扬现在的家，情况令我吃了一惊。房子是一个不大的一套三，看上去有些年头了。每个屋里都堆满了各种物件，显得有些拥挤。家里住着钟扬两口子、两个15岁大的双胞胎儿子，还有晓艳的父母亲共六口人。晓艳告诉我钟扬不太理家，原来在五角场的房子已经卖了，来补贴儿子教育费。现在的房子是晓艳父母的。这两个在上海生活了多年的教授、博导，到现在在上海竟没有一套自己名下的房子，令人不胜感叹、唏嘘。晓艳告诉我钟扬去世以后，她去他办公室整理遗物，发现在两个抽屉里塞满了各种各样的发票，好多都是他的学生在他那里报了账领了钱，而钟扬就自掏腰包了。

钟扬疏财我是有亲历的。我同钟扬是在密歇根州立大学认识的，那时我在工程学院读博，他作为访问学者在那里做计算机植物学分类方面的研究。那年他28岁，是中科院最年轻的副研究员之一。那时的访问学者每月从国家拿几百美元的生活费。大家都省吃俭用、努力存钱，以便在回国时能买几大件，如电视、冰箱、洗衣机、音响诸如此类。这几乎是每个人的生活方式和省钱目标。钟扬也省吃俭用，但与别人不同的，是他把省下的钱都买成了办公用品，如复印机、传真机、电脑等要捐赠给他的工作单位中科院武汉植物所。他的行为已经是很异类了，更令人吃惊的是他竟然把晓艳辛辛苦苦挣的钱也捐赠了。晓艳是持J2签证来美国的，有合法的工作许可。对于钟扬的行为晓艳只能摇摇头，并不去同他吵闹，因为她知道这就是钟扬。后来钟扬告诉我他的捐赠很不顺利，物品在海关久久不能放行。海关的人不相信有人把自己省吃俭用省下的钱拿来捐赠。那时候做捐赠的都是亿万富翁，如李嘉诚、邵逸夫这类人。海关不相信一个非富非贵的人也要捐赠，怀疑是否有通过捐赠来逃税之嫌。确实，普通人很难理解思想特立独行的人。

钟扬很热心学生、学者联谊会的工作。那时候互联网刚刚兴起，很多中文消息还不能通过互联网来传播。学联会办了一个叫《密友》的刊物，每月一份，传播中国国内的消息以及我们周边发生的事情。钟扬以极大的热情承担起了主要的撰稿、印刷和发行投递的事情。每次经过他们通宵达旦的努力而完成新的一期《密友》之后，他都不辞辛劳地挨家挨户地送，脸上充满了喜悦和满足。他的情绪感染了我们许多人。他忘我工作的热情和能量，使我们都知道这是一个要成事业的人。

钟扬有惊人的喝酒能力。他可以提着24罐一箱的啤酒来敲门："老周，一起来喝喝。"我总是回答他，我喝两罐剩下的是你的。接下来就是彻夜畅聊，谈将来的打算，当然也谈怎么在传、帮、带中认识晓艳，最后成为一家人……谈话间他的22罐啤酒就下肚了，我为他惊人的胃而感叹。

复旦100周年校庆时，他送了我学校的纪念邮册。我在他的办公室饶有兴趣地听他讲西藏之行。他拿出一些动、植物的标本给我展示，讲述他为上海科技馆做的一些工作，还邀请我同他一道去西藏，他要带我去墨脱看看。"那真是一个值得去的地方"，他告诉我。

他时常一天只吃一顿饭，从早上工作到深夜。有时不忍心回去太晚打扰家里人睡觉，他就在办公室睡。他继续保持着惊人的饭量和酒量，为人豪爽，永远有说不完的故事，永远是一群人中谈话的主角，永远用他幽默的谈吐来感染周围的人。我对他的生活方式提出劝告，指出这样是相当有害身体的，他并不以为然。"为什么要活那么长？"他反过来问我。我知道他清楚地知道自己的追求并愿意为之付出全部精力、时间乃至生命。这是他选择的生活，我不能有更多的说法。

钟扬去世之后，我在我微信里写道：

率真人生、快意人生、精彩人生！

一个用全部激情和生命追求理想的人，一个一旦相逢就无法忘却的朋友。

我同钟扬一样拙于中文打字，每每以笔代之，只是我的字没有他那样刚劲和潇洒。谨以此短文来纪念钟扬。

（本文作者为美国密歇根州立大学博士）

送别钟扬老师

马 坚

如果当年没有遇见钟扬老师，我的职业轨迹不会是现在这个样子。我认识钟老师应该差不多已经十七年。钟老师那时刚来复旦，我在复旦计算机系念完本科继续读研一。他来复旦生科院就给本科生开一门生物信息学的课，他邀请我担任助教，给生科院的本科生穿插讲一些算法基本知识。我在读了四年计算机本科后，从未想过会有机会为一门生科院的课当助教，开始确实很紧张。而且当时对生物信息学也几乎一无所知。钟老师并不在乎，在他看来，这有什么关系？在复旦读研究生时和钟老师的经常接触，成了我生物的启蒙教育，他也经常给我讲一些计算生物的研究话题和他自己的人生经历和思考。他给我的第一印象是：从未在乎过学科之间的边界。他有着一般人没有的宽阔视野。

十七年后，我在卡内基梅隆大学从事计算机算法在基因组和医疗健康中应用的研究。而今，不论在哪里，各种类似的"跨学科"或者"交叉学科"的工作层出不穷。再也没有人会困惑计算机为什么能与生物医疗相结合？为什么人工智能同样需要社会学和哲学思考？我常常想起钟老师当年的那些话。确实，对于一个大家来说，学科通常可以互补，人文和理工科之间的高墙同样不存在。

这些年里，我每每回到上海，都要拜访钟老师，去他办公室里做客。两年前的夏天，钟老师还邀请我在复旦给学生们上过计算生物学的课。每回见面,我还深深感佩于钟老师在复旦以外的工作。每当他兴致勃勃地告诉我,最近又在西藏做成了什么,采集到哪些珍贵种子,或者在上海科技馆的进展,我都会感叹于他的精力充沛。当大众感叹科学家们自闭于象牙塔,科研与公众脱轨之时,钟老师以他自己的行动向我们证明了知行合一的可能性和必要性。不仅学科之间没有界限,学校没有界限,校园内外的高墙也可以打破。一个人的时间当然是有优先级的,钟老师对各种公益和科普的热忱基于他对于自己时间的挤压。每次见到钟老师,他几乎都在匆匆忙忙地赶往下一站。即便是这样,他从未敷衍过任何一个向他求助的学生、同事、朋友,甚至陌生人。他的视野、情怀以及幽默感影响着认识他的每一个人。记得前些年我刚在伊利诺伊大学做助理教授成立自己的实验室,与同行打交道难免遇到一些困惑,也向钟老师求助过多次。每次钟老师回复邮件都会说他正在去哪里的路上并叫我随时可以给他打电话。而每次电话那头,钟老师总是精力充沛地用诙谐的话给我指点,让我顿时豁然开朗。落地的麦子不死。我们都是钟老师的学生。

(本文作者为美国卡内基梅隆大学计算机学院副教授)

记我与钟扬老师的点滴交往

张 宁

2017年9月25日,复旦大学教授、著名植物学家钟扬在内蒙古鄂尔多斯市出差途中遭遇车祸,不幸逝世。他走得这么突然,就好像一段交响乐到了高潮戛然而止,一个海浪到了潮头突然平静,一颗明亮的星辰突然黯淡。

我不是钟老师的嫡系弟子,彼此的交集也不是很多,但我对钟老师印象很深。

最早对钟老师的印象可以追溯到他翻译的美国科学院院士Masatoshi Nei的著作——《分子进化和系统发育》,这是分子进化生物学领域的入门书籍。当时我还是一名植物进化生物学方向的研究生,因为书里有很多数学知识,所以对这本书似懂非懂。后来陆续听几位导师讲述过钟扬老师的一些奇闻逸事,比如他是一个奇才,中国科学技术大学少年班毕业,本科时学的是无线电专业;他凌晨两点回到学校还要召集课题组的人开会;他睡觉时鼾声如雷……这些"八卦"更增加了他在我心中的神秘感。

第一次遇到钟扬老师是在2005年早春,我当时还是一名博士研究生,导师带我们去复旦大学参加钟老师组织的一个小型计算生物学会议。印象最深的是吃饭时,基本都是钟扬老师在讲故事和笑话。他嗓门大,我们不在同一张桌子吃饭,也能很清楚地听到他的声音。大家都很认真地听他讲故事,情绪和身体的姿势不断跟着他的故事节奏起伏,自然地做出各种反应。这次我虽然见到了钟扬老师,却由于害羞没有勇气向他打招呼或者问问题,所以当时也只能算是仅有一面之缘。

我和钟老师的缘分在我博士毕业后继续延续,他慢慢地走进了我的生活,并显著影响了我的学术轨迹。我博士毕业后,到了复旦大学做博士后,指导老师是时任复旦大学生命科学学院院长马红教授。马老师那时刚从美国宾州州立大学全职回到复旦大学任教。我是他在国内招聘的第一批博士后,钟老师则是生命科学学院博士后指导委员会的专家,于是我和钟老师有了直接联系。

当时我在复旦大学研究的课题是利用核基因从事被子植物系统发育重建。当时的情况比较复杂,很多人质疑我这个课题。首先,当时全世界的植物系统学研究者都只用叶绿体和线粒体基因重建系统发育关系,没有大规模使用过功能核基因,主要原因是利用PCR方法扩增核基因非常困难;其次,马红老师不是做系统进化发育研究出身的,因此指导我做这个课题显得缺乏研究基础;当时被子植物系统发育大框架即APG(Angiosperm Phylogeny Group)系统已经更新到了第3个版本,被认为基本成熟,没什么研究价值了。所以,我当时面临的压力很大,自信心也不足。第一次直接面对钟扬老师是我作博士后开题报告。怀着忐忑的心情陈述完,评委老师大都不太看好我的课题,说没什么新意,这使我心凉了。钟扬老师虽然也说我的课题新意不大,但他还是给予了一些正面评价:"国内的植物系统进化研究很少有从被子植物这个尺度来研究的,大都是聚焦在某个科甚至某个属,大的系统框架都是国外的研究者提出来的。从这个角度考虑,这个课题还是有价值的。"听了钟扬老师的点评,我和马老师悬着的心和紧张的神经都稍微松懈了一点。这也稍微坚定了我对这个课题的信心。后来钟扬老师还陆续为我们的课题提供了很多帮助,包括帮我们采集一些植物材料,我参加中期考核的时候他也提供了很多建议。最后,我们的研究成果证明了马老师和钟老师的学术直觉是十分准确的。

第二次正面遇到钟扬老师,是复旦大学博士后管理委员会邀请他为博士后特别基金申请者作一次经验座谈。那次讲座中,钟老师依然是谈笑风生,故事一个接一个。他对基金申请的理解完全颠覆了我以前的认识。我以前认为申请基金就是靠一个好的科研点子。但钟老师说，申请博士后特别基金的时候，任务书里描述的70%将要完成的任务应该已经完成了，"评审专家绝对不会只因为好的点子支持你"。听了这番话，我豁然开朗，后来这条原则就成了我写基金申请书和创业计划书的指导方针，即证明自己有良好的研究基础并有能力完成这个项目。会后，我改变了原本设计好的题目，把课题换成了博士期间课题的延续，后来真的申请到博士后特别基金。收到申请中标消息后，我给钟老师发了一封感谢信，他只是很简单地回复了一下。

我在复旦大学做博士后期间还去"蹭"过钟扬老师的生物信息学课。他总是把知识和故事结合着给学生讲，这样听课就变得很有意思。他总能想到一些新奇的主意，比如熊猫的基因组刚被别人公布的时候，他就提出熊猫不吃肉改吃竹子可能是熊猫抑郁了、控制多巴胺分泌的基因丢失了等。虽然这个想法至今没有被证实，但钟老师那种天马行空的思维方式就足够使我佩服。钟扬老师和马红老师在我的心目中都是有大智慧的人，但风格截然不同。钟老师是纵横驰骋、天马行空，马老师是严谨认真、谦虚儒雅，但他们都有一个共同点——勤奋。这对我后来的行事风格影响很大，我慢慢也变得勤奋起来。总觉得，自己本身的智慧就比他们差很多，再不比以前勤奋些，估计一辈子真的就碌碌无为了。

钟老师离我们去了，让人觉得那么突然，就如同他的思维方式一样急速转折。虽然我和他只有几面之缘，但钟老师的精神将润物无声地影响我的一生。

（本文来自《科技导报》2017年第23期，作者为美国食品药品监督管理局生物研究专家）

逝去的激情岁月
——忆与钟扬共事的片段

李 伟

2017年9月25日,惊悉钟扬出差途中遭遇车祸不幸逝世。这是真的吗?虽然已经过去一天,但这个消息始终像是云里雾里、模模糊糊,我不敢相信,总抱着侥幸的心理,万一这不是真的……但是心里频繁涌起的一股股莫名的悲伤越来越真实地提醒我,那个可爱的胖子是真的走了。

我与钟扬相识很早。1986年上大三时,受陈家宽教授《普通生态学》的影响,我喜欢上了分类、系统、进化、生态等宏观生物学。那时陈教授还在武大求学,我去他实验室实习。当时陈教授正和钟扬、黄德四一起,把数量分类这一当时正兴起的方法应用到他的博士论文中。我就这样认识了钟扬,开始了我们持续一生的交往与友谊。因为这样的经历,钟扬和陈家宽两人成了我毕业实习的导师,所做的科研工作也成为我第一篇变成铅字的学术论文。也正由于这样的经历,硕士研究生毕业后,我便毫不犹豫地来到武汉植物研究所工作。武汉植物所地处郊区,那时只有一条通往鲁巷的59路公交车,近1个小时一班,晚上7点收班,出入植物园极为不便,自行车是最方便的交通工具。1991年3月31日是我来单位报到的日子,从此与钟扬、黄德四开始了在实验楼一楼最东边的一间办公室共事近10年的历程。钟扬刚到武汉植物所工作时,担任过湖北省植物学会的秘书,在他担任秘书的那些年是省植物学会活动最为丰富的几年。武汉植物所承办的第二届系统与进化植物学青年研讨会（1991年）是我参加的几届会议中最令人难忘的。这次会议上发生的许多事情至今提及仍在圈子里被津津乐道，也许有些参会者还保留着钟扬和张晓艳共同设计的印有银杏叶的文化衫。钟扬还热情地协助《武汉植物学研究》（现《植物科学学报》）的编辑出版工作，跑印刷厂、校对等样样都干，乐此不疲，长期的锻炼也培养了钟扬对文字编辑的敏感性。当时没有像现在这么方便地使用计算机和程序，可以随意对文字修改和编辑。印刷用的是铅字排版，需要人工把一个个活动的铅字挑出来进行排版，印刷出来的校样错误率较高。后来激光照排技术的出现大大提高了印刷效率，但刚开始使用时也有烦恼，由于很多专业字词没有计算机字体，只能在硫酸纸样稿印出来后，再将缺的字写好贴在硫酸纸样稿的缺字处，这件事钟扬出力尤多，谁让他写得一手好字！也许在我办公室的故纸堆里还能找到钟扬的一些手迹，可是我还有勇气翻找吗？

  钟扬是个很有执行力的人，决定要做的事情总是亲力亲为。因为他学的是无线电专业，所以走上生物学、植物学的科研道路尤其艰辛。钟扬的勤奋可以用疯狂来形容，在相当长的一段时间里，那间办公室常常是夜晚唯一的亮灯处。加入钟扬的科研小组，短短数年我的名字就出现在两本书的封面上，也是目前仅有的两本书，而钟扬无论在复旦大学还是在西藏大学工作，除了发表高水平的学术论文外，不断出版的著作也见证着钟扬持续不断的努力。钟扬依靠自己的勤奋与拼搏，从一个生物学门外汉一步步走到今天，现在已成为生物多样性研究领域的重要领军人物。

  钟扬思维敏捷，深厚扎实的数学功底使得他在经验性的生命科学研究中总能发现新的角度与问题。数量分类和分支分类方法在水生植物中的应用应该是钟扬与陈家宽教授在国内的首创，我有幸与这个集体一同工作，很早也把多元统计方法应用于水生植物的研究中。那些年里，不同数学方法的比较评价及如何实现等是我们科研工作中的一项重要内容。没有太多的参考资料、昂贵的软件都是工作中必须面对的问题。那是一段躁动、喧嚣但又充满欢乐的日子，无论是在文献中发现一些低级错误，还是解决了数学方法或者编程中的一个问题都会给我们这个团队带来很多欢乐。1993年,我们在学术上一个小小的成就是在国内首倡了"计算生物学"这一学科概念,并将我们的实验室冠名为"计算生物学青年实验室"。钟扬从美国回来后,还为这个实验室捐赠了一套当时较为先进的计算机系统。1994年冠以"计算生物学"名称的国际学术刊物第一卷出版,1997年国际计算生物学学会（International Society for Computational Biology,ISCB）成立。看到现在计算生物学和生物信息学的热潮,怎不叫人感叹！曾经的武汉植物研究所在这个领域是如此地立于前沿！

钟扬离开武汉植物所到复旦大学工作后,这样亢奋而惬意的科研工作也宣告终止。虽然我与钟扬的科研领域差距越来越大,但是针对科学问题的讨论仍是我们见面时的主要活动。记得钟扬获得"杰青"资助那一年（2009年）,我到青海参加他组织的一个学术会议,会后去机场的路上他得到"杰青"通过的消息,我们在机场简单庆祝了一番,简餐中说起全球变化这一热点,钟扬认为可以找到全球变化的分子证据,我建议水生植物也许是最好的研究对象,因为无机碳可能是水生植物分化与适应的关键因子,也是全球变化重点。今年8月,我和钟扬在电话中就这一我们一直放在心上的问题做了简短的交流,说起了我们发现的一些有趣材料可能为这个想法提供了绝佳的研究对象,相约在10月份找时间一起深入讨论一下。可惜,这次讨论永远不会再有了。要是当初约定时间更早点该多好,也许一切都是另一个版本。

钟扬是个热爱生活的人,玩得一手好桥牌,是当时武汉植物所的主力队员,分管理园艺中心时曾在东湖边开发了沙滩排球场,夏天这里成了所里年轻人的最爱,打完球顺便到东湖泡泡真是个享受。钟扬还写得一首好词,有一年单位歌唱表演,所有歌词都是钟扬创作,由武汉植物园原副主任、现武汉大学药学院教授王有为作曲。这些歌曲都与植物和植物研究有关,创作的灵感源于他对植物学深深的热爱。尤其令我佩服的是钟扬还烧得一手好菜,并且手脚麻利,他是我认识的科研工作者中烧菜水平最高的,够得上专业厨师的水平。单身时没少到他家混吃混喝。去年在西藏,他还用一锅冒菜在他西藏大学的居所招待了大家。其实钟扬在武汉工作期间,为武汉植物园的开放搞活、科普宣传迈出了第一步。不少同龄人现在一起聊天时还会说起当时武汉植物园的烧烤，那就是钟扬带领几个人在东湖边搞起来的，夏天来吃过的人基本都有在东湖边吃烧烤喝啤酒的豪情。

钟扬写得一手好字，喜欢用蘸水钢笔，不过写字很用力，可以说是入木三分，按他夫人张晓艳的说法，钟扬写字不是用笔，是在"吃"笔，一支新钢笔没多久就要更换笔尖。钟扬知识兴趣广泛，涉猎众多，记忆力超强，文笔很好，这从他众多的博客、专栏中可见一斑。很多第一次见到钟扬的人都会佩服他出众的口才，有钟扬在的聚会永远都不会冷场！这种能力为他的课堂授课、科普宣传增加了无限的魅力。其实第一次见识到钟扬的文笔功力是我们合作编译《水生植被研究的理论与方法》（1992年）这本书，当完成后请陈家宽教授写序时，得到了极高的评价：虽不能说信、达、雅，也已是译作中难得了（大意）。文本的定稿都是钟扬逐字逐句推敲的，送到出版社的稿件也是由他逐字誊写的。

钟扬是个极具亲和力的人，三教九流、贩夫走卒中都有他的朋友。他入选长江学者到藏大的第一天，一句"很荣幸来到世界最高学府工作"拉近了他与西藏的心理距离；他在西藏这些年已经完完全全成为一个地道的藏民，也有了标准藏名：索朗顿珠。我们经常说，他穿起藏袍进布达拉宫不用预约、不用买票，走藏族通道即可。没有对西藏这片土地的热爱，不可能在短短数年间把西藏大学生物多样性研究建设得如此有声有色，进入了"双一流"学科建设的名单。世界分布海拔最高拟南芥的发现是世界屋脊给予钟扬的褒奖，也是钟扬带给中国植物学研究的珍贵礼物。

钟扬第一次出国，是到密歇根州立大学做访问学者，他的导师John Beaman教授看过他的简历后，第一次见面时问他，为什么选择分类系统学这样的传统学科。钟扬的回答让老师开怀：在我知道的生物学家中，植物分类学家是一群高寿的群体。可惜天妒英才！

跟钟扬共事的15年中，真正一起做的野外工作只有一次，就是去斧头湖开展水生植被调查（1991年），钟扬对湖区人早春的湖鲜野菜茭笋赞不绝口。这项调查除了学术论文外，还以科普文章的形式出现在《植物杂志》

（1994年）上。钟扬到复旦、藏大工作后，我们还共同参加了一次西藏尼洋河流域水环境与水生态的调查（2009年）。实际上2007年有过一次再次共事的机会，是如此的接近，只可惜没有实现。回想起来，如果当时钟扬再回来工作，现在的他、我们，还有他一直挂怀的这个单位会是什么样子？

钟扬到复旦工作后，开始招收少数民族学生，有一次聊起这件事时，他说中国有56个民族，除汉族外，他希望在退休前至少为每个民族都培养1名研究生。据我的了解，即使钟扬的愿望已无法实现，但他也许已经是培养少数民族研究生最多的自然科学导师。

在我的感受中，钟扬就像一个孤独的行者，无论外界如何，他始终向着自己的理想匆匆而行。在外人看来，他已经走在了成功的康庄大道上，只需时间流逝，一切收获便会水到渠成。不过我却知道，钟扬一直觉得时间不够用，从我认识他起，他就一直保持着这种高强度、高效率的工作状态。只是在昨天，钟扬终于可以休息了。

种子已经找到，开始发芽，结实也就可待了。

红尘中痛失一行者，天国里长生一圣徒！钟扬一路走好！

刚刚窗外还是一弯明月，怎么突然下起雨了？风中雨声呜咽。

（本文作者为中国科学院武汉植物园研究员，《植物科学学报》编委）

追忆我一生的良师益友与好兄弟

黄德世

今天中午收到复旦朋友噩耗,钟扬在内蒙古遇车祸不幸离世。不公啊老天!!!

你,1984年夏从科大少年班毕业分配到中科院武汉植物所技术室,与我同在一个办公室,我们一同工作、一同出差、一同学习、一同走过16年,一同从愣头青走向成熟期,你带领我们创建了植物所第一个计算机室、组建了计算生物学青年实验室、组建了水生植物室。是你,带领全组人员多方努力、多方争取项目、课题,不断壮大了我们自己的实力。是你,使我们课题组主要人员都从初级职称晋升到了高级职称。

在数量分类、分子(应是分支)分类、数据分析处理方面,你带领大家如何建立数学模型、编写相关程序,把计算机与植物学应用结合起来,使我们课题组一步步走强!

2000年复旦招聘你去后,依然关注我们课题组,经常把生物信息学、分子生物学、水生植物学及相关前沿信息反馈给我们。

你,是我们课题组(特别是我)一生的好导师!

1984年我们相识至今有33年,16年在植物所,17年在复旦。前16年我们朝夕相处,天天一起工作、学习、吃饭、喝酒、聊天;后17年我们依然有每年2—3次见面频率。

你的睿智、大角度、广视野的分析常常能化解我们工作、学习、生活中的窘境和麻烦！

我们喜欢看你大口吃肉大口喝酒的样子，喜欢饭局中听你讲故事、趣事、信手拈来的"段子"，许多人生哲理可从与你一起的饭局中获得。

今年4月26日我们还在一起聚会过，本来约定下次来，某某请你的，没想到……你就这样轻易拒绝了，让我们心头都留下了永远的痛。

我一直为拥有你这样的朋友、兄弟而得意、自豪！

你，植物园的一大帮朋友真诚地祝福你："好人！！一路走好！！！"

你，1984年你抱着一岁小女孩登长城，今天她含泪说"钟叔叔走好！"

"不是杰出者才善梦，而是善梦者才杰出。"

祝我一生的良师益友、兄弟——钟扬一路走好！！

（本文作者为中国科学院武汉植物园退休干部）

师者，智慧的宝库，精神的脊梁

于　漪

雪域高原，蓝天下矗立着一个播种未来的高大身影。阳光照射，闪耀着金色的光辉。

您，东海之滨的生物学家，怀着对藏族学子成长、成才的满腔赤诚，义无反顾奔赴西部边陲，撒播科学良种，开创高端人才培养的援藏新模式，并已成功复制到了其他少数民族地区。四千几百个日日夜夜的追梦，四十万千米坎坷路程的跋涉，十七种高原反应的抗争，忠贞不贰地实践着艰苦卓绝、坚不可摧的中国精神。一次次带领学生远行，千辛万苦，收集上千种植物的四千万颗种子，无丝毫急功近利私欲，着眼的是储备生物未来发展的基因，用科学的求真精神，博大的奉献胸怀，编织着时代的风范。民族亲情，师爱荡漾，造就了西藏高端生物学科研团队，具备了参与国际竞争的力量，令人钦佩。

您的卓越工作体现了民族精神与时代精神的融合，民族精神时代化，时代精神民族化。

师者，智慧的宝库，精神的脊梁！

（本文作者曾任中华全国总工会候补执行委员，上海市第七、八、九届人大常委会委员，教科文卫委员会副主任委员，全国语言学会理事，全国中学语文教学研究会副理事长，首届全国教书育人楷模等职，现任上海杨浦高级中学名誉校长，首都师范大学、华东师范大学、上海师范大学兼职教授）

播种未来的追梦人

——追忆钟扬

陈浩明

我与钟老师共事17年,难以相信,他就这样突然离开了我们。但他幽默的谈吐、爽朗的笑声至今仍萦绕在我的耳旁,脑海中挥之不去他略带高原红的真诚笑脸。

钟扬老师是我们学习的好榜样。学习钟老师有很多维度,他是一名扎根中国大地的人民科学家,学生心目中的好老师,杰出的科普工作者,更是党的优秀干部。钟老师去世后,我多次讲述他生前的点点滴滴,讲述他教书育人的成绩,讲述他16年在青藏高原风餐露宿,跋山涉水。每一次都是从心灵深处走近他,都会被他的精神深深地感染。

前些天遇到陈家宽老师,他和我交流一个观点,为什么钟扬去世后,在社会上引起那么大的反响。家宽老师说:"钟扬是用自己的行动在追随心中的梦想"。

他的梦想是什么?就是做一名好老师。2000年受陈家宽教授邀请,他毅然从武汉植物所加盟复旦,重建生态学科,他当时是武汉植物所的副所长,年轻有为,爸爸妈妈也是在武汉。他下定决心,离开年事已高的父母到复旦来,除了与陈家宽老师的私交和信任外,看重的是在复旦能干成一番事业。他选择做一名普通老师,这样他不仅能做科研,更有机会教学,因为他最喜欢的就是当老师。钟老师的《生物信息学》课不仅内容前沿新颖,而且讲授生动有趣,深受学生欢迎。家宽老师带领他和团队成员一起重建生态学科。此前,他们都研究植物学,他们敏锐地预见到,生态学可能对上海、对国家更重要。就和团队老师一起重建复旦大学的生态学科,克服困难,凝聚方向,引进培养人才,几乎从零开始,通过不懈努力,建成生态学国家重点学科,建成生物多样性与生态工程教育部重点实验室,成绩斐然。

从2001年开始,他踏上青藏高原这片神奇的土地,被它深深地吸引。他曾说过,在上海、北京这些大城市,生物多样性排名是很低的,但是却聚集了我国近一半的生物学家。祖国那些生物资源丰富的地方才是生物学家应该去的地方。所以他选择了去西藏,因为那里是国家生态安全战略之地。他和藏大老师开展多项科研合作,在此基础上,后来他又成为中组部的援藏干部。他强烈地感受到东西部在科技人才上巨大的不平衡与反差。他用自己的力量,为西藏大学培养人才,建设学科,尤其是将西藏大学生态学发展成国家双一流建设学科,这个成就是巨大的。为什么老百姓这么感动?他这么多年,不顾自己身体健康,坚持长期在西藏工作。我们要站在一个西部生态文明战略布局的这么一个高度来理解他。

他就这样,深深扎根西部,为民族地区培养人才,播撒科学的种子。如果用两个词来描述钟扬,我想那一定是"教师"和"西藏"。

他也是一位优秀的科学家。他科研报国,锐意创新。有一次他问大熊猫为什么喜欢吃竹子?这种司空见惯的现象会成为他思考的科学问题。他说有研究表明竹子中含有一种抗抑郁的成分,大熊猫看上去很忧郁,像抑郁症症状。当他得知了大熊猫的基因组测序结果发表后,非常高兴,马上组织讨论,能否在大熊猫的基因组中发现基因突变,这种突变使得大熊猫有抑郁症倾向。经过一百多个日日夜夜的奋战,终于验证了假说,发现大熊猫的多巴胺代谢通路的相关基因可能参与了大熊猫的食物选择。像这样的例子不胜枚举,他知识面广,思路敏捷,总是能冒出奇思妙想。这促使了他在植物学、生物信息学、青藏高原植物多样性与适应机制等前沿领域取得了一系列重要成果。他在Science、Nature和PNAS等具有重大影响力的国际学术刊物上发表论文百余篇，先后获得多项国家和省部级奖励，在国内外享有很高的学术影响力。

他还是一位杰出的科普工作者。热爱科普教育，传播科学真理。他参与上海科技馆科普工作17年，并承担了上海科技馆英文图文版和上海自然博物馆中英文图文版的编写工作；他主讲上海科普大讲堂，担任青少年科学营导师，常常挤出时间为公众开办公益科普讲座，是最受青少年欢迎的明星专家；他所翻译的《大流感——最致命瘟疫的史诗》一书长期位于科普类书籍畅销榜前列。

钟扬的离去感动了许多人。在银川的告别仪式现场，很多少数民族学生和同事不远万里，从各地赶去送别，许多师生压抑不住悲痛，低声哭泣。告别仪式结束后，许多人在现场久久徘徊，不忍离去。钟扬同志的骨灰抵达上海后，近百名师生在机场，站在雨中迎接，陪他最后一程，场面感人，催人泪下。他的离去感动了很多陌生人，逝世第二天记录他事迹的《播种未来》纪录片全网点击量超过1 200万，这是一个惊人的数字；近400家微信公众号发布了钟扬同志的纪念文章。其中郑召利老师的诗，《你是一粒种子》说出了我们的心声：你是一粒种子/突然消失/以回归大地的方式/告别这个世界//你是一粒种子/从不畏惧死亡/在探索发现的路上/总有人会延续你的生命……语句朴实而又感人，读后潸然泪下。

我相信：每个人来到这个世上，都是带着使命而来。钟扬的初心就是做一名好老师，他的使命就是献身祖国的教育事业，情系西部民族地区发展，这让我们永远记住他。

作为他的同事，我们也会延续他的梦想，在他的精神激励下，完成他未竟的事业。

（本文作者为复旦大学生命科学学院党委书记）

我想让大家读懂钟扬

陈家宽

钟扬离开了,媒体采访我时,喜欢让我讲钟扬的故事。可是我不想讲故事,只想让大家读懂一个真实的钟扬。

他去世的消息发布第二天,关于他的视频《播种未来》播放量超过1 200万次,近400家微信公众号,发表了纪念钟扬的文章,可见不仅仅是教育领域,不仅仅是认识他的人,许多人都在纪念他,为他的离去扼腕。

令我深思是,为什么从学界到社会各界,都产生了强烈的反响?我反复思考,这一现象绝不是偶然的。我有义务介绍真实的钟扬,让大家读懂他,向他学习。

在我看来,钟扬正是用一生,追逐心中的梦想,为实现中国梦付出毕生的精力。

不同阶段,不同梦想

他每做一件事,都是追随他的梦想。不同阶段有不同的追求方式。

1984年到2000年,毕业后在中科院武汉植物所工作期间,这是第一阶段。这十六年间,他不断地把国际上最新的研究方法介绍到中国,如数量分类学、生物信息学等。当时我国正处在改革开放初期,国门一打开,他就赶紧把西方最重要的科学技术信息传播进来。他是一个传播者,他传播的科学技术信息对我国植物学的发展起到了重要的推动作用。他一起步就走到时代的前列。

第二阶段，从2000年开始，当时我把钟扬引进到复旦大学，我同时引进三位学者，一位就是钟扬教授，另两位是卢宝荣教授和李博教授。我们共同承担重建复旦大学生态学科的重任。我们为什么要重建生态学科，我们有我们的眼光。因为上海市的发展中，急需生态学科的科技支撑。当时我印象最深刻的是，明确地告诉他，你在武汉是副局级干部，父母又在武汉工作，你下决心跟我来了吗？他毅然地回答，我绝不后悔。

当时，我国高等教育还处在比较低谷的时期，教师待遇普遍低，科研经费少，很难留住人才。2001年起，这三位杰出的科学家到了复旦以后，正逢国家"211工程"和"985工程"建设，科教强国正在我国启动，他来了，追梦来了。

我懂得他。他到复旦来实际上希望从科学家转型成既搞科研又搞教学的大学教授。钟扬一直有当教师的梦。第二个原因，是复旦的人文精神、文化底蕴，特别是对人才的信任和包容，强烈地吸引了他。来到复旦，为了契合上海的需要，他从研究植物学毅然转到研究生态学。因为他敏锐地捕捉到，生态学对上海、对国家更急需。他担任生物多样性与生态工程教育部重点实验室（复旦）主任，而且在科学研究上作出了杰出的成就，在学术界有很大的影响力。

第三阶段，从援藏开始。钟扬在做援藏干部之前，就已经在复旦大学为西藏大学培养博士，同时进行合作研究。在这一过程中，他强烈地感受到西部地区在科技和人才培养上，存在巨大的发展空间。钟扬身先士卒，科技援藏，人才援藏。担任援藏干部后，他全身心投入，为西藏大学拿到了首个国家自然科学基金，首个教育部科技创新团队项目，特别是把西藏大学生态学科带进了国家"双一流"建设中。他的贡献是卓越的，他在追梦，他要把我国西部欠发达地区的科学研究和少数民族的高等教育带进新时代的建设进程中。

在不同的阶段，他始终跟着国家的前进步伐，是时代的先行者。他是一个追梦者，但他追的不是个人的梦想，他追逐的是中华民族伟大复兴的中国梦。

53岁做了100岁人做不到的事

当时引进钟扬到复旦，有偶然性也有必然性。必然性，因为我到了复旦，学科建设急需几位领军人物，不引进他也引进别人，这是必然的。偶然的，是指我跟他最熟，我始终认为他是最佳人选，人品好、学术也好，同时胸怀开阔、有格局，完全有可能成为卓越的学术领导人。后来的事实证明我的这一判断是对的。同时，我跟他也有私交，早在1984年就认识。钟扬1964年生，我是1947年的，相差17岁，我们是真正的忘年交。

这次出事，某种层面上来说，是"必然"的。因为已经是第三次了。第一次是在海南出差考察红树林的时候，他在住宿地煤气中毒，急救过来了；第二次是2015年中风。当时他跟第二军医大学的一些老师在吃饭，那天正好他生日，然后他的筷子掉了，他还没有意识到中风，还好跟医生们在一起，立马送医抢救，逃过一劫。

这么多年来，我跟他合照几乎没有。君子之交淡如水，但我们的关系不是一般的关系，可以用"心心相印"来形容。我懂得钟扬，他53岁做了100岁的人都做不到的事，他拼命地做、拼命地赶。

钟扬曾经说过，一个人总要有走的那一天，不知道哪一天走。像我们这样搞科学研究的人，生死来去都是想得非常透的。其实我与他已经有很多年没有合作了。但是很巧，在钟扬去世前的一个月，8月25日，我们又一次合作了，在上海科技馆做科普讲坛，我主讲，钟扬教授主持，还留下了30分钟的视频。这次合作对我来说很有纪念意义，我非常珍惜。

（本文来自《上观新闻》，作者为复旦大学生物多样性科学研究所原所长、生态学科带头人，2000年将钟扬从武汉植物研究所引进到复旦大学担任教授）

一个追赶时间的人

拉　琼

我永远忘不了9月25日那天中午，得知噩耗的时刻。

还记得23日那天，刚从外地采集标本回到拉萨，24日在家休整一天，25日中午，就和过去许多次一样，去钟扬老师的宿舍——他的行程安排表上，29号就要回拉萨来，被子床单枕头都给他晒晒好。

中午整理完宿舍，我就在宿舍沙发上躺下午休，手无意中点开了手机的电台app，正好在播钟老师的科普讲座录音"长颈鹿为什么会游泳"，熟悉的语声中，我迷迷糊糊睡着，却又突然被急促铃声惊醒——消息传来，钟老师离开了我们。

是不是真的？我反复确认，脑子一片空白，抬头四下看，他的帽子、衣服还挂在门口，仿佛什么都没改变。说好了29日一回学院就开会讨论生态学学科建设"双一流"的方案。

可是钟老师，那个追赶时间的人，真的走了。

2005年，钟扬被聘为西藏大学客座教授。

他曾说，玩的就是心跳

2006年，我从挪威学习回到西藏大学，钟老师已经在这里开展研究工作了。当时他提醒我，英语千万别丢，那是参与国际学术交流、掌握更多科研资料的关键，他还问我，要不要考他在复旦的博士生。当时我以为他是开玩笑，没想到是认真的。而我，也有幸，成为钟老师的学生，并在学成后，回到西藏大学从事植物学的教学和研究。

记得当时印象最深的是，他说，西藏大学植物学的博士点不批下来，他就不走。可是当时，学校连理科硕士点都一个没有，植物学专业也没有教授，甚至没有一位老师有博士学位，我以为那是一句大话。没想到，最终在2011年，西藏大学植物学一级学科硕士学位授予点获得批准；2013年，西藏大学生态学一级学科博士学位授予点获得批准，填补了西藏高等教育史的空白。如今，教育部公布的"双一流"建设名单上，西藏大学的生态学位列其中，而曾与我们并肩奋斗的人，却已不在。

这些改变的背后，是钟老师追赶时间的匆匆脚步。忙的时候，上一个星期还在西藏，下周就到上海，4 000米海拔落差，两头奔波。

忙到什么程度？我亲身经历就有好多次。比如有一次在北京参加教育部创新团队评审答辩，钟老师和我是代表，他被工作绊住，我先去北京，答辩时间到了，他却因为堵车迟迟未到，由我上台讲PPT，讲了五六分钟，他急匆匆赶进答辩会议室，继续讲。那天，我本来约好了同学，准备答辩结束后一起吃饭、逛逛，住一晚上。没想到一完事，还没等答辩结果宣布，钟老师就拖着我往机场赶，要回上海完成新的重要工作。下楼——上出租车——在车上订最近航班机票，三步动作一气呵成，到了机场还有十几分钟就起飞了，来不及定心吃饭，就买了肯德基外卖，跑着带上机舱。当时其他旅客肯定都记得有这么两个人跑得气喘吁吁，一到座位上坐下，就急着拿出汉堡，大口吃得香甜。没办法太饿了，连空乘服务员用奇怪的眼神看着我们也都顾不得了。

他的工作，需要兼顾上海和西藏，所以专门摸索出一个飞行计划表，还跟我得意炫耀。比如，上海到成都最晚航班是凌晨两点到达，在机场休息室眯两个小时就到四点，正好有成都飞拉萨的第一班飞机可以安检了，早上七点起飞，九点半到达，直接开始工作，一点不耽误事儿。那时候，钟老师小小得意的样子，我忘不了。

我曾劝过，工作节奏不要那么紧。记得他用这样一句话回答："玩的就是心跳嘛。"

我很愧疚，曾经那么催他

很多事情，钟老师总是冲在最前面。无论是采集标本时，面对未知的探路，还是制作标本这种学生就能完成的工作，跟大家一起，似乎是他的执念。

记得跟着钟老师登珠峰采集高山雪莲的那一次。那是2011年，为了"青藏高原极端环境下植物基因组变异及适应性进化机制研究"这个课题，我们开始寻找一种叫鼠曲雪兔子(高山雪莲)的植物。一开始，在珠峰大本营周围没有找到，准备继续向上。当时我觉得钟老师不是藏族，又不熟悉山情，可能还会有危险，建议他待在帐篷里等着我们。谁知他一句"你能进我也能进，你能爬我也能爬"就把我顶回来了。其实，当时我还有点不高兴了，心想着我也是为你好啊。最终还是拗不过他，一起出发。最终，我们在一处6 000多米海拔的冰川退化后裸露的岩石缝里看到了这种高仅10厘米、长着灰白小绒球花朵的不起眼植物。仔细检查花形宛如拇指的高山雪莲，钟老师笑得很开心。

那么累，为了什么呢？我们曾交流过。钟老师这样说，"假设在100年后大家发现西藏有一种植物有抗癌作用，但由于气候变化已经没有了，但是100年前一个姓钟的人采过，那时没有人在乎你是不是教授，反正终于发现了那个藏种子的罐子，最后哪怕只有几粒发芽，那个植物不就恢复了吗？"这个回答记忆犹新，也已经成为我努力的动力之一。

2015年，他中风治疗后，九个月，就违背医嘱，再一次来到西藏。那次开始，钟老师有了很多改变。我们采集标本乘坐的丰田越野车车架高，他上车不像过去那么利索，开始费劲了，我看在眼里。

过去他对健康是大大咧咧的态度，比如劝他去体检他会拒绝，笑着说"不去，吓死人"。这次再来，他带了很多医生开的药，吃药特别认真，随身带着一个透明的塑料小药盒，该吃什么，吃几顿，饭前还是饭后服用，时间剂量严格执行。过去他喜欢品酒，爱喝两杯，重上西藏后，他滴酒不沾了。他对我说，还想坚持下去，在西藏再干十年。

我俩微信短信电话，联系很紧密，研究生的事情，博士点建设的事情，学科建设的事情，种质研究的事情，要做的太多了……基本就是我催他，他催我。

我很愧疚，他已经那么奔忙了，我为什么那么催他？

拿手菜：鸡蛋炒青椒、熏肉炒蕨菜

说起来，风风火火的钟扬老师，也有慢下来的时候。

比如有时候他坐飞机飞到拉萨，我去接他，想着陪他外面小饭店吃点，可以节约点时间早些休息。可他这时候却不急了，固执地非要到超市去买各种菜，到宿舍洗菜切菜做菜，让我把学生们都叫来宿舍一起吃。

很多人不知道，钟老师做菜特别好吃，鸡蛋炒青椒、熏肉炒蕨菜都是拿手好菜，大家都特别爱吃。看大家吃得开心，他更开心，专门总结过，自己的绝招是火开得够旺。

很多零零碎碎的片段，事故发生后，很多人来采访。讲一次，就会难过一次，很多回忆都掀了起来。可这些回忆，对我来说也很珍贵。

（本文来自《上观新闻》，作者为西藏大学理学院教授，博士生导师，钟扬曾经的学生，后来的同事）

一个有点傻气的人

黄 梵

钟扬，从来不是一个难以企及的人。他确实在某些方面才能超群，但本质上是普通人。

钟扬真正可贵的是大多数人只做对自己有利的事，但钟扬不仅仅做对自己有利的事，也做对他人有利的事。

他认为，一个人单干的代价很大，人们若能多做些利他的事，彼此跨界分享，便能够打破藩篱，盘活思维，大量节约社会成本，从而真正地对社会、对国家有利。

而这件事，其实每个人都可以尝试。

一顿早餐：7个包子，3碗粥，4碟小菜

我和钟扬是初中同校，高中同班同学。我们俩，他文科年级第一，我理科年级第一；他外向，我内向，所以关系一直挺好，总是他说我听。

钟扬记忆力惊人，从小洞察很多事，在同龄人还很懵懂的时候，他大事小事都能讲出个所以然来。那时他在中学时的作文几乎都是范文，常会被贴在学校门口。可偏偏后来我俩的道路完全颠倒，我走了文科，他进了理科，不过他对写作的热情倒是始终不减。

钟扬成长的家庭是很开明的。他爸妈都是教育系统的，会与他一同讨论生活难事。比如，他父亲原本做教师，却因讲地方方言，讲课几个月被学

生们赶下讲台。这事对他刺激挺大，他那时就发誓说，"一定要把普通话讲好"，"要当个好老师！"

1979年我们一同参加高考。他考进了中科大少年班，可惜，是他不喜欢的无线电专业。而我考的专业也不是自己满意的，所以我俩都很沮丧，一直通信，到现在，这些信我还都留着。在现在不少人看来，或许算是老派的知识分子作风了。

我们最常谈论形而上的主题，聊各自的哲学思考，有时他会到我的大学来，我们能在操场上走上5个小时谈人生。年轻的钟扬是有股子傲气的，总想证明自己很聪明，也会自诩为"哲学家"。当然我们的信偶尔也有点八卦内容，比如曾经有位女生对钟扬颇有好感，托我牵线。我也在信中传达了，不过钟扬很明白自己的喜好，礼貌谢绝。

我们这一代多是理想主义者，但钟扬和我方式不一样。我比较悲观，尽最大努力去争取最好结果就行。但钟扬一向乐观，他会竭尽全力去应对最大挑战，就像对待全球暖化问题也一样，他认为人类总能找到应对办法，所以，他到处搜集种子。

钟扬可以为一个目标付出超出常人百倍的努力。有一次他到我的大学来找我玩，透露"现在会经常对着镜子练说话"，目的是"要为当老师做准备，调整自己的神态、语气、风格"；我那个宿舍当时有15个人，他一个人跟15个人辩论、舌战群雄，十几个人都辩不过他。

在西藏的这些年，他的外貌上改变很大，以前他是高瘦的，可以说很帅，现在却很胖。我和他共进过一次早餐才知道为什么。他那顿吃了7个包子，3碗粥，4碟小菜。他说没办法，在西藏习惯了，一定要一顿吃很多，才能保存体力。长时间下来，胃都被撑大了。

但他对这些都满不在乎。他有很多"顽童"的一面。他喜欢把路途上所见所闻绘声绘色地讲给别人听；喜欢尝各类新奇美食，还试着自己做；他还喜欢酒文化，号称和各国学者有过喝酒的经验，俄罗斯的、美国的、日本的，他说酒文化的背后是不同国家的学术环境与文化，"我要写篇散文出来！"他号称。我开玩笑催他"赶快写啊，出版社肯定抢着要"，他又无奈苦笑说：

"太忙了,我有好多想法……"

"有时候失败比成功更有价值"

我最后一次和钟扬微信联系是9月24日晚,他询问我去西藏的行程想法。我和他商量我想9月29日飞去西藏。他在23:58回复"好的。我来安排"。

这次计划源于我们的一个约定——拍摄一部关于植物学家登山的电影。

在登山界,有两种方法:喜马拉雅式登山和阿尔卑斯式登山。喜马拉雅式登山,领队就是保姆,车辆、线路、吃、住等都由领队考虑,登山者只管走,背不动会有背夫帮忙背;而阿尔卑斯式登山的精髓是:不依赖他人,不靠外界的补给,完全或主要靠登山者自身力量去攀登。英国人乔·辛普森是阿尔卑斯式登山的坚定践行者。

而对于植物学家来说,也有两种途径来研究课题,一种是利用各地标本馆已有的标本和种质库储存的样本,或是交给一些服务于科研单位的采集力量,回到实验室研究;另一种是亲自采集,全程自行把控。

钟扬是后者的践行者。

两年前,钟扬和我聊起乔·辛普森,他说那是他的偶像。

钟扬当时很严肃地说:"我们过去对登山对科学的研究,都会赋予一种所谓成功的意义。登山一定要成功,科学研究攻关一定要成功。这是一种比较糟糕的观念!其实登山,有时候失败比成功更有价值,它体现的是一种精神;在科学研究方面也是,你做了很多次攻关都成功不了,但它体现的这种精神是代代相传的!"

这个感受,我从心底里赞同。

我们俩商量着,能否拍一部电影,通过一个科学家去西藏寻找雪莲的故事,把登山和植物研究结合起来,然后通过这种结合体现我们想传达的精神。

之前,我已经把梗概写好了,打算先写出小说,在此基础上再拍电影。钟扬很支持,他希望自己成为这部电影的原型,还给电影取名《失败者的故事》。

为了小说,我和钟扬聊过很多次,他给我讲了很多他在西藏寻找植物种子的过程。他曾三番五次劝我自己去西藏看看。但我都三番五次推辞。

为什么？因为我有严重的高原反应。我曾经去青海3天，在海拔只有2 600米的地方头疼欲裂，没法行动。

钟扬有时激我"作为一个作家，必须要去一趟西藏！"有时又放低姿态："你放心！我大不了陪着你嘛！"

我经不住他劝，终于决定9月出发。却终究未成行……

"这是他个人盘活社会资源的一种方式"

钟扬生前常提起"思考的层次"。

他的演讲总是很引入入胜。我曾经亲眼目睹他的影响力。有一次他受邀来我们南京理工大学演讲，讲完，当场就有3个学生表态要从工科转学生科。一个学生说："我想学生物，觉得对人类太重要了！"

我想这种神奇，是在于钟扬从不想要去传达简单的知识点，而是将知识点转化、蜕变成对生命更深刻的理解。他的学生们也说，钟教授对自己的研究对象有宏观理解和哲学思考，并且能够站在更高的高度来看研究领域。

钟扬本质上还是普通人——他也和很多人一样，有自己的"私心"，也会为孩子的成绩担忧，他也会权衡去西部的好处和坏处……

但钟扬最为可贵的一点是，他会多想一点——他不仅仅做对自己有利的事，也做对他人有利的事。他曾说，一个人单干的代价很大，人们若能多做些利他的事，彼此跨界分享，可大量节约社会成本。

因此，他跨界极广，答应纷繁杂乱的邀约，做很多人看似极耗费时间而回报却极少的事……

他为什么要去做科普？因为他说，"有很多事情自己是做不完的，需要有后来人不断加入到队伍中来，我多做一份，就能影响到更多的人"。

他为什么要去高原搜集种子？他说，"全球变暖后的问题需要提早考虑"。

他为什么要去西藏？他说过"去西藏不简单从生物学去考虑的，而是作为教育者和科学家，两条腿走路"。

有人说他"有点傻气",但其实是,他是看得更为长远,他是大智若愚。他想的不仅是自己,还有社会、国家,甚至是全人类问题。

他跨界,同时也发动外行业者携手做对社会有益之事。这是他个人盘活社会资源的一种方式。

我也是他跨界的朋友之一。所以这部电影,我无论如何也要完成。

我应该会去一次西藏的。

(本文来自《上观新闻》,作者为作家,南京理工大学副教授,钟扬中学同学)

一个真正的师者

经佐琴

"我唯一哭的一次是在10月13日。"

钟老师走后的那些天,上海几乎每天都在下雨。但我几乎没有掉眼泪,因为,他长期不在,这种感觉就像,他好像并没有离开我们。

印象中,我唯一哭的一次是在10月13日,在复旦大学举办的钟扬教授追思会上。很多教师学生自发前来。钟扬教授的夫人张晓艳用极近克制的语气说:

"钟扬,从我认识你的那天起就知道你是为科学而生、为事业而生、为理想而生,你的人生属于科学、属于国家、属于人类。我理解你的选择,默默数着你每年在空中飞行的一百多个来回,祈祷着你的平安,但是不幸的事情还是发生了……"

"我知道我肩上担子的分量。我们约定儿子11月底,由你来接手教育和培养,可是我们刚为儿子过完15岁生日,还不到一个月时间,你就匆匆离去,违背了我们的约定。我相信儿子会慢慢理解他们为什么会失去父爱,老人也会理解你为什么不能尽孝。我知道你所挚爱的事业一定会后继有人,你的努力与付出一定会结出丰硕的成果造福人类。"

……

那天我泪流不止。

自从钟扬2000年进入复旦大学,我就做他的行政秘书、帮手、后勤主管。

我长期坐在他办公室外的位置上。我了解他,也熟悉他的家庭。

和他一起工作,感觉生活很有趣

17年前我见他第一面时,完全没有想到一个大教授可以这么没有架子。实实在在的,一点都不高调。

他和学生们都叫我"经老师"。

钟扬是真正的粗中有细。

他有很"粗"的一面。他很不讲究穿,也没什么"教授范儿"。总是宽大的格子衬衫、牛仔裤,拎一个帆布袋,出门就开始采标本。有一回他给系里老师主持婚礼,有学生说,那是第一次看到"人模人样的钟老师"。

某些方面,钟扬又细到极致。

学生们说,钟教授是从来不会把别人名字写错的教授;他会为自然博物馆一篇250字的解说词,想一整天的标题,反复斟酌;他会在去做嘉宾主持之前私下打听今天嘉宾穿的是什么风格的衣服,以判断自己穿怎样的服装好配合;听闻学生去支教,他特意用自己的钱买好多书,捐给学生支教的学校,作为支持;学生的论文他每次定稿后,都催我快点封好送走。因为他说这种时候其实论文主体已经定型,但有学生就喜欢聚焦在细枝末节的问题上反复修改,快点把论文送走后,学生就可以把时间放在真正有价值的事情上……

和钟扬一起工作,感觉生活是很有趣的。

他的爱人张晓艳同样是生物学教授。两人性格契合,钟扬晚回家时,她也会和他一起呆到很晚。

每次钟扬从西藏回到系里,他会带很多标本回来。那时还没有微信,往往是他在实验室振臂一呼,连平时不爱参加集体活动的学生都会赶来一起制作标本。

大家坐在大教室里,围成一圈,面前放上胶水、针、线,一边做事,一边听钟老师讲故事。

有时呆到凌晨一两点钟,实验楼的大门早已用铁链拴上。但推一推,人还能缝隙中挤出。为了不吵醒门卫,身高180厘米、110公斤的钟扬,要先跨过链条、再吸肚子，一点点从狭窄的缝隙中挤出，还不忘送上得意笑容。

他逢人就邀请去西藏，"你们可以住我的宿舍，只要走时把换的被套、枕巾洗干净就行"。

为了学藏语，他会边做事边唱藏语歌，但他唱歌并不好听。遇到有人"嫌弃"他的歌声，他会卖萌，"我也是没办法嘛"。

最大的缺点，是不愿意说不

我们私下里也讲过，钟扬最大的缺点是什么？就是不愿意说"不"。

一个学生，考了3年，他每一年都答应收。有教授问他，总是考不上说明不适合做科研，就别答应人家了。但他一脸纠结，说："总不能断了别人的梦想。"

他给自己的生活塞满了各种事情，以至于他号称自己过的是"并联生活"。他的行程曾经最密集到7天要坐10次飞机；他曾向我炫耀自己可以一心两用，可以一边听讲一边改论文，一发言绝对不会跑题；每当他回上海，就抓紧与学生见面，约好的学生会在门口排队，他就像医生门诊一样一个个"看诊"，直到半夜。

他义务辅导的中学生，他会亲自指导，时间来不及，就约在去机场路上顺路的某个酒店大堂，吃一盒盒饭，再赶飞机；他还策划，要召集一批热心的科学家为中学生们排演舞台连续剧，专门为高中生展示不同的大学、不同的专业，名字就叫"那些大学，那些专业"，因为"每年接待太多的孩子和家长，他们对大学既不理解，对专业更不了解"。

身为复旦大学研究生院院长，他想尽办法，设计了研究生FIST课程项目，在寒暑假邀请学术大师为研究生密集授课，"也许我不能改变所有课程的质量，但可以借此提高研究生的学术品位，让他们知道什么是好的学术"。

一件一件细数的话，钟扬做的事没有一件事是没意义的。说不了"不"，是因为他觉得这是他的责任。

他总有一份紧迫感，一方面是对有限人生的紧迫感，另一方面是客观环境的刻不容缓，比如全球变暖。

我现在就在负责钟老师的红树林项目。为什么要种红树林？很多人对此是有争议的。但是钟老师很坚定。一是他此前在科研论文中查到，上海曾有过红树林，二十几万年前的化石就是证据，全球变暖后，上海生长红树会是趋势。二是，他认为红树林不仅能带来丰富的生物资源，还有重要的生态效益。它具有防风消浪、促淤保滩、固岸护堤、净化海水和空气的功能。

2008年第一次试种，有过失败也有过惊喜。我们现在的好消息是，2011年从珠海接种的两年生桐花树幼苗，到2016年底已繁衍至第三代，第三代已经能承受冬天零下八度的温度了。另一种红树"秋茄"，2016年也第一次结了种子，繁衍出第二代。我们已经看到希望了！

我之前常向钟老师抱怨资金难周转，他总笑嘻嘻地说："没事的！你放心！未来总有人会看到红树林的价值，到时就有人投资啦！"

……

真正的师者给身边人播撒的不仅仅是知识，而是精神的种子。

虽然我现在退休了，但红树林这颗"种子"、这份事业，无论如何，我会继承，去完成。

（本文来自《上观新闻》，作者曾为钟扬教授的行政秘书、后勤主管，也是"红树林"项目的负责人）

不凡的善梦者
——纪念钟扬教授读书活动（一）

曹则贤

大家下午好！

感谢大家今天能来到这样一个读书会，为了我们共同的朋友、我们尊敬的师长。对我来说，还有一层更深的情谊：他是我的同学和合作者。

我1982年考入中国科技大学物理系，钟扬学长是79级少年班的学生。我们中科大的少年班的培养体制是这样子的，前三年半的数理基础课和普通班差不多，最后一年半再分到不同的系里面去做论文。钟扬教授当时选的是无线电系。他是无线电系毕业，后来因为工作的关系，喜欢上植物学，在日本获得植物学博士学位，这成了他后期的——或者是不幸地说"毕生"的事业。从他的研究中大家应该能看到，他不是我们传统意义上的"科班"出身，即大学本科就学植物学、生物学的。我从他的研究里面能看到他深厚的数学物理基础，甚至是后来就不再表现出来的、在无线电方面（可能因为这个在生物学研究中不太用得着）以及数理方面甚至技术物理方面的学识，这些学识其实都让他在植物学、生态学以及医学研究中有了与众不同的、有别于其他科学家的研究风格，我想这也是他魅力的一个方面。

今天来到这里的人，我想都是他的亲友或是朋友，或在过去人生的某个时空点上遇到了钟扬老师。我想我们之间的一个共同点，从我个人角度讲，大概就是我们在某个时空点遇到了这样一个人，这样一个从此影响了我们人生的非常重要的人。钟扬老师影响我们的地方，除了他的博学、他的开朗，很重要的还有他那看似永不枯竭的工作热情和他所散发的浓浓的个人魅力。

就我个人而言，我虽然和他在大学期间有两三年交集，但其实那时我们互相之间都不认识。那时候我们大学每年招生才500多人，大家可能难以想象：一所大学每年招生才500多人，就住一个小院，甚至住在一栋楼，却谁也不认识谁。那是因为我们的心思不在同学身上。我们的学生性别构成比较简单，几乎没有女生，男生之间也许是在进行一些体育活动时会有一些交往，而大部分人都会沉浸在自己的书里，这也是我们相互之间谁也不认识谁的原因。

我第一次见到钟扬学长，竟然是在美国，应该差不多是2005年前后吧。那是一次中美青年科学家会议，在加州。会议期间，我发现旁边饭桌上有一个人，他成了天然的聚会中心，所有人都坐着听他讲，讲各种生活、科研方面的逸事。我也凑过去听。第一眼，他就给我非常非常深刻的印象：活力迸发，非常幽默，最重要的是从一个还算内行的角度来看，你听他的话能听到养分，听到真正的知识性的东西。接下来给我留下印象非常深刻的是他的饭量。大家看我的块头，应该说我饭量不小，但是我发现跟他比，我的饭量很差。请大家不要笑，这是有由来的：我们中国科技大学有生物系、地球与空间科学系，还有天文系等，这一类的自然科学专业在后来的职业生涯中有一个必然的要求，就是要出野外，而一个出野外的人一定要能吃，因为时常会遇到断顿的时候。所以他就要养成一个习惯，就是有食物的时候就要多吃。从言谈、饭量等层面，就能够反映出你遇到了一个真正的科学家。见面聊天以后，认识到这是我的学长，而且脾气很好，我就记住了这样一个人。后来在北京，在一次科学松鼠会的活动上同台演讲，这是我第一次听到他的演讲，然后我才知道他是植物学家，一位具有物理学和无线电学功底的植物学家，而这实际上在他的研究里、他的讲座里能听出来。我们交谈得很好，他实际上也还一直保持着对物理学和数学的兴趣。

对于学生培养，他一再强调的一点就是，他希望他的学生——不管做植物学还是做生态学——未来年轻的科学家们，都能够养成一种更加宽广的眼界，更加认识到作为自然科学，不管是生物学也好，地质学也好，天文学也好，气象学也好，一定要认识到，最深的功底一定还在数学和物理学上。这就是为什么他会邀请我去参加他的博士生赵佳媛的论文答辩，因为他希望不同学科的人对他的研究提出一些建议或者善意的批评。我进到他的这个实验室，当时我记得很清楚，外面有不少学生，桌子上都堆满了各种书，答辩在里面一个小隔间里进行。当时我就注意到，这不是一个简单的植物学家，因为在他们的书架上放着一本书，特别显眼的一本书，是关于海洋生物学的，关于各种贝壳和鱼。我经过的时候拿起这本书，当时眼前一亮，突然想到：水、流体是非常难研究的，研究流体的人都会遇到一个方程叫纳维-斯托克斯方程，我看这些鱼的形状时，突然觉得不应该把眼光落在鱼身上，而要落到水身上。鱼在水里生活，它的形状实际上相当于把水排开的那部分形状，即所排开的水的形状塑造了鱼的形状，或说鱼的形状恰恰反映了水流动时会出现的那种形态。我觉得好像这些鱼的形状就是纳维-斯托克斯方程的某些解的形式。然后我就非常高兴地和钟教授交流。他眼前一亮，说，我们要多交流，我们一定要进行这方面研究。后来我们之间之所以交流多一些，也是因为我多少做了一些这样的工作：我对植物学也比较感兴趣，并从非生物学的角度以及从数学角度做了一些研究。

　　交往深入以后，我对他有一些更多的认识，有时候找他，他说自己有时候不在上海，在西藏。作为一个植物学家去西藏，这个是可以理解的。但远不止于此。作为一位教授，我们可能以为他关注的是教育事业，其实大家从他的教育经历以及他后来的工作经历中可以看出，他是一个非常有眼界的科学家。例如，从前面播放的钟扬老师的科普报告中大家能注意到，简短的几句话中就有很多文化史。关于一个植物的发现，他会讲植物本身的信息，讲植物怎么造成农业进步，以及这个国家（新西兰）是怎么在暗地里把从中国引种或说偷种猕猴桃这件事情从文化上掩饰过去，同时让这样的一个东西在整个国际市场上带上浓浓的、自己本国的烙印……能够看到这些全面的、不同的因素，其实对人的眼界的要求是非常高的。所以说钟教授跟我谈他经常去西藏,我一开始想,他研究植物去西藏这是天经地义的。但其实相当多的时候,他关注的是西藏的教育以及国家的民族政策问题。关于民族问题,其实钟老师已经做了很多的努力。从某种角度来说,我们的社会就是从个人到婚姻关系到家庭到小的单位到社群到民族到国家到整个社会人类群体。除了整个人类社会这个整体是不可变更的概念,以及我们每个个人是不可变更的概念之外,其实中间的这些概念所具有的都是暂时性的意义,而不是硬性的结构。从科学角度上看我们很容易认识到这一点,但是落实到民族问题这样一个敏感的话题上时,其实不太方便用科学家的语言特别直白地去表达。而钟教授,不管是作为一个科学家,他懂得问题怎么推进也好,还是作为一位优秀的干部和优秀党员也好,他对这个问题的认识都比我深许多。他在耐心、细致地做这件事情,在民族事务上,尤其是一些观念的普及和教育方面,他细心在做,并且巧妙地把我引进到中央民族干部学院,耐心、细致地讲解一些东西。要知道,有些东西,当你把知识普及到位的时候,人们慢慢就会认识到而不再需要明说。同时,我能感觉到他对整个西藏教育事业的关心,他一再邀我以及其他很多人到西藏大学去讲课。到西藏大学去讲课,大家想一想为什么以前不做?不是说西藏大学本身不愿意做,其实他们还是有心无力。相当多的人不愿冒这个风险。如果请一位教授到西藏大学去做讲座,这个人因为高原反应出了事怎么办?你不知道高原反应会发生在谁身上!而且高原反应形态很多,因此许多人不愿意惹这个事情。我们可以看到,一个做事业的人不仅要想到去做,更重要的他是有担当的人。我去西藏的时候应该是2007年,那个时候好像西藏大学物理系连一个正教授都没有。钟教授把我请过去,他知道我愿意过去,从我的角度说,我是作为同学去看他,或是对他的事业表示支持。从他的角度来说,他知道自己是担风险的,所以在整个讲座过程中前后那两三天,他一直跟着我,并且一直叮嘱我的生活,考虑每一个细节,就希望我别出事。真的让我非常感动。我是有高原反应的,基本上感觉就是想往桌子底下钻,浑身酸软,就是不舒坦。但是我在西藏大学物理系那天下午的讲座,我站着连讲了三个半小时,我都不知道自己是怎么坚持下来的。为什么呢?就是因为，你看着另外一个人，抛家舍业地来到了西藏，不停地从各个角度去推进西藏的建设。当时西藏大学物理系的年轻教师——学生反响倒还好，其实是更重要的年轻教师的反响——说，他们平常是见不到这样的教授的，跟上海和北京完全没法比，希望我们多来。当然后来听说钟教授又请了很多其他教授陆续到西藏大学去做讲座。

后来钟教授还帮助西藏大学申请将宇宙线和西藏对接起来的研究。当时西藏大学的人做不到，于是他们一个工作组就找到了复旦大学，找到钟教授。正好我当时在那儿，他给我的任务是：你坐在这儿，给我想，把这个任务给我想出来，宇宙线怎么和我们西藏一些工作对接。

大家知道西藏是高原，接受宇宙线强度比较大，我们中国的宇宙线观测站就在西藏羊八井。当时我就想，西藏重要的是牧业、农业、植物，宇宙线关于粒子物理学的部分这就不是西藏的事情。那么最重要的就是宇宙线在大气层传播以后的嬗变过程，以及嬗变过程的产物所造成的植物基因的突变过程，这就是西藏大学能够找到的一个结合点。钟教授为了西藏大学的建设，从我所知的这个部分来说，真的是倾尽全力，运用所有能动用的资源去推进西藏的教育事业。

我们注意到，有一个说法就是我们要学习钟扬老师的精神。我想，学习他的精神，也许是一件我们从内心深处愿意做的事情。可是真的要学习他的工作方式和工作能力，我觉得我真做不到，真的。我觉得我已经是愿意为事业去奔忙的人，但是始终跟他没法比。他给我的感觉是他始终在运转、工作。你遇到他在做讲座，常常就是讲完了以后收拾包，说我几点的航班，马上要走。有一天他给我来电话，让我第二天上午9点去复旦做讲座。我说明天上午9点，你现在才跟我说？我这儿还有课呢。然后我查了一下，晚上去上海的航班没有了，我可能赶不到。他说，我知道今晚到上海的航班没有了，但是我知道今天晚上还有一个航班，是北京飞杭州的。他说你这么做，你晚上讲完课，马上飞杭州，然后从杭州机场去杭州火车站，在那儿呆一晚上，坐第二天早晨第一班火车到虹桥，然后九点钟你能赶到复旦，没有问题。大家看看，这是一个人对他邀请的朋友的要求，就是你去赶红眼航班到杭州，到杭州火车站猫一夜，赶第二天早晨第一趟火车，然后你早晨到复旦。我想如果是换了其他人，对你提出这样的要求，你会认为这是极为无礼的，但是如果你知道他的为人，知道他的工作过程，就知道他觉得这是很正常的，因为他就是这么生活的。这就是他给我的印象，他就是这样的一个科学家。

我非常荣幸，就是在后期和钟老师有那么多接触的时候，能注意到他对事业的热爱，他的那种投入、那种执着。他之所以能这么投入和执着，是因为他有能力。我感觉他就是像弹钢琴那样十个手指头一直在忙着，而且他是在忙着完全不同的东西，植物、生态、医学。在医学上，他也是动用了所有的资源在做研究。研究里面遇到的许多问题，包括第一时间获得的许多显微照片他都会发给我，然后说我知道你不懂病理学，也不懂这里的病例，但你就从物理学家的角度，从力学、材料学的角度，你觉得这个作为病变、病理所可能得出的诊断。你觉得你看出来什么东西？

大家都知道，现在他在做医学方面的研究，做民族事业的研究，他还是复旦大学研究生院的院长，关注研究生培养。我明后天还要在复旦做研究生评估，而复旦的研究生评估也是钟老师作为研究生院院长所推进的一项事业。这一项评估完全是私人性质，不是高校或者教育部对复旦的研究生做教育评估，而是说他请我们这些来自不同学科的人、作为朋友的人，约谈研究生院的学生，告诉他复旦的研究生教育存在哪些问题，所有他想从我们这里听到的话，都是私下作为朋友的、最真实的话。大家可以想象一下，这样的一项工作在中国特殊的人情社会里实际上是蛮让人忌讳的，因为这不是从组织方面进行的一些评估，从而希望得到对学校的表扬之类，而完全是说我需要看到切实的建议，需要让你说出我们的不足。如果一个人能够有将事业超越个人的想法（像钟老师这样），你会发现他把发现不足和问题当作一件好事情。但毕竟不是所有人都会有这样的境界，相当多的人会觉得不舒服。你会看到钟老师他真的热爱他的岗位，发自内心地要对得起这个他工作的复旦大学，要努力把事情做好。

还有中小学教育方面。这几年我们上海的朋友可能感受到的比较多的一点，主要是钟老师深刻认识到我们国家当前中学教育存在着严重的问题：我们的中小学教育的一个最大的"成就",就是你们家孩子小时候看起来还蛮灵光,到最后把我们非常活泼聪明的孩子一个一个给教残了。"教残了"中重要的一点,也是我和钟老师之前谈得比较多的重要的一点是,首先,实际上我们发现有很多孩子是被"累残"的。我们所有家长也跟着这样一个错误的教育潮流在推波助澜,结果造成一个很要命的问题。这个问题是什么呢?这些年钟教授跑的学校多,我跑得少,但是基本上几个名牌大学我都在上课或者是做讲座,我们就注意到一个很要命的问题,就是我们的家长都在"加码",希望孩子考上最好的中学、考上最好的名牌大学。但如果你们家的孩子考上了最好的名牌大学,孩子进学校前已经累垮了,进校后突然放松,就彻底放弃了,这就出问题了。

关于这个中小学教育的问题,我因为看自己孩子的成长而接触了一些,会有一些激烈的评论,还会给同事们一些建议,还会到中小学去做一些讲座,但是我绝对不可能像钟老师这样深入地去做。这个问题他看在眼里,他着急,他把这个事情付诸行动,他要做不一样的教育。其实我不太觉得他是在做完全不同的、另类的教育,其实说到底他就是回归教育本身。我们要怎样培养孩子?那就是,如果你脑子里提到"孩子"这个概念的时候,请好好想一想,孩子该怎样成长,以及当我们教育孩子热爱科学的时候,或者去教孩子科学的时候,我们要回答的问题是科学到底是什么,以及科学到底是怎么做的,什么样的东西是科学思想,怎么样才有科学的方法,什么是科学的事实。这些才是我们的教育该教给孩子的东西。

这两天家有小孩的人上网可能会看这样的一个题目,就是什么三只靴子、猫和哨子,还有上海幼儿园入学考家长的问题,其实那些题目在某种意义上,从科学角度来说都站不住脚。那么为什么我们的教育过程中出现了这样一些题目?这个事情往深里我们不讲,但是钟教授是看到了里面的问题,并且实实在在地去实践,希望尽他的努力,能影响多少就影响多少。他办了相当多期的上海"未来科学家夏令营",我有幸参与了这样一个课堂,给他打下手。在课堂上我发现,我觉得我就算是蛮喜欢和孩子打交道的了,但是钟老师表现出的热情以及跟孩子打交道的那种娴熟,真的不是常人能比。他除了能够把他所知道的那些比较高深的知识讲给孩子们听、落实到孩子们可以理解的层面,更重要的是他有能耐把握孩子们的心理。例如,我上次参加的活动中,两个小男孩掐起来了,但在他面前这都不是事儿,他很轻松地就把这两个小男孩都摆平了。我觉得这真是了不起。要让我把一个非常深刻的问题给孩子讲清楚、落实到浅显的语言,我大概勉强还行,但是面对两个掐得很厉害的小男孩,能把这个整个场面"hold"住,然后把问题轻描淡写地化解了,我觉得这非常了不起。

从钟老师所展现的学问,从他为自然博物馆做的事情、在教育方面做的事情,以及他在撰写科学专著、翻译科学图书、与出版界的朋友打交道的过程中,我们可能都感受到了钟老师博学但又"谦虚"。大家看这一点,博学又谦虚,其实我觉得是正常的,如果我们觉得这有歧义、感到奇怪,实际上是我们社会长期流传的一些概念给我们留下的误解。比方说我们经常会教导一个很小的孩子或少年说你要养成"谦虚"的美德,可是大家想一想,哪一个少年不是如老话所说"人不轻狂枉少年"?孩子就应该是不知道天高地厚、能够把话说大的,说大了以后,他得有本事把自己说过的大话圆起来。孩子就是这样一个成长的过程。可你现在就让这么小的孩子谦虚,他有什么资格谦虚?一个成长中的少年,他在哪个地方能够表现出谦虚才算谦虚?钟老师能做到这一点,恰恰就是因为他是一个早慧的少年,上了少年班。钟老师可能会讲过这样的故事,当然我自己也是深有体会到的:我是中国科技大学的普通班学生,他是少年班的学生。中科大少年班,名字听起来很"吓人",其实条件非常差,他们少年班宿舍就在我们图书馆前面那一片树林里面的三间小平房,就三间小平房。他们这些同学会玩一个很酷的事情,就是比谁不学习。不是比谁学习,而是比谁不学习。当然这个"不学习"是要求你在学习好的前提下不学习。这其实就是在比谁能更加有效率、不动声色地学习,而且能够学得更多、更深。这样的一个习惯,不管是好习惯也好坏习惯也罢,只要能够支撑下来,其实本身靠的是傲气,不是谦虚。真的,靠的是傲气。这种傲气,我相信,在钟老师年轻的时候(大家可以看看他年轻时的照片),是掩饰不住的。后来,不是岁月让他变得谦虚,而是——他十四五岁就上大学，然后过去的几十年里他也一直在学习，不断地尝试新东西，是他学到的更多的东西，更多他自己在工作、在研究中学到的东西让他显得谦虚。而他内心深处并没有失去那种傲气，这种傲气表现在他在做人做事对自己的高要求上，表现在从内心深处看重自己上。看重自己的人，其实都会更加深切地理解他人、尊重他人，以及希望在人人都尊重自己、尊重别人的社会中，达到一种更适合的学习状态、适应社会的状态。就像他作序的一本书《造就适者》，我们看所谓的"适者生存"，千万不要把它理解歪了，说是强力的，或者带阴谋诡计的生存策略，而更多是像钟老师作为一位生态学家所考虑的：不仅积极考虑到我们某个个体和我们周围的其他人、我们的社会，还考虑到植物的社会、动物的社会、微生物的社会，甚至说我们地球周围的星球。要知道，其实单独地球构不成我们的家园，"地球+太阳+月亮"所构成的体系才是我们的家园。我们要从这样一个体系里面去看待我们每一个人的位置，看看我们怎么样看待世界。他有这样的世界观，才表现出了这样的谦虚和平和。

我想，我们都在过去的不同时刻、不同地点遇到过钟老师，我们做这样的追思会，分享我们和他交往的经历、我们从他那儿得到的教育，我想更多也是弥补我们过去在他在的时候，我们的那份"不懂珍惜"，或者是没想到去珍惜！

该怎么说？他一直拿我当一个兄弟，当一个朋友。我算了算，我们俩总共交往时间却真没几天。他走的前一天，9月24日，晚上我和中央电视台的《加油向未来》节目到了武汉。从机场开车出来经过长江大桥的时候，我们就谈起了中国科学院，然后我开玩笑，我说我们中国科学院的研究所在地球上到处都有，我们的科学家也是什么样的都有，你看旁边就是武汉植物研究所，我们就有水葫芦专家。当时央视的人都笑了。那时候我就想起他，他在30多岁的时候就是武汉植物研究所的副所长。我想如果他在这个车上，满车不知道会热闹成什么样子。第二天就是9月25日，上午我在东风集团的科技节上做报告，下午跟央视节目组去黄冈东风集团资助的希望小学。钟老师就是湖北黄冈人，从湖北黄冈中学考上中科大少年班。下午3点要在湖北黄冈希望小学上演示实验课，可是在中午11点的时候我就收到了钟老师离去的消息。

9月24日晚上我跟央视的人开玩笑的时候，也给他发了一个短信：刚才聊你呢，你在哪儿呢？他给我回的是在银川，还有另外八个字，我就觉得好像冥冥中不祥的八个字：今晚讲学，明早离去。

这是他在我手机里留的最后八个字。

那天下午3点，我们哭着把讲座做完了，当时央视的记者知道有这么好的科学家走了，也很难过。可是我真就没想到，事情怎么那么让人揪心。他走的时候，我就在武汉做讲座。他最后四个字是"明早离去"……

说了这么多，回顾了和钟老师的交往，他让我帮了一些忙，你会发现我都是乐呵呵地跑来。为什么呢？就是因为我知道每次我都会从他这里学到更多，我想这是我、也是许多在他身边的人的真正感受。他那么早走了，有时候我甚至想，其实可能也是老天嫉妒我们在座的人有这种荣幸。我们和他的每一次交往，都能感受到他的热情，他对我们的鼓励，对我们的帮助，对我们的教育。也许是我们得到的太多，这样一份荣幸就戛然而止了。我想我们相当多的人都会有一份特殊的和钟老师交往的经历，他不在了，而我们聚到一起，分享过去我们和他在一起的时光，就是希望能够在一个更大的空间、更广的维度上认识这样一个我们曾经那么亲密、从他那儿得到过很多教益的人。

他走了，他开辟了很多的事业。我们可能没有能力像他一样去完成这些事业，可是作为他的同学、他的学生、他的同事和朋友，我们都已经受了他的这份感召，我们看到了这样一个榜样。所以，我们只需要在接下来各自的工作和学习中尽一份力，能够明白，还能时刻感受到这样一种榜样在鼓励着我们，我想也就够了。

（本文来自上海科技教育出版社微信公众号，作者为中国科学院物理研究所研究员）

不凡的善梦者
——纪念钟扬教授读书活动（二）
江世亮

我跟钟老师的接触始于2005年，因我在《文汇报》做科技报道。钟老师给我的感觉，是他对科学事业十分热爱，是全身心地投入，似乎永不知疲倦。知道他去西藏时，我以为他只是为了去研究生物多样性，因为他说过，从上海到西藏这么长的距离、这么大的海拔高度差距，其间有着许许多多的物种，从微生物到动、植物，其生物多样性的现状以及全球气候变化对生物多样性的影响等，很值得研究。他所研究和关注的这些课题，对我们媒体来说，也是很好的报道材料。但他远不止是一名研究型科学家，他对科学传播也非常重视，而且非常擅长。科学家很多，但很少有像钟教授这样，用他的演讲、他的文章，把更多人对科学的向往调动起来，尤其把那些潜在的科学后备军——青少年学生及其家长的科学潜能激发出来，让他们理解科学研究和探索是一个非常值得从事的职业。就强烈的鼓动性和激情传递的有效性而言，很少有超过钟扬的。

对他在科学传播上的能力，这里我举和他合作过的两个例子。一次是关于生物多样性的讨论。这些年来有一种为大家逐步接受的观点认为，生物物种多样性随着气候变化、人类的活动和扩张而降低，即物种有减少的趋势。但2014年6月美国《科学》杂志一篇文章提出了相反的观点，说研究表明在一定范围内物种并没有减少,反而是增加的。到底全球生物多样性是增加了还是减少了？我就联系钟老师想和他商量,考虑做一期沙龙,找一些观点不同的专家学者来争鸣一下。我跟钟老师谈了以后,他对这个话题很感兴趣,说他愿意做,但他人在东京,三天后回上海,让我先找几个人,如果有问题,他再来帮忙找人。后来我们找了四五位专家,在科学会堂举办了沙龙式的讨论,他做主持人。在阐述自己的观点时他表达了这样的看法：从一个较短的时间尺度,如20年、30年、50年来看某个地区的生物多样性变化,是有可能得出物种多样性是增加的这一结论的,但若从更大的时间尺度（千年甚至更长）来考量的话,随着人类活动的加剧,物种多样性减少是主要的。所以那次沙龙尽管各抒己见,但是基调还是回到规范发展方式,强调可持续性发展上。而钟扬的现场发挥和对整个讨论的把控能力让参加者难忘。

我们《文汇报》还在汪品先院士倡导下,发起过"创新的障碍在哪里"的大讨论。在我约的20多位科学家当中,钟教授是我最先想到的。记得他在文章中着重谈了当时热议的关于SCI的话题,他以日本多位诺贝尔奖得主的工作为例,指出他们的优秀工作也没有发在著名的学术杂志上,因此他的观点是：SCI不能作为单一的评价创新的尺度。

中科院上海生命科学院吴家睿先生写过一篇大家都争相传阅的纪念钟扬老师的文章,叫《永远的讲者》。吴老师说钟扬能把科学讲得非常有趣、吸引人,只要他在场,就笑声不断。"讲"科学,只是钟教授诸多能力的一种,但就这一项就让我们感觉,中国的科学传播太需要像钟教授这样的讲者：一种有着极高热情的,能把科学知识和思想、把自己对科学的理解非常生动、有趣地传递出去,而且能如此有效地感染人的讲者。

钟教授非常相信这一点：科学上的一个新发现或许能挽救一个物种,而如果在科学传播、科学教育上能有一批"布道者"就能影响更多人,进而能推进国民素质的改变。他一直在用行动践行这一点。所以,他即使再忙,对媒体的约稿,他一般都不拒绝。还有在上海自然博物馆筹建两年多的时间里,虽然他的科研教学任务非常繁重,但他一直是全程、精心地投入。

科学传播,只是他工作成就中很小的一部分,但即使是这"很小的一部分",恐怕也是不少人倾其全力去做才能完成的,而且可能还做不到像他这么好。所以我还觉得,钟教授是个天才。钟教授不幸离去的第三天,我在科学会堂遇见他的同事卢大儒教授,谈及此事,卢教授也感慨:天妒英才。

我想,我们今天在这里追思钟教授,更要把这种思念化为我们的力量,去完成他未竟的事业。

(本文来自上海科技教育出版社微信公众号,作者为上海市科普作家协会常务副理事长兼秘书长)

不凡的善梦者
——纪念钟扬教授读书活动（三）

顾洁燕

我在上海自然博物馆工作，跟钟老师认识是在2000年，我有幸在那一年就与他相识。当时我在上海科技馆工作，那时科技馆还在建设中（于2001年开馆），我们幸运地请到了钟老师和他的团队参与科技馆的建设，帮助制作整个科技馆图文版的英文部分。当时图文版由复旦大学团队、上海师范大学团队共同完成，一个团队做中文版，另一个做英文版，两个团队相互配合、相互启发，英文版不是简单的翻译，而是全新的诠释。科技馆包罗万象，技术类、工程类都有，生物只是其中之一，参与科技馆建设的专家也很多。当时开专家咨询会时就觉得这位专家很低调，一直坐在后排。但当他开始发言的时候，全场都被他吸引住了。我印象最深的是他给我们讲渡渡鸟的故事。渡渡鸟在17世纪就灭绝了，灭绝之后，当地有一种树后来也消失了。后来发现，渡渡鸟会吃这种树的果子，然后会帮助消化，经渡渡鸟消化后排出的种子才能发芽。因为两者有这样的关系，所以渡渡鸟灭绝后，这种树也跟着消失了。

在科技馆开放后，我们在工作上依然继续得到钟老师的帮助。我个人2001年在读研究生选择专业时，也得到了钟老师的指点和建议，最后结合自己的兴趣和工作需要，选择了复旦大学与香港大学合作的工商管理硕士课程，选的是营销方向。因为钟老师说，这是要研究你的工作对象，包括你的工作目标、工作对象是谁，他们的需求是什么，然后有针对性地提供解决方案，甚至去引领他们的需求，这也是他的理念。这段学习对我后来职业影响非常大。2015年4月自然博物馆开馆前，钟老师为我们的员工进行培训时，也渗入了这个理念。在谈到如何向公众讲述我们的标本故事时，钟老师跟我们分享他的经验，有几条原则，第一条是读者第一，包括水果贩子策略，即把最吸引人的东西放在最前面，把人们吸引进来后，你才有机会带他们深入学习和探索，如此等等。

2009年上海科技馆创办科普大讲坛，我们做第一期活动策划时，因为那年刚好是达尔文诞辰200周年，所以就邀请了戎嘉余院士、汪品先院士和钟扬教授三位嘉宾来进行首讲。钟老师一个故事接着一个故事，娓娓道来，非常生动。他也讲了渡渡鸟的故事，但跟2000年的故事又有不一样之处。比如，渡渡鸟的灭绝，可能不是人类过度捕杀导致的，而可能是渡渡鸟本来就是在进化过程中留存下来的个体数量很稀少的一个物种，本身就非常脆弱，外界环境稍有变化，它们就灭绝了。能看出，作为一个科学家，钟老师始终不断地在学习。

在我们跟钟老师的合作过程中，他不仅在前台跟观众交流，也成为我们的幕后策划者，他非常乐意跟我们分享他的智慧和想法。比如进行转基因的讲座时，我们就约了他和卢宝荣教授，一起商讨怎么样举办这个讲座。后来我们根据钟老师的建议，采用周华健的歌定了这个题目"转基因，让我欢喜让我忧"。我们还在现场进行听众调研，调查听众的意见和建议，以及在听报告前、后想法上是否有变化，等等，这些都开创了我们讲座类项目的先河。所以后来我们在做讲座前，都会跟嘉宾坐下来，讨论一下，看看有哪些火花和共鸣可以产生。

上海自然博物馆整个建设过程中，更加处处有钟老师团队的贡献，这也是钟老师留下的为数不多的有形的科普平台或者说阵地。昨天上海教委在拍钟老师的纪录片，我陪着录制人员再次走了一下博物馆，我们在现场读一段段文字，从"起源之谜"展区，这里是观众进到自博馆后的第一个展区，作为全馆的开篇，第一段话取自老子《道德经》的"天下万物生于有，有生于无"，直到最后一个展区，谈到人类的未来、地球的未来，还有"种子"的故事。当时我又深深感受到了几个月来钟老师离去给我们带来的悲伤。

自然博物馆里有500多块凝聚着钟老师和他团队的工作的文字。这些文字都是命题作文，对字数有严格的要求，对表达的内容也有严格要求，写作难度非常大。2013年我们跟钟老师谈这个项目的时候，他没有任何犹豫就答应了下来。那年对我们来说是非常困难的一年，工程已经进行到非常紧张的时候，而自然博物馆包罗万象的内容从天文、地质、生物、古生物、环境生态，甚至包括人文历史，都要创作相关的文字内容。因为内容方面的挑战大、需要占用的时间精力太多，当时没有哪一个团队愿意接下这个工作。而我们找到钟老师，他没有任何犹豫，就接了下来，其间还被程序上的事情牵扯了相当多的精力（在座他的学生兼团队成员的赵佳媛深度参与，非常了解其中的难处），但他义无反顾地做了。有人问我，为什么钟老师对科普的事这么支持这么上心？对此我一直没有非常完整的答案。但我想，自然博物馆开馆到现在已经有580万人次的观众，这些人中或多或少是看过现场的文字的，自然博物馆是科学传播的平台和阵地，是否正因为这里是科学传播的平台和阵地，所以钟老师把他一直以来对科学传播、科学教育的热情投入进来，将自然博物馆的事视作责无旁贷，因而全力以赴，在2014年投入了那么多时间和精力、用心地去做这些文字内容、进行这些创作，在这里会播种下越来越多的科学种子。而且他始终十分谦虚，对于自己不熟悉的领域或有疑问的地方会去查阅文献，包括联合其他学科的专家共同解决问题，还以平等的态度跟我们探讨问题，找到更好的文字表达方式。

钟老师的50岁大寿（当时也是劳动节假期），就是在自然博物馆的工地上度过的，那天他的两个孩子也来了。他对工作如此投入，都无暇顾及家人，但其实他是一个有爱的父亲，我们都能感受到。

我们同事之间一直有句话叫：有困难找钟老师。今年的博物馆之夜活动，有位专家临时有事来不了，怎么办？我得搬救兵啊。我第一时间想到的就是钟老师，因为图文版是钟老师写的，这次活动中涉及的内容他也了解。

当晚10点我给他发微信，他很快给我回复，说他明天排一下日程再答复我。第二天上午，他说下午才能确定；下午2点，他告诉我可以，让我把相关内容发给他，他好温习一下、做准备。第三天，活动顺利进行，晚上活动结束后，大家久久不愿意离去，因为钟老师讲得实在是太精彩了。

我印象中，钟老师从来没有拒绝我这边的请求。我总在想是不是我们占用了他太多的时间，虽然科普可能只是他工作中非常小的一部分，但也占用了他的时间。我最后一次见到他是今年的9月15日，他和团队成员顾卓雅等一起到科技馆来帮我们做更新改造的内容咨询，来时拖着箱子，风尘仆仆，下午还要远行。他真的是太辛苦了！在任何时候都想着工作，从来不拒绝，哪怕他前年生了大病后也是同样的工作状态。

最近在学习十九大，我想我们学习什么？我们没有钟老师的才华，但是我们可以学习他的精神、传播他的精神。我们在自然博物馆做公众活动、作讲解的时候，把钟老师的这些故事告诉公众：曾经有一位这样的专家学者，在自然博物馆图文创作、科学教育中，给我们留下众多宝贵的东西——除了知识以外，还有方法、精神、态度，等等。钟老师的许多东西是值得我们分享的，是值得在这个平台上传播的。这对于我们来说，是未来力所能及的工作。

（本文来自上海科技教育出版社微信公众号，作者为上海自然博物馆管委会副主任）

不凡的善梦者
——纪念钟扬教授读书活动（四）

顾卓雅

一读起它，我就想起从前跟钟老师一起翻译、一起制作自然博物馆图文版的每一幕。制作自然博物馆图文版的时候，我们也像翻译《大流感》时一样，全身心地投入写作，把自己的感情融入其中，期望读者能像我们一样如亲身经历般领略那些故事，感受到大自然特别有魅力的地方。

钟老师平时衣着简单朴素，对个人生活也没有特别高的要求，但是每当在创作文字、进行科研的时候，就会特别认真。就像译后记中说的，一字一句地斟酌，不断思考每个字要怎么用、每个词怎么写才最合适。我记得，我们几个会在平时的晚上、周末的下午搬着笔记本电脑，跟钟老师坐在只有几平方米的小房间里，围在一张小桌子边，一字一句地讨论。虽然每一块图文版只有150—200字，但通常一个下午才能完成两三块版的初稿。之后还会反复回顾，把内容凝炼、整合。钟老师平时豁达、随性，但对待工作却相反，他对工作、对专业、对所做事情的认真负责、深入钻研，以及对美学的要求，都深深影响着我。我很幸运能有钟老师这样的导师。

（本文来自上海科技教育出版社微信公众号，作者为钟扬教授学生，供职于上海科技馆）

忆钟扬，哭钟扬

李亦学

2017年9月25日的下午，我正在西安开一个小型的精准医学会议，中科院巴斯德研究所研究员郝沛打电话来，因为正在会议中，我掐掉了电话，回了短信说正在开会，问他有什么事情。过了一会短信过来，说："钟扬老师今天凌晨在鄂尔多斯突然出车祸去世了！"我一下愣住了，震惊但不敢也不愿相信，急忙走出会场，拨电话过去，听到电话里传来的断断续续的抽泣声，心一下凉了……

几天来，不能合眼，因为只要闭上眼睛，脑海里就浮现出钟扬他那充满阳光的音容笑貌，心里就隐痛阵阵，难受而又不知如何宣泄，脑子静不下来，不停地想，这事是怎么发生的，反复地在假设，这事怎么能不发生，下意识地希望这不是真的，又明白这就是真实而残酷的现实。

成人以来很少流泪，记忆中唯有那么几次。一次是在父亲葬礼后的一天，深夜下班回家，半路上，车骑到僻静处，可能是触景生情，没来由地突感悲伤。一个人下车，蹲在地上，抱头大哭；一次是前不久，听到老母病危，自己远在几千千米之外的北京出差，不能尽孝，悲从中来。没想到这次与同事们谈起钟扬，竟然忍不住在人前号啕大哭，不能自禁……

我同钟扬相知16载，2002年一同建立了上海生物信息技术研究中心，一路走来，互助扶持，砥砺前行。每临大事，钟扬那睿智的建议，周密的分析，都使我受益匪浅，重拾信心。中心能够发展到现在，钟扬的贡献不可磨灭。

可是一位良师益友就这样突然离我而去了，今后中心再临大事，让我去找谁？

钟扬不仅仅在工作中对我影响很大，在生活中也给了我很大帮助，我一有什么事情，总是想到找钟扬帮忙。女儿上初中，主要是他在帮助张罗，后来读研究生，他作为导师，指点迷津，悉心栽培。甚至我太太也经常打发我，要我找钟扬要些花花草草，说他是植物学家，一定有不少好东西。

而现在你竟就这样突然地离我们而去！让我们不能再同你一起打四川麻将，不能再同你在一起喝酒解馋，不能再欣赏你那幽默风趣的谈吐，不能再听到你那爽朗豪迈的笑声……这一切让我们因你的存在而曾经充满阳光和乐趣的生活变得暗淡无光。上苍为何如此不公，好人不能长寿，让我痛失好友？

有些疑问一直萦绕在脑海里。是什么原因让你在当地时间凌晨五点（时差关系，只相当于上海的凌晨三点），在一片漆黑时就急急忙忙赶去300公里外的地方去上课？你为什么不能把讲课排到下午，亮亮堂堂地赶路，宽宽松松地讲课，再睡个好觉，然后优哉游哉地回到上海，把我们约定好的事情做做完，再赴一赴我女儿的谢师宴？你上有老，下有小，妻子儿女，嗷嗷待哺，你为什么不为他们考虑，为他们再多活几十年？他们不需要你崇高伟大，因为你已经足够崇高伟大，他们不需要你再那么拼命。钟扬，你告诉我，这是为什么？写到这里，想到白发人送黑发人，忍不住流泪，心里在淌血，我们可以对不起自己，但是不能对不起家人呀！钟扬，你不能就这样走了呀！

（本文来自《世界科学》杂志，作者为上海生物信息技术研究中心主任，博士，研究员）

永远的讲者
——忆钟扬

吴家睿

钟扬离开了,永远地离开了!认识他的朋友、同事、学生以及其他认识他的人突然意识到,再也听不到他的声音了!

钟扬说:"教师是我最在意的身份!"的确,即使是要离开,他也是从去讲课的路上离去!的确,他是我认识的老师中最优秀的一位!

一个好老师,一定充满智慧。钟扬不是简单地做一名生物学家,而是要成为把科学与自然及人生的真谛都贯通了的智者。在他看来,"先锋者为成功者奠定了基础,它们在生命的高度上应该是一致的。这就是生长于珠穆朗玛峰的高山雪莲给我的人生启示"。在他看来,"不是杰出者才善梦,而是善梦者才杰出"。我忽发奇想,如果把钟扬的格言警句收集起来,编辑成为像《论语》一样的书籍,一定会成为后来者的精神财富。

一个好老师,一定表达幽默。钟扬的幽默早已植入他身体的每一个细胞,任何情况下,他的表达都别有趣味。在一次西藏野外考察中,他与学生都出现了严重的高原反应,学生要把插在自己鼻中的氧气管拔出给老师用,他抓住学生的手,"别动,都这么大的人了,怎么这么不讲卫生,快点插回去"。他不仅给自己的双胞胎孩子用植物命名,还别致地解释这种命名的意义,"一来花花草草多,植物志那么厚,想重名都难;二是不用动脑;再者,如果植物取名蔚然成风,会给分类学在社会上带来很大影响"。当我写到这里,即使是在这样一种悲伤的情景下,心里依然涌出一丝暖暖的笑意,就好似他没有离开,依然处在他的幽默"气场"下。我忽发奇想,如果让钟扬做一个"脱口秀"的主持人,他的收视率一定是中国第一!

一个好老师,其所述所讲一定通俗易懂。钟扬是真正的科普大家,他能够让完全的外行很快捷、很轻松地就了解复杂的科学知识,甚至能够点燃这些普通人对科学的兴趣。更难得的是,他的科普讲座或演讲即使内行听起来也兴味盎然,听即有获。观者若有时间,值得去点开他在微信圈广为流传的微电影《播种未来》,更值得让你的孩子去观看由"知识分子"公号策划推出的"科学队长"有关他的科普节目。我忽发奇想,如果任命钟扬做自然博物馆的馆长,中国的科普事业一定会达到世界一流水平。

假如时间可以倒流,历史可以重来,我希望钟扬只选择做一件事:讲!讲知识,讲故事,讲笑话!在单位讲,到全国讲,去世界讲!他在尘世驻留的53年里,只讲了他想讲的很小一部分。仅仅这一小部分就已经给了我们无尽的快乐。人应尽其才,钟扬,你的"讲"才远远没有得到充分的发挥!

如果有一天我离开了,我一定要去找他,在挤满了仰慕者的大厅里,找一个小凳子静静地坐下,听他讲,听他永远讲下去!

(本文来自《世界科学》杂志,作者为中科院上海高等研究院副院长,中科院上海生科院生化与细胞研究所研究员)

寻"根"者钟扬

任文伟

今天是2017年"十一"国庆节，一个本应充满喜庆的日子，却是钟扬教授离世的头七日子。过去一周的时间中，我的思绪一直沉浸在其突然离去的巨大震惊和悲伤之中，至此时心绪还没有完全平复过来。回想过去的这几天，恍如隔世。出事前的一周我还前往复旦大学研究生院的办公室拜访他，至今仍不能接受他突然离去的现实。计划在"十一"黄金周接下来的几天，回忆和钟老师在一起的点点滴滴，希望以此祭奠这位对我来说亦师亦友的科学家。

初次见面，领略神童风采

与钟老师的相识始于1999年，当时复旦大学（下文简称"复旦"）的生态学科正处于十字路口，面临转型的关键节点。陈家宽教授也刚刚从武汉大学调到复旦不久，肩负重振复旦大学生态学科的重任。他建议我们引进几位青年才俊来挑大梁，其中之一就是钟扬教授。当年陈老师正在策划一个973项目，钟老师被请过来策划该项目的建议书，我也有幸参加了资料整理和会议记录的工作。在复旦"正大招待所"初见从中国科学院武汉植物研究所（下文简称"中科院武汉植物所"）前来助阵的钟扬。当时35岁的他身材魁梧、声音洪亮、言谈风趣，似乎与想象中的青年才俊对不上号。但在之后的项目策划过程中，我才得以领略他的才思敏捷、妙语连珠的风采，难怪陈家宽老师一直称赞道:"小钟是个天才。"在课题团队组建过程中,我发现他对学术同行也非常熟悉,"点兵点将"随手拈来、如数家珍,颇有帅才之风,其老成之处和35岁的年龄不符。后来当我问他这个问题的时候,他笑呵呵地回答道:"你别看我年轻,但出道江湖比较早。"的确,他是个"神童",15岁读大学,19岁参加工作。比我们这些正常读大学、硕士、博士、博士后再工作的人,提前出道了10年。难怪少年老成!

科学研究的"新四不像"精神

2000年初,我博士毕业留复旦大学任教,钟老师也正式从中科院武汉植物所调到复旦大学生命科学学院(以下简称"生科院")任教,于是我和钟老师成为同事。记得有一天,学院组织新教工去报到和学习,我和钟老师一同前往生科院会议室听领导介绍院系情况。当时的院党支部书记高永宝老师开玩笑地对钟老师说道:"你从中科院武汉植物所副所长的位置(相当于副厅级干部)调到我们这里来当个普通教授,有点屈才啦!"钟老师呵呵笑道:"到哪里都一样干革命。"当天晚上,我们一起去复旦大学东门一个叫"老巷"的小饭馆涮火锅,还叫了实验室几个学生一起去。吃饭时,钟老师打开话匣,故事不断,段子不绝,和学生们打成一片,气氛火热。

席间,有学生问如何做科研。他给大家打了一个谜语,让大家猜,说做科研要具备四种动物的品质。大家七嘴八舌,意见不一。最后,钟老师给大家公布他的"标准答案"。他说搞科研其实是一条很艰辛的道路。首先要对自己研究的东西感兴趣,否则会非常痛苦。但如果想在科研上取得成功,至少必须具备四种动物的品质:一是要有狗一样的嗅觉。必须知道哪些是科学前沿的问题,哪些是有价值的研究方向。二是要有兔子一样的敏捷。想到了好的问题,就要马上动手去做。因为一个好的科学问题,可能全球有上百个实验室在研究它。如果慢了的话,就是有再好的想法,也会被淘汰,如同"起个大早,赶个晚集",是没有竞争力的。三是要有牛一样的勤奋。很多科学实验需要大量数据并进行反复验证,需要不断收集、整理和分析数据。要像老黄牛一样只问耕耘,不问收获。如果能做到这一点,那么成功则是水到渠成的事。第四点很重要，光有前面三种动物的品质还不够，最后还要有猪一样的心态。因为，在科学研究的道路上，失败一直会伴随科学家。如果没有猪一样超脱的心态，放下包袱轻装前进的话，那科学家大都会郁闷而死。提到前面三点时，大家还安静地听着，但说到第四点时，全桌人都哄堂大笑起来。钟老师真是风趣啊！如果说麋鹿是四种动物形态特征集于一身的"四不像"，那么钟老师说的这种集"狗、兔、牛和猪"四种动物特征于一体的科研精神，我姑且叫作"新四不像"精神吧！现在回想起来，在科学探索的道路上，钟老师不正是在践行这种"新四不像"精神吗？

架起中加合作的友谊桥梁

2000年12月，受加拿大女王大学（Queen's University）的邀请，我和钟老师一起去该校访问。作为女王大学校长之前来复旦访问的回访，我们还捎带一个任务：推动复旦大学与女王大学的双边合作。这是钟老师到复旦之后的第一次外事活动，也是我第一次出国。到了女王大学之后，我们一边准备学术报告，一边马不停蹄地去拜访不同的教授。我一直纳闷：为什么要拜访这么多人？钟老师笑着说："阿伟，你别看两校领导已经见面，还有'轰轰烈烈'的签约仪式，但国际合作真要落地、要可持续的话，一定要找到能实实在在、有共同兴趣的教授，合作最终还是靠人。另外，国际合作不能急，要慢工出细活。唯有如此，合作才能长久。"通过这次访问，我们的确找到了与女王大学合作的几个重要教授。回国之后，钟老师马不停蹄地和相关教授开展学术交流和学生培养工作。他在复旦的第一批博士生朱彬、王莉也因此有机会去女王大学学习交流。时间一晃17年过去了，如今女王大学与中国的合作已经四处开花结果，为此还专门在复旦设立了女王大学驻中国办事处。这些都离不开钟老师最初播下的那些友谊的种子。办事处主任张志尧教授回忆道："钟扬教授是最早与女王大学有交谊的复旦学者。我们与女王大学最早的合作，他既是见证人，也是参与者。他曾几次到访女王大学，他极高的学术天赋与学术修养非我所能评断。但他为人热情，异于常人的睿智幽默风趣历历在目……愿钟扬一路走好，在天国安息！"女王大学生物系王宇翔教授得知噩耗后，也非常震惊。他的团队和钟老师曾在青藏高原开展合作，并取得初步成果。他在微信朋友圈中写道："钟扬老师天堂有灵，他还将走在自己最热爱的路上。刚刚和钟老师发表了一篇青藏斑头雁的文章。几年前一起在青海湖工作神聊的音容笑貌历历在目。一生非凡璀璨，活得精彩！"

享受钟氏"美食"

从加拿大回国途中，我们利用落地签的72小时到东京去拜访日本数理统计研究所的长谷川政美教授，并讨论下一步合作事宜。两年后，钟老师应长谷川教授的邀请到日本数理统计研究所做访问学者，并跟随长谷川教授做分子系统发育方面的博士论文研究。正好我那段时间也在日本跟随长谷川教授做博士后，我们同在一个办公大楼。非常有幸有三个多月的时间和钟老师在一起体验留学生活。钟老师经常拉着我到他的住处小酌一番，他做得一手好菜，所以每次去他那里蹭饭时，他都亲自下厨。在此期间，我看到了另一个热爱生活、懂得生活的钟扬。他"自诩"自己主攻川菜，宫保鸡丁是他的拿手好菜。有一次，我邀请他一起参加我们留学生会馆中国留学生的聚会，他在聚餐时露了一手钟氏"宫保鸡丁"，果然艳惊四座。钟老师和留学生们一起海阔天空畅谈留学生活。他说他自己爱吃，所以在家学到的第一个生存技能就是做菜。自从学会做菜，走遍天下都不怕了。

在东京，我不仅品味到了钟老师给我做的美食，同时也享受到了他提供的另一道"精神大餐"。那段时间，他应上海科技教育出版社的邀请，为纪念DNA双螺旋结构发现50周年，正在翻译双螺旋结构发现者之一——詹姆斯·沃森的新作《基因·女郎·伽莫夫》，并商议请沃森给中文版写个序。他经常白天翻译，晚上和我分享他一天的翻译成果。我很荣幸成为这本译著的第一个读者。他和我聊道："阿伟，你知道为什么沃森在纪念DNA双螺旋结构发现50周年的这本书中竟然很少提及他的具体研究工作，反而一直在写他在追女朋友过程中的感情困惑、挫折，以及和伽莫夫一起商议创立'RNA领带俱乐部'之类的轶事，只是不经意间提及与某个同事和朋友一起讨论了一下学术上的问题吗?好像搞科研非常轻松和简单,似乎诺贝尔奖落在这个25岁年轻人头上是一个意外的幸运。其实不然,沃森当时所在的剑桥大学卡文迪许实验室,出了近30位诺贝尔奖获得者,在书中提到的20多人中,绝大部分都是诺贝尔奖的获得者和未来的诺贝尔奖获得者。所以和什么样的人在一起非常重要,经常会有精彩的思想火花迸发出来。沃森就是在与这些大咖整天的'闲聊'中,'不经意'地发现了探索生命奥秘的钥匙。"

从那时起,钟老师就不断地"接活",翻译一些国外好的科普著作,如《大流感》《林肯的DNA》等。受他的感染,我在日本期间也利用业余时间,把长谷川教授的两本日文科普书翻译并编著成《听基因讲祖先的故事》一书,一部讲述分子人类学的产生、原理及相关技术和故事的科普书。钟老师欣然帮我担任校阅工作,并邀请谈家桢先生给这本小书作序。翻译科普书籍之余,钟老师也有自己创作的冲动,他曾几次提到,等他退休之后,他想写部小说,名字已经取好,就叫《根》。这和美国黑人作家亚历克斯·哈利写的家史小说《根》同名,但作为研究分子系统发育方面的专家,钟老师想谈谈他家族的基因起源故事。他还曾向我透露了他未来的创作计划。虽然只是一个构想,但也让人充满期待。可惜上苍没给他足够的时间,世间也因此缺失了一部佳作。

初访雪域,点燃高原寻"根"梦

2001年8月,钟老师组织了一次去西藏的科考,成员有长谷川政美教授、中山大学的施苏华教授、北京大学的顾红雅教授、复旦大学的张文驹老师,本人也有幸参加了那次考察。这次去西藏对所有人来说都是第一次。这一次对我们其他人来说只是一次普通的科考,但对钟老师来说却是他的一个人生转折点,从此他与雪域高原结下了不解之缘,开始了高原筑梦之旅,他此后的工作和生活轨迹也因此而发生改变。高原也成为他一生旅行的终点。

这些日子我一直在回忆,是什么东西让他结缘西藏的呢?答案可能就是他心中的寻"根"梦。记得第一次在长谷川教授实验室访问时,钟老师就萌发了去西藏的念头。长谷川教授是国际上研究分子系统发育的知名学者。

分子系统发育，简而言之就是在DNA水平探讨生物界各类群的进化历史，通过构建系统发生树来研究不同生物体之间系统发育关系。一棵包含全部物种的进化树可以被称为生命之树。钟老师也致力于分子系统发育研究。他的一个梦想就是在不同尺度寻找不同生命之树的"根"。当时他就提到，像青藏高原这种特殊地区，是研究进化的绝佳之地，也是生态学家和进化学家寻"根"的好去处。从日本回来之后，他就开始策划第一次西藏科考的行程。我想这是他作为一个研究进化的植物学家去西藏寻"根"之旅的初心吧。冥冥之中，钟老师就与西藏结下了不解之缘。16年过去了，钟老师一直没有停下他"寻根"的脚步，他的足迹遍布西藏的山山水水。前几天看见张文驹教授在回忆和钟老师第一次西藏科考的文字和图片，勾起了我太多回忆，很多情景仿佛就在昨天！记得当时参观布达拉宫时，有个喇嘛主动问候我们，他觉得钟老师面有佛相。也许冥冥之中，钟老师就有佛缘。16年来他给西藏培养了这么多人才，做了这么多善事，如活佛一样广结善缘、广布善种。我想这次他应是去佛国讲学交流去了吧。人间少了一位奇才，天国多了一位活佛！

　　斯人已去犹忆影，莲花开魂依旧……

（本文来自《世界科学》杂志，作者为世界自然基金会中国淡水项目主任，同济大学环境科学与工程学院兼职教授，加拿大女王大学环境学院兼职教授）

我们永远的科普引路人

徐 蕾　刘漫萍　鲍其洞　李必成

从上海科技馆建馆之初到上海自然博物馆再建到更新改造，我们一行与钟老师结缘。钟老师不管有多忙，对我们几乎是有求必应，以至于我们但凡碰到什么困难，总是第一时间想到向钟老师求助，也因此，有许多同事在工作中都与钟老师有所接触，都或多或少得到过他的指点和帮助。当钟老师遭遇意外的消息传来时，所有人都感到无比震惊和难以置信，微信群里一片泪海，然而在现实世界面对面时，我们却不约而同地回避着这个悲伤的话题。

从中科大少年班到复旦博导，从无线电跨界到植物学，从东海之滨种红树到世界屋脊采种子，从科学大家到科普大咖，钟老师丰富多彩的人生就是一段传奇，只是这段传奇以这样的方式戛然而止着实令人扼腕。虽然和钟老师的同事、学生、亲友相比，我们与钟老师的接触并不算最多，但还是想记录下我们所认识的钟老师，用我们的方式表达我们对他的崇敬与怀念，感谢他长久以来对我们的支持和帮助。也希望我们的记录能让更多的人认识这位可亲可敬的师长，了解这位睿智博学的科学家为科研、为科普所作的卓越贡献。今天我们匆匆下笔，难以描述钟老师全貌，仅是我们每个人与他接触后的一点印象，而无数这样的印象共同描绘出了一个鲜活、真实的人。

珍稀标本采样结缘钟老师

第一次与钟老师交流是在2011年圣诞节前夕,当时我(刘漫萍)刚接手上海自然博物馆两栖爬行类标本的征集任务,记得是为了青藏高原温泉蛇之事去咨询钟老师。因为温泉蛇分布局限、生境独特、种群和个体数量较少,仅见于西藏,标本极不易得。自然博物馆负责两栖爬行类标本的同事征集了数年,寻遍了国内相关单位而不可得。一个偶然的机会,了解到复旦大学研究植物学的钟扬老师与西藏大学有密切的合作关系,得知他每年都要在西藏采集很长时间的标本之后,就将温泉蛇的征集寄希望于他。他当时也仅说是去碰运气。但到了2011年圣诞前我接手两爬征集时,钟老师就已经将温泉蛇采集到了。而为了安全保存、顺利运送温泉蛇,钟老师特意来邮件询问博物馆对温泉蛇制作的要求,了解动物标本运输过程的保存方法。至2012年4月,历经艰辛征集到的温泉蛇才终于运抵上海,我去复旦钟老师处取这件珍贵的标本,这是我第一次见到了久闻其名不见其人的钟老师。

当时他的办公室门是开着的,我探头望去,好像没有人,于是又敲了敲门,这时才听到屋中的动静,我才在一堆高高摞起的书堆中看到了一个戴着眼镜、头发蓬乱的人。久闻钟老师是复旦的大教授,想象中他应是一个衣冠楚楚的斯文模样,一时不能确定眼前这位就是传说中的钟老师,还特意站在门口高声询问了一句,在得到肯定回答后,我才敢自我介绍并说明来意。他有些费劲地站了起来,这时我看到了他的全貌:身材微微发福,但没有明显地走形,可算得上魁梧,如果配一身合体的衣服定会气度不凡,不过此时他身上的衬衫是皱巴巴,休闲裤子也是无处不褶,更为搞笑的是两条裤腿一个长,一个短!

待他笑嘻嘻地让我随便找了个空座坐下,还自嘲办公室的乱,调侃说放整齐了他找不到东西,他这叫乱中有序。在那一瞬间,我就对他产生了好感。他为我倒了杯水,倒水时,走路一高一低的,他随后给我解释说近来他腿疾犯了,行走极不方便,否则他就出去采标本去了,一旦出去那就是几个月,在上海根本不可能见到他。我当时还笑说幸好他的身体不允许他这么拼命,才给我一个机会近距离了解他采集温泉蛇的细节。

在一通翻箱倒柜之后，他拿出一个大号雪碧瓶，这个不起眼的瓶子里就装着我们征集多年而不得的温泉蛇。谈起捕捉温泉蛇时，钟老师眉飞色舞，整个人都像在发光。他说到了与温泉蛇的偶遇，说到了亲自上阵捕捉温泉蛇的惊险。除了详细提供温泉蛇的采集信息，他还接着介绍了课题组在蛇类方面所做的科研工作，另外讲了许多采集标本时发生的逸闻趣事。我又趁机请他再帮助我们采集高山蛙及高原跳蛛的标本，他都允诺帮忙一试。那次见面从三点多一直聊到六点多，三个小时在他妙语连珠中不知不觉地飞逝，临别时我抱歉打扰他那么久，他笑称这时间远没有到他回家的时间，他要很晚才回家呢。与他告别后，走在路上，他那略带南方口音的普通话、洪亮的大嗓门、不修边幅的外形给我留下了深刻的印象。人果然是不可貌相的。

后来，通过钟老师，我们又成功地征集了八个高山蛙标本，这些标本的获得，为青藏高原的形成和隆起学说提供了展示的标本物证。

有求必应，精益求精

（1）钟老师是自然博物馆知识图文工作顺利完成的功臣。

自然博物馆建设期间，需要寻找一个能够承担全馆图文写作的团队，但因为学科跨度大、文字要求高，我们始终找不到合适的人选，先后联系的几家高校都因这个项目难度太大而婉拒。我们只能再次求助于钟老师。原本想着他实在太忙太忙，如果能利用他在圈内的人脉帮我们牵线或引荐，我们就很感激了。没想到他听说了我们的需求后，二话不说就接下了这个要求高但回报少、时间紧却周期长的"烫手山芋"。因为此事，我们也得以与仰慕已久的钟老师有了频繁的接触。

自然博物馆图文文稿的内容涵盖了天文、地理、生物、人文等多个学科，文字要求兼顾准确性、前沿性、可读性，可以想见其创作过程必然漫长而痛苦，一天的时间通常只能讨论十几块最多二十块图文的内容，而整个自然博物馆有将近五百块知识图文。一般科学家往往是在某一学科的某一具体问题上给予我们指导，而钟扬老师则不但在具体科学问题上能给予专业指导，还是少数能在整体展览策划和展示形式上进行指导的专家。不仅如此，钟老师还和我们一起字斟句酌地讨论每一段内容，我们也很"依赖"地把最难的部分都留给他。在半年多的时间里，每次听说钟老师从西藏回上海了，我们都会立刻去预约时间，他也总是爽快地答应，哪怕只有半天的时间，也会赶过来和我们一起讨论。

虽然不是每次图文版讨论钟老师都出席，但凡是一些有争议的、内容比较复杂的图文版钟老师都会参加。我（刘漫萍）负责的"达尔文中心"就是一块展示面积小但内容涉及不仅广深而且集中反映许多进化理论的一个展区。如果说演化之道前面90%内容都是在讲述进化现象的，那么达尔文中心这10%的内容就是一个理论的升华，是一个点睛之笔。钟老师一开始就对这个展区的图文版给予高度重视，专门抽出一整天的时间对这个展区的图文版进行逐字逐句的审核，力求在这个展区内容上体现国际最前沿的进化理论和观点，希望图文版能做到科学发展的高度与速度同步。

在一整天的讨论中，我们对钟老师又有了更深的认识。他不仅仅是一个口若悬河谈论标本采集趣闻的学者，更是一位严谨、求真、求实的科学家。对他不在行的内容他会认真听取大家的意见，对不明确不了解的地方，他就亲自查找文献核实，对于短时间内不能得出结论的内容他会空出待事后补缺拾遗。对于图文版文字表达的方式，他也不是一言堂，完全听取与会者的意见，认真遣词造句，在强调内容科学准确的前提下再进行辞藻的美化。他工作如此严谨，从早上八点半至下午六点半，才仅仅讨论了十八块图文版，连计划量的一半都不到！剩下二十几块图文版还是另约了钟老师一天半的时间才完成的。之后，我（刘漫萍）负责的上海故事的图文版内容钟老师至少参加了两次。试想一下，作为业务繁忙的知名教授，竟然在这几个展区就花了这么多时间，他真的不仅仅是将科学教育放在嘴上，他是真去做了，而且还那么认真踏实地去做了。可以说，现在上海自然博物馆的展区图文版，几乎每块都有钟老师呕心沥血般的付出。

（2）没有钟老师就没有科学绘画"生物一家亲"。

因为工作的关系，自然博物馆的视频审核，每遇到关于生物系统进化的内容，我多半会发给钟老师审核。即使再忙，他也会回邮件。如果邮件不能直接解决的，他就会约了面谈直到解决为止。达尔文中心的科学绘画"生物一家亲"就是在钟老师的帮助下才得以完成。

"生物一家亲"这幅科学绘画，将生物分类五界系统和三域系统综合表达于科学绘画之中，是一幅科学含量较高的图解式绘图。这幅画制作了大半年，迟迟不能落实，改了数次仍不得要领，百般无奈之下又找到了钟老师。在2013年9月我又联系了钟老师，钟老师认为"生物一家亲"是自然博物馆创新表达分子进化可视化的一种方式，比较复杂，需要当面讨论。邮件相约等他三日后从拉萨返沪即可讨论，谁知因他临时有要事不能如期返沪这事没能继续。后来，他太忙了，一直是神龙见首不见尾，我一直没有机会见到他。在盼了很久之后，终于在2013年11月我又见到了钟老师，这次和他充分讨论了这幅科学绘画，显然这次他是有备而来的，在讨论了许久之后，他提出了一个具体且切实可行的办法，既可规避一些科学争议又能直观表达现在的科学共识，在他的帮助下这幅创作了近一年的科学绘画才最终尘埃落定。

跟钟老师的关系，现在回想起来真的可以用亦师亦友来形容。实际上，与他的第一次相识，是在浙江大学组织的一个"植物分子系统与进化"学习班上，当时学习班邀请的主讲人就是钟扬教授。第一次听他的课就被他彻底征服了，那么复杂的生物信息学内容被他举重若轻地在谈笑间就解释清楚了，他就是那样浑身洋溢着才华和智慧的人，语言表达能力也是一流，任何事情或话题都能信手拈来，不仅言之有物，还风趣幽默至极。只要听他一堂课、与他聊上一席话，就绝对不会忘记他这个人。后来我的同事们不管来自哪个部门、哪个岗位，也一次次证实了这一点，只要听过一次钟老师的讲座，都立刻对他"路转粉"。他的个人魅力、表达感染力、思想境界都是那么独树一帜，在人群中立刻就凸显出来，让人想忘记都难。

在上海科技馆和上海自然博物馆的各类专家咨询、员工培训、各种类型大小讲座和活动中都活跃着钟老师的身影。有时是主讲者，有时是主持人，有时是答疑解惑的导师，有时又是带领公众参观博物馆的科普达人，角色任意转换，主题不断切换，都能控制全场，游刃有余。

2016年10月，我（徐蕾）负责在上海自然博物馆引进英国伦敦自然历史博物馆的《灭绝：并非世界末日》巡展。开幕式上，我们邀请了戎嘉余院士来做一场关于生物灭绝的意义的讲座，听众是中小学生和普通市民，需要一位学术水平高又善于与公众交流的科学家来做讲座的主持人，第一反应我们就想到了钟扬老师。当时距离开幕式时间已经很近了，他立刻就答应下来，虽然他本人与戎院士并不是很熟，但仍然对院士尊重有加，当天晚上就找我要戎院士的个人简历和讲座内容，甚至仔细到询问戎院士当天讲座的衣着是什么样的，以便配合。讲座是下午举行，我答应他一早看到戎院士的衣着后，就立即告知，为配合戎院士做好主持人，钟老师特意穿上了西服，打上了领带，而这在他的生活中是很少见的，平时他对穿着是比较随意的，基本上一件休闲的衬衫，就是他四季不变的装扮！曾经问过他为什么愿意花自己那么宝贵的时间来做这些看似无用的事，他说他喜欢做科普，愿意为这些事尽一份力，而且很多事情自己一个人是做不完的，需要有后来人不断加入到队伍中来，他多做一份，就能影响到更多的人。所以每一次与他见面，都会长知识、增见闻，因为每次见面都能听到他兴奋地介绍自己最近在科研、科普、教育方面的新发现、新突破、新鲜事儿，聊到的事儿不仅是 Science、Nature 上的论文，还有网络红人王自健、papi 酱，简直是十项全能，无所不包。他就是这样一个亦师亦友、温暖可靠的师长，与他在一起，总能吸收满满的正能量，获取无尽的营养；从他的身上，我看到的是这样一个经历丰富、从不埋怨环境的人；他总是无惧困难，不去等待上天的安排，而是自己给自己创造丰富的土壤，把自己长成一棵参天大树，庇护着周围的一切……

（本文来自《世界科学》杂志，作者均为上海自然博物馆员工）

落其实者思其树

赵佳媛

2017年9月29日,钟老师在银川的遗体告别仪式即将开始之际,我正坐车行驶在新疆的公路上。一侧是远处重峦叠嶂的山,一侧是零零星星的树木和时不时冒出的工业设施。高压电线贯行,双向车辆往来,天上乌云如穹窿盖顶,望不到尽头的道路——即便是和上海这样的大城市相比,也是绝对压得过的辽阔尺度,让人身处其间,备感震撼。

在这样的路上,不由就想着,钟老师必然也是多次在西部苍茫天地间赶路,那些曾令我们惊叹的、似乎不假思索就能给出的中肯建议,很可能就是在这样荒凉公路上闭眼小憩时反复考量而储备起来的。转而又回忆起跟着钟老师学习和工作的日子,点点滴滴,竟如江海汇聚,和泪水一起汹涌而来。

于我而言,在钟老师这里受到的最大影响,就是对科普事业的热情。

《林肯的DNA》和钟氏翻译的"DNA"

我在翻译科普书籍上小试牛刀,应该始于《林肯的DNA》。那时,钟老师已经编撰、翻译了好几部学术和科普书籍了。也许是有前车之鉴,初译工作开始之前,他就先讲了个"故事",说此前有位师姐,文笔好得很,好到什么程度呢?她先用机器翻译,再自己润色文字,以至于钟老师在修订译稿的时候看了好几章才发现有问题。等拿出原文一读,发现逻辑虽对,但牛头不对马嘴。这下钟老师可不敢大意了,所有内容都要拿着中英文一一仔细校对。自那之后，绝不脱稿校对就成了他的习惯。可能是《林肯的DNA》一书中有趣的遗传学故事引发了钟老师浓厚的兴趣，他从自己开始，鼓励大家给翻译的内容加上译注，如果自己都不懂，怎么让读者看懂？短短两三句话，一方面可以帮助外行读者能更明白专业词汇的意思，反过来也让译者在编写时学到了更多的知识。或许以严谨认真的态度对待科普翻译，是教学相长的另一种诠释。翻译结束交稿后，大概是意犹未尽，钟老师又建议我们一起写一篇译后记，这既是对文字翻译工作的总结，也是对内容局限之处的补充。不盲从书本和现有知识，敢于"挑刺"并提出自己观点，这可能就是后来钟老师常挂在嘴边的"批判性思维"的雏形吧。于是,严校、细注、译记就成了钟氏翻译的"DNA"，贯彻至今。

《大流感》和"一指禅"

如果说《林肯的DNA》是轻松的科普小品，那《大流感》则用史诗级别的重量压了下来。这是一本出版社编辑自己都觉得翻译稿酬太低的书，内容牵涉医学、法律、历史、政治、文化各方各面，文笔多了晦涩难懂和需要推敲的地方，作者还旁征博引各类风格的文字——小说要绘声绘色，谚语要通俗隽永，打油诗要俏皮调侃，标语要简短有力……钟老师一方面让我们尊重现有译本，一方面也亲自操刀翻译一些没有可参考译文的内容。有时寥寥数语尚推敲几日，又忽然在饭间得意洋洋告诉大家他想到的妙词。如果在讨论和修改中，他的遣词被我们推翻，他也会欣然接受"青出于蓝而胜于蓝"的现实。《大流感》的翻译用了三年，或许有人会觉得这必定是一个费时劳神的过程，没错，但在翻译期间，我也在钟老师的引导下，慢慢体会到了雕章琢句、学习新知的乐趣。不过说到翻译如何费时，我们也会开玩笑地埋怨钟老师，是他的"一指禅"严重拖了后腿。为了翻译效果，翻译小组的成员只有几个，而到最后统稿时，几乎只有我和钟老师在进行，力求语言风格的一致，于是越到后期工作量就越大。有时我在校对译稿，一时也找不到其他人协助时，钟老师就只能自己把他密密麻麻的改稿内容打进电脑，适应了这个打字节奏后，他还不许我们帮忙了，总说别急，就快好了。不过，也可能是《大流感》恰到好处的拖稿，使其最终发行后不久，就和全球甲型流感大暴发"撞车"，反而导致了本书的大卖。这么说来，钟老师的"一指禅"兴许还应算功臣之一呢！

自博馆图文和活广告

每次我告诉别人，上海自然博物馆（简称"自博馆"）里的墙壁上、栏杆间、展柜里绝大部分能看到的文字，不管中英文，都是钟老师带着我们撰写的，几乎没人不露出诧异、崇拜的神色。而这些看得见的文字，可能只是我们工作量的四分之一甚至五分之一。想起那些钟老师率领我们这群小兵跟自博馆图文"斗争"的日日夜夜，几易其文最终折戟沉沙的废稿，是在观众所见之外更加辛苦的付出。那段长达四年的时间里，钟老师沉重的双肩包内，总有图文初稿的打印版，上面是钟老师或工整（可能在桌子上批注）或凌乱（也许是在车上批注）的字迹。即便如此字斟句酌的图文，也很可能在下一次讨论中因为有了新的角度和知识点而被推翻重来……没参与过的人应该无法想象写作图文的艰辛，更无法想象钟老师这样经常在一天内要辗转数地或者连开数会的大教授，居然心甘情愿将如此宝贵的时间匀给科普。在自博馆建成开放之后，钟老师还成了自博馆的活广告——要么逢人就推荐自博，要么就索性亲赴自博馆当起了义务讲解员。翻出当年的那些纸稿，想着他摘下眼镜皱着眉头看我们初稿时的严肃，想着他站在自己最得意的图文前给我们讲解的满足，想着他背着书包回头示意我们跟上的驻足……钟老师会和自博馆同在吧！

《延续生命》和生命的延续

《延续生命》的翻译始于"国际生物多样性年"（2010年）。由于钟老师工作越来越多，我们接的书却越来越厚，交稿时间必然是越来越长——这回是六年。尽管是大部头，我们对《延续生命》却仍细致到了文献格式的校对，加上各种知识框、作者注、题语、图注……巨细靡遗。因为我们深知，交出去的书籍，分量也越来越重。书籍校对最后拾遗补缺期间，我正休产假在家，有时会收到钟老师的短信，第一句必然是先问我是否有时间，然后才是能否帮他查一些资料这类的请求。钟老师这种对学生、对部下、对同事一贯的尊重和信任的态度，在我看来是极为难得的。今年3月，钟老师打电话给我，说《延续生命》终于要出版了，现在要写译者序以及校对清样，请抽空来一趟研究生院吧！当时我和钟老师已经在两个校区办公了，我坐校车到钟老师办公室的时候，已过中午。记得我们为这篇译者序商讨了一个下午，其间钟老师还见缝插针出去开了两个小会。最后他说这次译者序最后咱们署名签字，随后很得意地在纸上写了个藏名，说是"拉琼"还是"德吉"教他的，笔法流畅，一气呵成，我在心里偷笑，钟老师您私下一定是临摹了好多遍吧！最后一次见钟老师，是去他的办公室递交材料，顺便取了这本《延续生命》的纸本。我一直找不到和钟老师的合影，现在看这个签名，或许以这样的方式和钟老师并列，也是一种合影。而钟老师的生命种子，也在这一本本书中、一次次讲座里、一个个学生间，永远延续着。

薪火相传之愿，奉还师恩

钟老师总在赶路，仿佛时间不够用，不，他的时间是真的不够用。但我们还有，我们还有时间和精力，有钟老师传承给我们的志趣。落其实者思其树，饮其流者怀其源，唯愿此生亦能不负师恩，薪火相传！

（本文来自《世界科学》杂志，作者为复旦大学生物多样性与生态工程教育部重点实验室实验师，博士）

钟老师永远活在我们心中

南 蓬

9月25日上午不到十点,我接到了一个电话,这是我人生中最不愿意接到的一个电话,告诉我钟老师出事了。当我第一时间听到钟老师出事的消息时,我不敢相信,多么希望这只是一场不大的车祸,钟老师还有机会在医院里进行抢救。2003年钟老师在海南进行红树林资源调查时煤气中毒,幸亏被及时发现挽回了生命。此后,钟老师总对我说,他命大,大难不死必有后福。2015年5月2日钟老师51岁生日时突发脑溢血,被及时发现而再次从死神手中抢回了生命。事后钟老师又对我说,他运气很好,当时与医生在一起。可是这一而再,再而三,钟老师终究还是没有躲过这第三次灾难。这段时间,我不敢想,也不愿意去想和钟老师在一起的点点滴滴,因为在我内心深处,钟老师还一直活着,而且永远活着。

当我将钟老师出车祸的消息告诉钟老师夫人张晓艳时,晓艳只说希望钟老师这次又能逢凶化吉,随后听到晓艳一声叹息,自言自语地道这概率太高了。这么多年来,钟老师的家人和朋友总是无时无刻不提心吊胆。从2001年开始,钟老师就不停地往返于上海、西藏和西部地区,一年所走过的路程远超过我们一般人10年甚至20年的路程,我们形容钟老师不是在飞机上,就是在赶往飞机的路上。

对自己的家庭,钟老师常说他是愧疚的。记得2002年9月9日下午3点左右,钟老师因参加973项目申请讨论会出差了,我接到了晓艳父亲的电话,说晓艳在医院里早产了，我和实验室的经佐琴老师一起赶到了红房子医院，第一个看到了大毛、小毛这对双胞胎从手术室中被抱出来，很小，都不到4斤，被送到了保温箱中。直到凌晨2点多，钟老师才匆忙赶回上海来到医院，陪在晓艳身边。我知道，此时钟老师内心充满了内疚感，在这么重要的时刻，作为丈夫都没能陪在爱人身边，作为父亲没能看到孩子第一眼。其实，钟老师早在孩子还没有出生时，就给孩子想好了名字。他讲："用植物给孩子命名。一来花花草草那么多，植物志那么厚，要想重名都难；二是不用动脑，就有一外国人能发音的英文名和拉丁名，今后国际交往多方便；三是如果蔚然成风，会给分类学在社会上带来多大的影响啊。"为此，当时学生在复旦大学的BBS上贴上了一条告示："钟扬教授和张晓艳博士的遗传学实验取得巨大成功。结果为两新种：钟云杉、钟云实。"

2012年9月初，钟老师告诉我和经老师，要给大毛、小毛过十岁生日。但当我和经老师来到饭店时，只看到晓艳、大毛小毛和晓艳的父母5人，我问钟老师呢？晓艳告诉我有急事去西藏了，钟老师再次错过了孩子成长的重要时刻。对于家人和孩子，钟老师常在我们面前提到内心的愧疚，特别是他在2015年病床上写的《在我失联的日子里》提到，他最担心和最放不下的还是大毛小毛。钟老师也经常跟我们提到遗传的力量，用他两个双胞胎的儿子举例，大毛和小毛一起长大，但两人无论是性格还是饮食爱好上都有着很大的不同，大毛是无肉不欢，而小毛从小就喜欢素食。

我认识钟扬老师是30年前，我大学毕业分配到中国科学院武汉植物研究所，刚到不久就收到了两包喜糖，从其他老师口中知道钟老师是当时武汉植物所最年轻的助理研究员，从初级到中级职称仅仅用了两年时间，并告诉我们新进的年轻人要向钟老师学习。带着好奇心，我下楼来到一楼，远处就能听到从一个房间里传来许多年轻人的笑声。沿着笑声，我看到一群年轻人正在高谈阔论，我注意到一个个子高高的、瘦瘦的年轻人正在黑板前用粉笔画着像树一样的枝条。一打听，知道钟老师正在给新来的年轻人讲解数量分类。那时国内的生物学家还没有人利用数量模型进行生物学分类，这一前卫的观点也总受到传统分类学家的质疑。

对于我这样一个非生物学专业的学生，连基本的生物分类都不知道，更何谈数量分类了。好像我当时问了许多很傻很基础的问题，钟老师知道我是非生物学专业的学生，就开始给我讲解最简单的生物分类知识。所以，我最早的生物分类学知识还是从钟老师那里开始接触的。后来从其他同事口中得知，钟老师也不是生物学专业毕业的，但在植物所短短两年时间里，他几乎认识了植物园里上千种植物。钟老师的实验室也成了武汉植物所年轻人经常聚集的场所，他负责所里唯一的一台可以上网的计算机，他把当时国外最前沿的科研文章都找来和大家分享。直到后来这么多年里，每当我看到不认识的植物，总还是习惯性地拍张照片发给钟老师，问问这是什么科什么属的植物。

说到计算机，晓艳告诉我们，上个世纪90年代初，他俩先后到美国做访问学者。回国时，别人都会带一些彩电、冰箱，而钟扬把他们积攒的生活费都买了计算机设备，回来捐给了单位。当他们一起去提货的时候，海关都不相信，怎么可能有人用自己省吃俭用节约下来的钱给公家买设备。

在武汉，钟老师父母家与我家很近，可是我很少看到钟老师坐所里的班车，有时能看到晓艳一人，晓艳笑着讲，钟扬是以所为家的。

1999年，钟老师已经是武汉植物所副所长，我也在武汉植物所的科研处工作了。那时候科研单位开始对学历有了要求，对于还是本科毕业的我来讲，也萌发了继续深造的想法。记得那是一个初秋下午，我来到钟老师办公室，谈了我想报考硕士研究生的想法。钟老师听了后，表示非常支持我继续深造，但又问我为什么只报考硕士研究生，而不直接报考博士生呢？我当时眼睛一亮，博士研究生？天哪，我从来都没想过去报考博士研究生！我说了一些主观、客观的困难。钟老师马上帮我进行分析，说我已有多年科研经历，发表了十余篇论文，完全有资格报考博士研究生。而且当时的国家政策非常鼓励科研人员以同等学力去报考。随后，钟老师马上向我推荐了中科院华南植物所的彭少麟老师。在钟老师的鼓励下，我参加了2000年中科院的博士研究生考试，并非常幸运地被录取了。当我拿到录取通知书时，钟老师也已应陈家宽教授的邀请到了复旦大学。那天下午，钟老师与我聊了许多成功人士的人生轨迹，我第一次认识到人生是需要设计和规划的，也就是现在流行的设立一个小目标。

钟老师是一个思维非常活跃和超前的人，总是迸出一些别人意想不到的想法。记得2005年当钟老师听到加拿大的冰酒时，就意识到随着全球气候变缓，许多植物也会随着温度的上升而出现北移。随即想到，生长在南方的红树是不是也可以在上海生长。钟老师率先提出在上海尝试进行红树植物的设想，可是学界都认为不可能成功，认为钟老师太异想天开了。第一年失败了，冰冻灾害让红树林遭遇了灭顶之灾。第二年、第三年，奇迹发生了，不仅新种的红树全部存活，那些"貌似"死去的那批红树竟然也"复活"了。历经8年，在上海南汇东滩湿地已经培育出第三代红树种苗。钟老师说："我的愿望是，50年甚至100年以后，上海的海滩也能长满繁盛的红树，人们提起上海的时候，会毫不吝啬地称其为'美丽的海滨城市'。虽然我不一定能看到这一幕，但上海的红树林将造福子子孙孙，成为巨大的宝藏——这是我们献给未来上海的礼物。"

2006年，我们参加了由四川大学牵头的高校标本数字化项目。当年复旦的任务是植物标本7万份，动物标本3万份，科技含量不高但工作量极大。钟老师当时说，这是一个工程项目，科学需要自由探索，而工程要求严谨高效。为了完成这个项目，钟老师带我们去了解了四川大学、武汉大学和中山大学这几个标本存量更多的学校，发现他们有一些共同的特征：有一个专门的标本馆，有专人管理和标本录入室，而我们因条件所限并不具备这些条件。我们遇到了瓶颈，两个月过去了，我们还没有进展。我知道，每当我们遇到困难或困惑时，钟老师总是很乐观，用一种特有的钟氏幽默笑着对我们说，车到山前必有路，活人怎能被尿憋死呢。讨论了几周，钟老师想到，不少学生都有自己的电脑，这就可以充分利用，先将所有标本进行拍照，将照片分发给学生，让他们在自己宿舍里完成标本录入。这样既保护了标本不被损坏，也使录入者更加自由，提高了效率。我们还效仿工程管理结构，成立多个项目小组，并制定了三级管理措施。这些都受到了参与项目的各个学校的赞赏，被誉为高效的复旦工作流程。

在整个标本项目的实施过程中，钟老师发现西部地区的标本和种子少得可怜，特别是拥有我国植物资源非常丰富的青藏高原几乎没有收入。从此，钟老师踏上了采集植物标本和收集植物种质资源的道路。我们实验室和他身边的同事都说钟老师疯了，放弃了当时非常热门的研究领域——生物信息学，选择一条既艰苦危险的，又没有足够科研经费支持，更不能发表高大上论文的科研道路。他说："现在许多植物都濒临灭绝，可人们还叫不出它的名字，真的很遗憾。"

二十多年来，钟老师培养了一批又一批的研究生，所有学生对钟老师的印象是乐观幽默。在跟随钟老师的这些年，钟老师那豁达知命、随遇而安的生活态度也深深感染着我们每一个学生。钟老师经常通过剖析他的经历来教导我们，事业与生活的状态不能简单地用成功或失败来衡量，面对挫折、赞誉，如何把握平和的心态去面对是成长的关键。在银川的告别仪式上，一位学生写道：在这个阳光灿烂的地方听钟老师上最后一课——关于生存与死亡，只是平时他都是意气风发地站着讲，而今天是无比平静地躺着。

钟老师总是说：教师是他最看重的身份。钟老师总是根据每个学生的特点，选择不同的培养模式。记得有一位其他老师的女博士生，因课题不顺萌发了退学的想法，找钟老师签字准备办理退学手续，钟老师听了就马上安慰她："所遭受的挫折并不说明你很笨，而是因为所选的课题并没有发挥你的优势。你可以在我的实验室根据你的兴趣选择课题继续学习。"两个月后，钟老师重新帮她梳理研究思路，定位科研方向，最终使这位女博士顺利毕业，目前在上海一家公司做技术主管。几天前，这位学生哭着对我说：如果不是钟老师，她的人生可能是另一条路了，是钟老师帮助她恢复了自信，哪怕今后再遇到什么困难都能勇敢面对。

每一个学生都有一段小故事，特别是在对少数民族学生的培养上，钟老师更是花费数倍的精力，因为他知道只有培养少数民族的学生，才能真正促进西部的发展。用学生的话讲：钟老师为每一个学生都推开一扇门，照进一束光，从此生命中便有了光与色。真正的师者带给生命的是灵魂的震动，播撒的精神种子是会随着时间而在心里发芽和成长。钟老师经常通过剖析他的经历来教导我们,事业与生活的状态不能简单地用成功或失败来衡量,面对挫折、赞誉,如何把握平和的心态去面对是成长的关键。

与钟老师在一起工作三十年了,最开心的是能听到钟老师讲各种幽默的小段子,如"黑熊看着人类啃吃自己的熊掌""大熊猫得了抑郁症"等。钟老师讲:"科学研究是一项艰苦的事业,科学家的特质就是从中提取欢乐,然后把科学和欢乐一起带给大家。"

尽管钟老师已经离开了我们,我们不愿意也不想面对这一残酷的现实,但是我知道钟老师留下的事业仍然需要我们继续下去,我们会踏着钟老师的足迹继续前行。

(本文作者为副教授,复旦大学生科院钟扬课题组成员)

忆我恩师
——钟扬教授

扎西次仁

人的一生常常会做一些噩梦，但从梦中醒来时往往都会给人一种巨大的愉悦感。公元2017年9月25日我也做了一场噩梦：我的恩师钟扬教授在鄂尔多斯被车祸夺去了他年轻的生命！我不相信，我反复地跟自己说，这不是真的，是梦！是噩梦！！快点醒来啊，可怕的噩梦……但遗憾的是，快两个月了，我至今还不能从这个噩梦中醒来。

当我把钟老师的噩耗带回家中，家人们先是惊愕得说不出话来，接下来都泪流满面，伤心至极。好长一段时间过去，我的妻子贡珍还在一遍遍地叹息：钟老师这么好的人，怎么说走就走了，天妒英才啊。但接下来她又说，钟老师一定会有好的转世报应的，我们要为他祈福。

得知噩耗的当天，我第一时间买好机票。第二天，我从拉萨急急赶到银川，去见老师最后一面，而在家的妻子便去拉萨门孜康星算所为钟扬老师算了个藏式卦，她在电话里告诉我具体卦相，卦上说钟扬老师会转世成一名佛像雕塑师，还有一些需要念诵的经文清单。在银川市殡仪馆举行的钟扬老师的遗体告别仪式上，我给老师敬献了一条从家里带来的哈达并磕了三个头。

虽然我通过钟老师的介绍已对钟老师的父亲很熟，知道他曾代表湖北省教委来西藏慰问援藏干部的故事。但这次在银川第一次见到，在这次处理事故的各种场合他老人家虽然伤心不已，但还是处处体谅内蒙当事方和事故责任方的难处，钟叔叔的高风亮节使在场的各界人士深受感动。但对我说这是预料之中，因为曾去武汉大学学习的西藏大学的硕士生们和钟扬老师自己在生前给我讲过钟叔叔和钟妈妈的对人友善的处世风格。

我与老师相识已有十几年，他每年高原上来回十几趟，国家法定的大大小小的节假日都基本上在高原上工作度过的，很少与家人相聚，因此，我一直认为钟扬老师对父母尽孝不够好、对妻儿不够关爱与我们这些高原上的人有千丝万缕的关系，因此，我对钟老师的父母和妻儿有一种做贼心虚般的内疚感，这次我就最怕见到他的亲人们。但是当我对钟扬老师的爱人张晓艳教授和她的两个双胞胎儿子大毛小毛表示这方的歉意时，张老师却说"钟扬一直以为他还会有机会，这次事情就是他没想到的，刚刚过的大毛小毛的生日上他说两个孩子高中以后的事情由他多关心"。我把同样的意思向钟叔叔表达时，他对我只说"钟扬经常说起你，你是他指导的第一个藏族博士，他为你很骄傲的！"为此我对这个家庭无言以对了，只能默默地感激。

我与老师相处的日子既短暂又漫长，曾有过很多有趣的话题讨论，其中也免不了关于生死观的。有一次我们谈到藏族的丧葬方式时，高谈阔论期间我狡黠地问"老师，你如果以后死在西藏的话，怎么办？"他说"我可以天葬吗？"我说"当然可以，听说有些外国人死在西藏也天葬了！"这时他毫不犹疑地回答"那你就把我天葬吧"，"如果我在后的话，一定办到！"我说到。这次不幸老师先我而去，为了部分兑现我对老师的承诺，大胆地向钟扬老师的爱人张晓燕教授、钟老师的父亲以及相关亲人说明了情况后，我提出要带回部分我老师的骨灰到拉萨的要求，他们满足了我的请求。我把老师的骨灰背回拉萨的家后，按我家人的规格和方式进行了安葬，部分骨灰制成了佛塔后在一个藏历吉日里安置在拉萨市郊的一个幽静的寺庙周边的山上，另部分骨灰在老师的"七四二十八天"的祭日，洒入了雅鲁藏布江主河道。

今天是公元2017年11月12日，按照西藏的习俗是钟扬老师的"七七四十九天"的祭日，我希望恩师转世的事情真的会如期发生，并发愿有朝一日在雪域高原某个地方能见到他。

我是在参与申请西藏大学第一个国家自然基金项目时开始接触钟扬教授的，当时故人琼次仁副教授如获至宝似地介绍说，钟扬教授是由上世纪70年代复旦大学援藏的吴千红教授和西藏大学退休老师刘少初（湖南援藏教师，曾任西藏大学动物学副教授）介绍的，这位年轻的教授已经发了许多SCI文章了，其中还有 Science 和 Nature 的。

在钟扬教授的精心帮助和组织下，西藏大学的第一个国家自然基金项目申请成功，我和琼次仁老师非常兴奋，为此我们还专门跑去上海，找钟扬老师协商项目实施计划。那次在复旦大学我第一次见到了钟扬教授，无论是茶余饭后的海聊，还是学术讲座的交流，他都给人一种和善豪爽、谈吐风趣的深刻印象；谈及我在挪威卑尔根大学的专业学习情况时，我介绍了自己的硕士导师 Torstein Shohel 和 Jone Birke 两位教授主要指导我在传粉生态学和群落生态学方向的研究，并说出了自己对数量统计方法着迷，尤其是各种排序方法时，钟老师说自己也曾经很热爱数量统计学，并著有相关专著和论文；当时他话锋一转，说现在我们在复旦大学分子生物学在生态学中的应用研究，并用浅显易懂的话语给我们介绍了一些研究案例，那是我第一次接触分子生态学领域的事情，从那时起我们开始注意有关这方面的知识的学习和实践。那天晚上从复旦大学附近一个小饭馆返回宾馆途中，我就大胆而怯生地向钟老师提出我能否申请到他那里学习，他竟然当场就满口答应了。

从那次上海之行开始，我们在钟老师的带领下，在西藏干起了大大小小又意义非凡的事业，也取得了一个个前所未有的丰硕成果：钟扬教授应聘为西藏第一位长江学者；我本人有幸成长为钟扬老师在西藏培养的首位植物学博士；西藏大学成功申请为211院校；西藏大学成功申请硕士点；西藏大学成功申请博士点；西藏大学建成植物组织培养室；西藏大学成立生物多样性与生物研究所；组织西藏大学高原植物爱好者协会；西藏大学许多学子有机会去全国各地211院校免试攻读硕士学位；在西藏大学开办国家基金项目申请；西藏大学开办研究生导师培训讲座；给西藏大学学生开科技论文写作方法课；邀请丹麦、德国、美国、日本等专家来西藏大学开办各种学术讲座，等等。在西藏维稳情况最为严峻的2008年"3·14"前后，钟扬老师还带领我们克服困难，坚持在那曲、阿里开展野外考察工作。回忆这些场景，令我感慨万千，人的一生原来也可以这样像我导师这样的方式过得丰富多彩！

如今，在西藏科学技术厅高原生物研究所种质资源库任职，我将一如既往地努力工作，继承恩师遗志，同时也希望自己像恩师一样对国家和社会有所作为。

钟老师，你就安息吧。

（本文作者为钟扬教授西藏的首位植物学博士，现任西藏自治区高原生物研究所研究员，西藏种质资源库主任，西藏大学硕士生导师）

斯人已逝，精神长存

单增罗布

2017年9月25日，是我一生中最难忘的日子，那天听到钟老师（我一直习惯地这样称呼他）出事的消息时我正在参加西藏自治区科技创新大会，中午2点20多分钟，钟老师的博士生——我校理学院拉琼教授打来电话告诉我这个噩耗。我当时没反应过来怎么回事，脑子已一片空白，赶紧请拉琼教授一定要核实此事。感觉这不会是真的！不希望是真的！当时很难相信，也很难接受我们敬爱的钟老师会以这么突然的方式永远地离开我们。而且他还正当壮年，他还答应过我们9月28日回拉萨参加理学院29日的生态学一流学科建设研讨会，回过神来之后我再也无法抑制内心的痛楚。

作为长期在西藏大学工作的一名少数民族干部，我与钟老师的交往已有十多年的时间，特别是我担任理学院副院长、院长的这些年来与钟老师的接触更紧密，很多时候我们都在一起工作，我们共同推动和见证理学院各项事业的发展进步，可以说这些年理学院的发展进步钟老师倾注了太多的心血和智慧，很多成绩的取得他厥功至伟，无论是从生物学一级学科硕士点的开辟，还是生态学一级学科博士点的建设；从为西藏大学争取到第一个自然科学基金，到获得国家重大研发计划；从为西藏大学在生态学方向培养5名博士（3个已经毕业，2个在读，其中2个教授），到获得"青藏高原生物多样性与分子进化"教育部创新团队；这些工作的长期累积最终为西藏大学顺利入选教育部"双一流"高校建设名单奠定了基础。钟老师甚至为物理学、环境科学等学科建设也做了大量的工作。比如现在招收硕、博士的环境生态方向和生物物理学方向，都是钟老师从带动相关学科发展的高度去规划设置的，他是一个名副其实的战略科学家。

2011年，钟老师为推动理学院科研工作上一个新台阶，自己出资举办学院科研工作会议，以自己申报国家自然科学基金的亲身经历为全院教师讲解如何才能成功申报国家自然科学基金项目。他的讲座发人深省，让人茅塞顿开，他还为学院许多老师亲手修改过国家自然科学基金的申报书。钟老师不仅常年在西藏大学做着西藏大学的事情，而且在复旦大学也不忘为西藏大学贡献力量。生态学一流学科建设培育初期，他邀请西藏大学的老师利用寒假时间到复旦大学一起研究讨论、凝聚共识，其实他也想借机让长期在西藏工作的老师到内地吸吸氧，感受一下复旦大学的学术氛围。

钟老师低调做事，淡泊名利。一段时间他还担任过理学院副院长，尽管当时他在复旦大学已是生命科学学院常务副院长，而且我们知道他33岁就成为中科院武汉植物研究所的副所长，但他还是欣然接受这个任命，他说只要能为西藏大学贡献力量，担任什么职务并不重要。记得有一年学院推选享受国务院特殊津贴的专家，学院讨论一致推荐钟老师参选，当询问他的时候他笑了笑表示感谢,然后说"我十几年前就享受国务院特殊津贴了！"大家当时都很惊讶，跟钟老师工作这么久，我们居然还不知道他获得了这个荣誉。为了不耽误白天的工作时间,他经常乘坐夜间航班来回上海和西藏，到了西藏后立刻投入工作。他在西藏的日程安排极其紧凑，一件接着一件，但他总是处理得有条不紊。进了他的办公室，我们能想象得到他在复旦大学的忙碌，他的休息时间真是太少了，可以说是到了废寝忘食的地步，我也忽然意识到长期在我们身边工作的钟老师竟然是这样一位伟大的科学家和教育家。

钟老师思维敏捷，思路清晰，擅长演讲，他的讲座极具吸引力。记得有一次钟老师为理学院教师做讲座，他只用了五页PPT，每页就五十字左右，整整两个小时的时间里，他用自己的亲身经历幽默风趣地讲述了如何培养高质量的研究生，讲座结束了大家还意犹未尽。会后我跟钟老师说"你用这么短的PPT能讲两个小时，太厉害了！"他认真地对我说，"我用PPT目的是为了更好地把握节奏和控制时间，如果没有PPT，我可能会超过预定的讲座时间"。今年9月初我又邀请钟老师为我校2017级研究生新生做入学教育报告。他原计划9月4日到拉萨，但又因工作原因推迟到5日进藏，当天他12:45从成都起飞，下午3:05降落，之后直奔纳金校区图书馆学术报告厅，做了两个多小时的精彩报告，报告题目为"一个合格的研究生"，从同学们听讲和提问的情况反映出报告非常受欢迎。9月6日中午他如往常一样匆匆忙忙地离开拉萨返回了上海，他就是这样一位与时间赛跑的人。

钟老师公而忘私，西藏大学的任何工作他都竭尽所能提供帮助和指导。今年9月9日，我校5名学位点负责人和工作人员到复旦大学，请钟老师为我校中国语言文学博士点的评估材料修订作指导。我们下午2点多到达宾馆，钟老师4点约我们和张涛甫教授一起到他办公室，并立刻展开讨论，而且讨论到很晚后我们才一起吃晚饭，后来我得知那天是钟老师两个儿子的生日，但他为了能及时保质保量地完成西藏大学的工作而依然选择放弃陪儿子过生日。没想到这一次竟是我和钟老师的最后一面，就此永别了！

钟老师豪爽的性格、幽默风趣的风格为大家带来了许多欢乐，与他一起工作真是一种享受。工作之余吃饭，只要钟老师在场，总是欢声笑语贯穿始终，他有说不完的段子，有冷笑话，也有热幽默，但话语中总蕴含着哲理，发人深省，引人深思。

在西藏16年，他从藏北草原到藏南河谷，从阿里无人区到雅鲁藏布江边，到处都留下钟老师忙碌的足迹。他克服重重高原反应，冒着生命危险，走进最偏远、最荒凉、最艰苦的地方采集种子。在西藏漫长而艰辛的科考途中没发生过任何意外，但在内蒙的一场车祸却残忍地夺走了我们钟老师年轻的生命。现在他不能再回来了，钟老师再也回不到他所熟悉的青藏高原，再也回不到他所深爱的西藏大学。钟老师的不幸离世是我们西藏大学的重大损失，西藏大学失去了一位杰出的领军人才，我们国家失去了一位著名的植物学家，我们党失去了一位优秀的共产党员。

他是一个广泛而深远地影响西藏大学理学院乃至西藏大学的伟大科学家

和教育家,他确实在为西藏、为祖国,甚至为世界播种未来。钟老师忠诚于党,热爱科研、热爱教育,他把生命最宝贵的时光奉献给祖国最需要的地方。他是我们学习的楷模,我们要在钟老师精神的感召下,立足本职,报效祖国,服务西藏,用实际行动去完成他未完成的伟大事业,他将永远活在我们心中!

(本文作者为西藏大学研究生处处长)

哭钟扬师

蔡 宁

我并不是一个多愁善感的人，但在这个九月，我已是第二次泪流满面了。第一次是9月18日上午，当防空警报猝然轰响时，一时百感交集。第二次就是刚才，忽闻噩耗，独坐在办公室里潸然泪下。

钟扬是我的恩师。我跟钟师一样，都十五六岁就上大学，但我一直都不太顺，或者说是个"loser"，37岁才算正式参加工作。但就在参加工作的第二年，意外入选第一批国家民委中青年英才培养计划。钟师作为民委的老朋友，是这个人才项目的总设计师。我觉得自己那时候的学术成果并不够省部级人才的水平，我能入选，与其说是一种奖励，不如说是一种信赖，一种鞭策。这让我一直不敢懈怠，战战兢兢，砥砺前行，努力按"人才"的标准要求自己。这四年以来，我也确实一直在学术上进步成长。每思及先生，都心怀感念。

2013年底和几十个同学分别从全国各地来到学术圣地复旦大学，参加了"民委高级专家培训班"，受到钟师和复旦大学研究生院的热情款待，获益良多。十来天的接触，让我对钟师留下了深刻的印象：真真正正的中国知识分子，散发扁舟的名士，性情中人，毫无虚饰。今天，点滴回忆都涌上心头：有我们准备辩论比赛，这是钟师的主意，他葛优状半躺在椅子里悠然观战。有他回忆少年时代中科大最令他难忘的好先生，曾经在一个寂静的午后，放下物理课不讲，给他们讲令人耳目一新的科学哲学理论。有他回忆自己的同学，给我们讲日本秋筱宫文仁亲王的故事，讲庄小威的故事……不知他肚子里还装着多少有趣的故事。还有去他办公室单独闲聊，我说起宾大"full professor"算是很高的学术光环，钟师说："没什么，还有'distinguished professor'。"还有他给我们讲他为什么在西藏大学挂职坚辞副校长职务，后来妥协担任校长助理。那是一个学者希望行政事务越少越好，要留更多的时间到野外去考察。在复旦的最后一次聚餐，钟师拿了自己珍藏的一坛老酒招待我们，边聊边喝，边喝边聊，一直到夜色渐深，结果他自己把自己给灌醉了。醉翁之意为何？我想，主要在于一个教育家对后学的鼓励、期许的情感。最后就是在夜色中，一帮学生簇拥着一个醉意浓浓的先生行走……

哪里能想到，那夜色中醉意浓浓的魁伟身影竟会成我记忆里的永诀！追忆钟老师，他赤子般的笑容，他讲话时那两湖人特有的诙谐音调，都会在脑中浮现，音容宛在。作此短文遥寄哀思。

在以后的人生道路里，永远以先生为榜样，用心做人，努力为学！

（本文来源于蔡宁科学网博客，作者为清华大学自动化系工学博士，西北民族大学副教授）

钟扬教授的未竟事业

刘玉仙

我其实不认识钟扬教授，我是在得知他死讯的时候，才知道我和他原来有这么近的关系，也才知道我的合作者、平易近人的张晓艳老师背后原来有这么一个伟大的人！

我和张晓艳老师在学校的教师午餐沙龙上认识，出来后，互相交流了一下彼此的研究兴趣。她做生物信息，我做科技信息。因为疾病的缘故，我正在做生物医学信息方面的研究，彼此的研究兴趣很近。也都因为跨学科而找不到合适的刊物发表，于是决定合作，向两边都挖得深一些。张老师给我看了她的一个学生的文章和他的硕士论文，确实思路很新奇，技术也很到位，有很多东西可以挖掘，但因为缺乏相关理论支撑，也因为学生匆匆毕业，这些东西一直没有发表。张老师就派她的一个学生和我一起做，开组会的时候，如果涉及相关内容，她会通知我去参加。

她也到过我办公室两次，一次大概是取什么东西吧，我说我送过去，但她说她过来取。我原本以为她会派个学生过来，就没有坚持。结果是张老师亲自过来的，而且还给我带了她老家的一种饼。另外一次，是她带她的学生过来的。我们在做基因剪切技术发展脉络分析。我提出了几个思路，她觉得我对这些技术的发展理解有偏差，我们最终可能并不能发现我所期望发现的关联。她就带着她的学生，给我这个生物学的门外汉解释这一技术的实质，并期望达成新的一致意见。那天我们讨论得很热烈，也达成了一致意见。

张老师是生命学院的教授，我是个图书馆员。因为图书馆员在具体领域的专业知识相对欠缺，专业人员一般不愿意和图书馆员进行深度合作。而因为张老师虚怀若谷，也能容忍我理解上的偏差，并耐心纠正，所以，我们就准备深度合作，申请了学校的跨学科项目的支持。但因为这一项目只支持年轻人，我们又不想弄虚作假，找些年轻人来挂名，就陈述了实际情况，由学校裁决去了。

当然，我和张老师的关系还不至于此。有一天梁进老师找我，说学校生命科学学院有个老师想给她儿子找个家教，问我老公愿意不愿意带。我老公当然求之不得，他们就加了微信，我老公开始给人家上课。我也一直没有注意，很久以后，看我老公的微信，感觉他微信里联系他的那个家长，好像是张晓艳老师。从我的微信里核对后，果然是张老师，就和张老师说了一下，张老师说，早知如此，就直接找你了，不用通过梁老师来介绍了。

我于是便通过老公知道了很多张老师的家事，知道她有一对双胞胎，大毛和小毛。大毛在复旦附中读书，小毛在读西藏班。我因此隐隐觉得张老师的老公是个有些实权的人物，但一直不明就里。

大毛那时候还是个不太懂事的少年，有着这个年龄的人都有的毛病，喜欢玩游戏，学习不太上心……我老公给一些贫穷家庭的孩子上课的时候，那些孩子都希望我老公能多上一些。我因为张老师的缘故，也一再嘱咐我老公，给孩子多用点心。但每次一到点，大毛就不学了，让我老公休息。所以，我老公一直觉得如果家庭不是这么优渥，大毛是可以学得更好的。分数下来的时候，大毛第一时间告诉我老公他的分数，我老公还担心他考不上心仪的高中，但大毛如愿考上了。所以，张老师就奖励大毛暑假去美国。而小毛却去了西藏，说是小毛每年必须在西藏待一段时间。我当时还觉得张老师偏心，喜欢大毛胜过小毛。

出事那天，我老公给我打电话，说张老师的老公出车祸了，他在大毛的朋友圈里看到大毛说，父亲，你敢走啊，我还没长大呢！顺着后面的链接，他知道这件事。我也才知道张老师背后，原来有那么一个伟大的人，而张老师低调谦逊的处事风格里，我竟然一点也没有察觉到那个能够感动中国的灵魂,离我如此近,近在咫尺,转角可见!

也才知道为什么小毛在上西藏班,也才知道为什么小毛小小年龄,就必须一年在西藏待一段时间,也才明白一个父亲寄予儿子的期许。父亲一年要在西藏待150天,深深地知道高原反应对人体的伤害,也知道如何让身体适应高原气候。在钟扬老师的骨灰存放仪式上,复旦大学生科院的领导说,钟扬在复旦的工作还好说,总有人可以顶上,但他在西藏的工作,可能再也不会有人能补上了,因为没有人能够为了理想,而承受这许多的折磨……所以,钟扬老师把这一使命交给了儿子……这是一种什么样的情怀啊?

我和梁进老师说了张老师的境遇,梁老师也没有想到张老师的老公这么厉害。我便问了张老师那个学生张老师这段时间的安排,学生告知我们骨灰安放仪式的时间、地点,我和梁老师还有张老师的学生就一起去现场,想抚慰一下张老师。

但张老师的神态还算好,悲伤,但还能撑得住,可以感受到有一种力量从内向外散发出来了,知识女性的美丽坚强,在她稳健而从容的步态中,显露了出来。大毛、小毛也都魁梧了很多,好像在突如其来的打击面前,臂膀突然强壮起来,准备为母亲和爷爷、奶奶撑起一片天空。

我们每个人都在心里为钟扬老师祈福,然后在骨灰前鞠躬致哀。张老师和两个孩子站在旁边,答谢人们。轮到我,她说,你身体不好还来了啊。然后给两个孩子介绍说,这是你们刘老师的爱人。

也许是因为张老师的坚强,我没有意识到这是多么巨大的悲痛。只是走出来,我才突然意识到,钟扬老师走了,站在那里答谢人们的三个人,就真的成了孤儿寡母了,而张老师那么一个温和的女人,真的能撑得住吗?此后,她如何抑制自己的悲痛,去抚慰老年丧子的公公婆婆?不由悲从中来,潸然泪下。

梁进老师紧紧地拥抱着张老师,这时候,我们唯一能做的是,We are with you。我们所能做的,就是一起缅怀生命中那些美好的往事。复旦大学生科院一位领导,钟扬老师的老部下说,生活一直太过匆忙,我们匆匆行走在自己的轨迹里,没有感受到身边这些美好而且伟大的人格。只有当我们失去的时候，我们才能意识到，但这时，那逝去的生命，是再也无法挽回了，也只有这时，我们才意识到我们所失去的东西，是多么珍贵。幸而，我们还有机会缅怀，并纠正我们前行的目标，勇往直前……这就是逝者对于生者的意义吧。

后记：大毛昨天给我老公说，他要开始上课了。大悲之后，孩子们知道爸爸未竟的事业，是自己必须要肩负的责任……亲爱的孩子，前面没有人给你们带路了，你们只能自己开拓前行了。加油，相信爸爸在天堂里看着你们呢。后面是大毛朋友圈里所发的消息，我尤其感佩的是那句话：父亲，你终于可以回家休息了。

（本文来自科学网，作者为同济大学图书馆研究员）

艰辛不负少年魁

杨长江

在追思钟院长的这段时间里,过去相处中的点点滴滴不断在我脑海里浮现,我情不自禁想到《论语》里面的一句话,"君子有三变:望之俨然;即之也温;听其言也厉"。这句话的意思是,真正认识伟人往往有个过程:远望他时,端方雅重的行止会让你油然而敬;近距离跟他接触后,又觉得他非常温和,如沐春风;而当你和他深入交谈时,睿智犀利的言语所体现出思想的锐度与深度,会重新让你从内心肃然恭敬。和钟院长接触的这几年,我对他的认识了解就是这样不断地反复加深。

首先是远距离地看钟院长。我第一次知道钟扬教授这个名字大概是在2009年。当时一些去墨脱支教的学生们联系我担任他们这一暑期实践项目的指导老师,在和他们的交流中,得知这一项目的另外一位指导老师是生命科学院的钟扬教授,他是中央的援藏干部,经常在西藏跋山涉水进行科学考察,在西藏各地有着非常大的影响。多年以后,同学们当时说起钟扬教授时仰慕的神情,依然历历在目。后来过了一段时间,我在校报上看到钟院长的一篇文章《生命的高度》,这篇文章让我非常震撼。在我看来,这是一篇应该收入中学课本的范文,文笔简洁隽永,严谨克制中体现出科学家独有的文采。在全文的最后,寥寥数语奇峰突起,将前文中对自然现象的描述转到了人类社会,义旨高远、意味深长,令人心潮澎湃。通过这篇文章,我对尚未谋面的钟院长的印象可以说是从尊敬到敬佩。

近距离接触钟院长,是在钟院长来到研究生院之后,这又可以分为两个阶段。前两年我在经济学院负责研究生工作,从院系工作的角度和钟院长有过不少的接触,给我留下了几个比较深的印象。一是钟院长对院系的研究生工作非常关心,当我们遇到困难难以解决时,钟院长会毫不犹豫地就站出来,帮我们解决这些问题。二是钟院长持身谨严,从来不利用研究生院院长的身份而谋取任何私利。当时经济学院研究生招生竞争激烈,金融方面专业更是炙手可热,我们在招生管理中常常面临各种压力。钟院长在他担任研究生院院长后,从来没有跟我打过一个招呼。我来研究生院工作后,偶然和钟院长说起此事,钟院长说这是他的处事原则,他绝不给院系添麻烦。在钟院长离去后,我觉得作为当事人有必要披露此事,以让大家更好地认识钟院长的风范。三是钟院长口才极好,谈兴极佳,把酒论道,咳唾成珠,宛如从《世说新语》中走出,有六朝烟火气。当时曾与钟院长一起去重庆出差,路上闲聊中听钟院长讲了好几个段子,每个都极其精彩,后来我和我指导的研究生们交流时多次转述过,这次钟院长突然离去后,我在课堂上又再次进行了转述,希望同学们能领略其中的哲理。

三年前我来到研究生院工作,成为钟院长的同事与下属后,在繁忙的行政工作中对钟院长有了进一步的了解。感想最深的有以下四点:

第一是高屋建瓴的大局观念。钟院长经常跟我们说的一句话是,对问题要有判断力,这是做好今天研究生教育工作的关键。目前研究生教育受制于社会的大环境乃至于各种小环境,有很多问题从局部来看,可能觉得结论是显而易见的,但是有时在外部环境存在某些扭曲的情况下,效果和初衷往往会南辕北辙。所以在具体工作中,要从大局出发,要有一定的高度,要有一定的智慧。钟院长曾多次在各种会议中谈到这一问题,并结合实例来说明,可惜我对这些精辟的话语记录不够,现在觉得非常遗憾。钟院长这种思维方式值得我们认真体悟,其中有很多的哲学道理。

第二是孜孜不倦的研究精神。钟院长是著名的植物学家,在专业研究上的精益求精自不待言，这里说的研究精神指的是在研究生教育管理方面。给我印象很深的是，来研究生院后不久的一次院内会议上，钟院长给我们非常详细地介绍医学博士（M.D.）和我们通常所说的博士（Ph. D.）差异在什么地方？美国、加拿大体制下的博士学位制度和英国等国的差异又在什么地方？这些知识，对于做好研究生教育工作非常重要，而这并不是研究生院的每个工作人员都足够了解。钟院长在钻研业务方面给我们树立非常光辉的典范，他多次说研究生院工作人员一定要学习，要研究，要能胜任院内外不同岗位而不能局限于当下的具体业务，要全方位提高自己、发展自己，这些话都是金玉良言，用心良苦。

第三是嫉恶如仇的鲜明态度。我在研究生院负责学位工作，常常涉及研究生学术不端行为的处理问题。近年来学校查处了几起学位论文抄袭事件，这些事件给学校的声誉造成了很大的损害。给我印象非常深刻的是，钟院长在处理这些问题时，态度非常鲜明，对这样的事情他是完全零容忍。这些年来在处理这些问题时，如果没有钟院长如此坚定的态度，研究生院的工作可能会更加被动一些。

第四是宽厚大度的民主作风。钟院长为人非常宽厚豁达，我们作为下属有的时候说话比较急，有时候表达自己的看法不是那么委婉，或许换一个人会感觉到有冒犯之处，而钟院长对此总是哈哈一笑，从来不放在心上，这也鼓励我们更加直率地发表见解，院内洋溢着非常民主活跃的工作气氛。在我们的日常工作中，钟院长也是始终非常支持，总是强调有责任他来承担，放手让我们去做，面对棘手问题时又身先士卒，带领我们在第一线处置，回想起来尤觉感激。

最后一次见到钟院长，是在他离世四天前，当时我和学位办姜友芬主任临时有急事向钟院长汇报。在汇报中，面对着较为复杂的情况，钟院长胸有成竹，当即口授报告该怎么写，条分缕析，记录下来就是一个非常完整、规范的文件，展示了非常高超的领导艺术。那天刚好教育部公布"双一流"建设计划，西藏大学生态学入选双一流学科，钟院长心情很好，难得长聊，臧否人物，评点时事，大家都感到很尽兴。所以我心情也特别高兴，结束的时候，已经走出他的办公室门，我特意转过身来在走廊里大声跟钟院长讲："谢谢您，今天收获很大，如沐春风。"没有想到，和钟院长近距离的接触就最后定格在这样一个温暖的瞬间，思之无限怅然。

钟院长突然离去后，在网上大量对他的追思与报道中，我发现自己又从远距离再一次重新认识了钟院长。我之前也知道钟院长很忙，热心公益，在外面做了很多事情，但是看到这些追思中披露的关于钟院长的点点滴滴时，还是非常意外。我听钟院长提过，他亲自为自然博物馆翻译解说词，但我不知道他承担那么大的工作量，乃至于有些解说词都是他亲自撰写，有些图示都是他亲自去设计，还给自然博物馆提供了不少珍贵的标本。我知道钟院长带着学生在高原考察不容易，但不知道他曾遭遇过那么多的危险。特别是他的学生回忆，早上清晨五点多钟，是钟院长起来，为学生们做早餐，这一切都是远超我的想象。

所以我回过头来看，我深深感到之前还是太不了解钟院长了，现在对钟院长的认识才多一些，才更加理解钟院长的不容易，更加感到我们能在钟院长的身边工作，这几年能够得到他的指导和教诲，是多么的幸运。钟院长对我们来说，不仅是领导，也是一位智慧的长者，更是一位我们今天日常生活中的英雄，我们永远怀念他！

附：

七绝三首痛悼钟扬院长

小引：与钟扬院长最后一次交谈时，西藏大学生态学入选一流学科建设名单的消息刚公布，先生心情极好，难得尽兴长聊。孰料睽别数日，竟阴阳两隔，噩耗虽久，犹觉恍惚。惟以短诗数句，略寄哀思，雪山沧海，先生不朽！

其一

踏遍峰嶂访草菲，艰辛不负少年魁。

三千妙语满席叹，佐酒何妨更一杯。

其二

从来雪域少人行,只手却将桃李擎。
披月履冰十六载,欣闻藏地列丹屏。

其三

玉顶锦云正曙晖,雪莲初放孤鹰飞。
清风过处琼瑶乱,可是先生采种归?

(本文末尾《七绝三首痛悼钟扬院长》来自《光明日报》,作者为复旦大学研究生副院长,教授、博导)

高山仰止，景行行止

包晓明

我在复旦大学研究生院综合办公室工作。钟扬教授自2012年9月担任复旦大学研究生院院长以来，大力推进并深化全校研究生教育综合改革，有效地提高了研究生教育质量，实现了我校研究生教育综合实力的持续提升。特别是钟院长通过开展研究生培养质量大检查、推广"FIST课程"试点、创立复旦大学研究生导师服务中心、研究生服务中心等改革，以人为本，服务为先，使每一位研究生导师和研究生都深深受益。

钟院长不幸逝世，我感到十分悲痛和遗憾。记得钟院长曾经说过，看一个人的价值，要看他离去之后。随着回忆文章和新闻报道的增多，我觉得对他的了解越来越全面和深入，他的人格就好像一座丰碑，又像一座高山，高山仰止，景行行止，让我震撼于他生命的高度和广度。在钟院长的领导下工作多年，他给我印象最深刻的有以下几点：

一、高尚的人格和宽广的胸怀

钟院长是一名真正的共产党员，他通过这么多年不断地学习、修养和成长，不断地把自己的小我和国家的大我结合在一起，他把上天赋予他超人的智慧、旺盛的精力不是用来追求财富、名利等个人的私利，而是几乎把所有的时间和精力都用在科研和事业上，用在祖国最需要的地方，他的人格和品德的确达到了常人难以企及的高度。

记得我在整理《钟扬文选》时又重读了他的一篇发言稿《生命的高度》（原载于2012年7月6日《复旦校刊》第9版），在这篇文章中，他讲到如果谈到个体植物的高度，分布于美国加州的北美红杉株高可达150米以上，每一棵北美红杉都算得上是一个真正的成功者，但是钟院长显然推崇另一种群体生命的高度——世界上分布海拔最高的植物鼠麴雪兔子（高山雪莲），它虽然自身只有十几厘米高，但这些矮小的植株竟能耐受干旱、狂风、贫瘠的土壤以及45℃的昼夜温差等恶劣自然条件，它承担着"先锋者"的任务，向新的高地一代又一代地缓慢推进。生命的高度绝不只是一种形式，当一个物种要拓展其疆域而必须迎接恶劣环境挑战的时候，总是需要一些先锋者牺牲个体的优势，以换取整个群体乃至物种新的生存空间和发展机遇。

成功是每一个人都追求的目标，钟院长很多研究在国际上也是领先的。1993年，他在中国科学院武汉植物研究所创建了第一个计算生物学青年实验室，"计算生物学"是一个新名词，在国际上当时一般称为"计算机在生物学上的应用"。他成立实验室的后一年，冠以"计算生物学"名称的国际学术刊物第一卷出版，三年后，国际计算生物学学会（International Society for Computational Biology, ISCB）成立。如果钟院长按常规教授的做法，在实验室里搞搞科研也能成为一名杰出的科学家，甚至可能早就评上了院士，成为科学界的"北美红杉"，在个体的生长上达到很高的高度，但是他放下个人的成功，坚持援藏和科普工作，奔赴祖国和人类最需要的地方，把自己个人的成功和祖国的科研事业结合在一起，成为了一位先锋者和探路者。这是成功的另一种形式，或者说更为高尚的形式。

在工作中，钟院长善于包容和合作，他既到过国外的著名大学，接触过世界顶尖的人才，也到过一些教育很不发达的地区。在研究生教育方面，钟院长经常讲的一句话是，他既了解研究生教育刚刚起步的西藏大学的情况，也了解复旦大学作为985高校的情况，他的生命达到了很大的广度，所以他特别能理解别人，尊重别人，坦诚待人。他身上集合了很多不同时代的模范人物的优点，既可以看到党的干部的无私奉献，也可以看到科学家的开拓进取；既可以看到教师的诲人不倦，也可以看到管理者的睿智前瞻；他像赤子一般纯真又如长者一般包容。他对每一个人都敞开心扉，几乎每一位与他合作过的人最后都成为他的朋友。很多人都回忆和钟院长合作时，钟院长并不在乎到底最后谁能从合作中收益，他只想把有意义的工作做成，用他自己的话说，如果他采集的种子有用，过了一百年，（采集人）姓不姓钟有什么关系？是不是教授又有什么关系？这种"功成不必在我"的精神，体现了他宽广的胸怀和无私的境界，值得我学习！

二、高超的工作能力和脚踏实地的作风

钟院长在研究生教育领域也做出了很多贡献。从个人担任研究生导师这方面来说，钟院长1992年被评为副研究员，1996年被评为研究员，他培养了超过100名的博士和硕士研究生，积累了研究生教育方面丰富的经验。与很多导师喜欢挑选基础优秀的研究生不同，钟院长特别重视少数民族研究生的培养，他认为他们更加熟悉当地的环境，学成后能发挥更大的作用。他有一个宏愿，要为中国每一个少数民族培养一位植物学博士，他也真的培养出了藏族和哈萨克族的第一位少数民族植物学博士。他提倡"因材施教，有教无类"，根据每一位研究生个人的特点，为他们量身定做合适的培养目标和计划，在他担任复旦大学生命科学学院常务副院长期间，他甚至把院里毕业有困难的研究生不分专业都收到自己的门下，后来都帮助他们顺利毕业。

从担任研究生院院长这方面来说，钟院长进行的许多改革都是国内研究生教育界的首创。比如钟院长倡导的"FIST项目"（Fudan Intensive Summer Teaching，即暑期集中式授课）旨在建设一批高质量的研究生开放课程，作为现行课程开设的一个重要补充。比如创立复旦大学"导师服务中心"和"研究生服务中心"，实现了研究生教育管理和服务的分离，提高工作效率，提升服务质量，并充分利用人力资源，打破了办公室之间的分割和壁垒，实现了"一专多能"，增强了凝聚力，树立了全局观念，显示了高超的管理能力。他在推行研究生教育改革时也更多地考虑师生到底能否受益，比如在他的

大力倡导和支持下，2015年1月成立了研究生论文写作服务分中心，开设了系列论文写作课程，并且同Nature杂志合作，采用其提供的高端写作课程，以切实提高研究生论文写作水平。

在工作中，钟院长具有踏实的工作作风，特别重视调查研究。2012年上任伊始，从10月11日至11月30日，他带领研究生院调研团队，走遍了当时全校的31个研究生培养单位，就复旦大学研究生教育工作和各院系师生座谈。每个院系调研时间一般不少于3个小时，总调研录音超过100小时，并进行了详细的录音文字整理和系统的调研分析。调研活动范围广、时间紧、效率高，调研双方充分交流意见，取得良好成效。2014年4月开始，在钟院长的积极推动下，聘请来自全国各高校、科研院所和研究生教育主管部门的研究生教育专家和导师，每年对全校各院系的研究生进行问题驱动型质量大检查。通过专家与研究生一对一的面谈和问卷调查，掌握大量第一手真实数据和材料，为了解学校研究生培养过程中存在的问题，以及有针对性地开展培养质量监控提供有力依据。平时如果听到院系在工作中遇到困难，钟院长说的最多的一句话就是"我们到院系去一下"。他也经常和研究生们召开座谈会，我最后一次和他一起开会是在2017年9月8日下午，研究生院邀请浙江西湖高等研究院跨学科联合培养项目的首批19名博士生新生到院座谈，钟院长出席会议并勉励博士生们全力以赴投入学习科研，争取顺利完成学业。

三、克服困难的勇气和坚强的毅力

在钟院长带领我们改革的过程中也遇到过许多困难，但只要是他决定下来的事，他一定会用巨大的勇气和高明的智慧带着我们一点点去克服。比如在创建"研究生服务中心"这个新生事物时，学校一开始并没有提供人力和物力的支持，也没有模板可以借鉴，钟院长就带着研究生院全体工作人员赴东方航空公司学习先进的服务理念。我们打扫出了一间仓库，自行设计了办公家具，各办公室主任、副主任带头在周末和节假日值班，钟院长亲自担任服务中心主任，每次开会他都参加，和我们一起设计各种服务流程和环节。

现在复旦大学研究生服务中心已被评为学校文明窗口和全校十大实事之一，受到广大师生好评，全国多所高校前来学习取经。在试点"FIST课程"项目时，钟院长也是亲自参加设计，邀请一些知名学者前来讲学，甚至有一位外国教授一定要坐头等舱，钟院长把自己的航空积分也用上去了。在试点质量大检查工作时，钟院长亲自修改了邀请函和问卷，每天他都花大量的时间和来访专家会谈，了解第一线的调研情况。他的身体并不好，患有高血压和痛风等疾病，2015年他在中风后的第17天就回到研究生院，召开院务会，用超越常人的毅力克服了种种困难，坚持工作。

四、深刻的思考和前瞻的视野

钟院长作为我国研究生教育专家、睿智的管理者，在思想上仰望星空，具有前瞻性的目光，注意遵循教育规律，聚焦提升培养质量。他曾经撰写过好几篇研究生教育方面的文章，发表在重要的报刊杂志上，深层次地思考研究生教育发展的方向和存在的问题，其研究生教育思想、理念和举措，在全国研究生教育界发挥了重要的作用，影响深远。钟院长曾留学海外并曾在国外大学担任教职，具有开阔的国际视野。他积极推动国内外学术交流，同牛津大学和日本数理研究所等国际知名大学和科研机构的多名教授在科研和科普方面有着长期密切的合作，他曾引进多名专家学者在复旦长期工作或短期讲学，并通过FIST课程引入国外顶尖教授来校授课并形成了长效机制。曾接受多名海外留学生，包括丹麦留学生Esben和Eva，以及短期访学的加拿大、奥地利的交流生，并邀请其他学科的美国、英国等国家的留学生同实验室研究生进行跨学科交流。他担任科技部联合国生物多样性会议的中方谈判专家，多次举办国际生物学大会，并通过在西部地区举办重要的学术会议，加大西部地区与国际学科前沿的接触和交流，他亲自带领西藏大学教授赴德国参加高原医学研讨会。

钟扬教授担任研究生院院长以来，持续支持少数民族研究生教育事业，支持举办高水平少数民族研讨、培训、交流活动，先后接待全国六所民族大学学校领导和师生代表团来访交流，交流复旦大学先进的研究生教育理念和管理方法，扩大复旦大学和少数民族地区的交流合作，如2013年12月承办国家民委第三期"专业技术骨干创新能力建设研修班"，2014年11月，协助国家民委科技司组织"国家民委委属院校科研工作和研究生教育专题调研会议"，取得了积极成效。

钟院长关心同事，待人诚恳。曾经有两位职工身患重病，他都多次上门探视，给予鼓励。每年的重阳敬老活动，钟院长基本都会到场，关怀备至。

在我心中，钟院长不但收集了很多有形的植物种子，以面对将来气候变化和人类活动带来的植物可能灭亡的危机挑战，他在人们的心田里更多地播撒了面向未来的思想种子。非常有幸在我的生命中曾遇到这么伟大的科学家、学者，钟院长无惧无畏的探索精神，诲人不倦的治学态度，将永远激励我在坚守中追逐梦想，在创新中播种未来，认真做好研究生教育工作！

（本文作者为复旦大学研究生院综合办副主任）

一个真正的榜样!

周　笑

钟扬同志,是一个真正的榜样!可惜,在他离别之后,我才有机会去感受他多彩而伟大的生命。

记得钟老师走的当天,我在复旦的"潇湘光华"老乡群里看到消息,他是我们湖南老乡,拥有湖南人最显著的特质:吃得苦,霸得蛮,敢为天下先!

了解到他的事迹,当天晚上就忍不住将我们复旦宣传部参与拍摄的一部纪录片分享在了朋友圈里,无数像我这样,第一次听到钟扬这个名字,第一次了解到他事迹的朋友,默默地加了无数关注,默默地转发在自己朋友圈,默默地流下感动和怀念的泪水。

随着我对钟扬精神更深入地了解和学习,渐渐有了三个极其清晰而深刻的切身感触,也是我个人最大的精神收获。今天,很想借这个机会,以一个普通教师和一位幼儿母亲的身份,与大家分享一下:

第一,我为自己是一名复旦人,更加地骄傲和自豪;

第二,我为自己是一名高校教师,更加地骄傲和自豪;

第三,我为自己是一名中国学者,更加地骄傲和自豪。

说实话,在学习钟扬精神之前,要在这三个层面上高昂起内心的骄傲与自豪,并不是件容易的事情。

在复旦做一名老师,压力很大,各种各样的压力,有形的,摆得上台面的,无形的,摆不上台面的。钟扬老师,也感受着同样的压力,而且更大,因为他除了教学科研，还有行政工作的担子要担，还有社会工作的担子要担，但他有自己的态度，对名利很淡泊，看淡了，不必要的压力自然就小很多。在众多的学习资料中，有一张不起眼的图片，让我非常受感动，就是钟扬同志给中小学生做科普宣传，应该是夏天，穿一件印花衬衫，侧面像，很享受、很投入地给一名小学生讲解着什么。

这让我对钟扬同志的那份敬爱，一下子加深了很多。当下的中国，真的太需要科学家级别的科普工作者了！我对此有深刻的亲身体验：几年前，我女儿三岁多一点点，在复旦的新江湾校区，有一位李辉教授（如果没有记错的话），为青少年做了一次"复旦校区内的动植物观察与讲解"科普活动，我们并没有报名，而是去食堂吃饭时碰到了，就跟着一起走了一大圈。那位李老师，非常生动地把复旦江湾校区当时能观察到的各种动物和植物，引经据典地讲了三个多小时，他国学修养也非常好，连带中国的传统文化，也一起讲了。说起来，真的难以置信，那么多不同年龄的孩子，有七八岁的，有十几岁的，包括我三岁多的女儿，都听得好认真，我女儿至今还记得很多细节，常常想起来又问一问，很自然地产生了对自然科学的某种兴趣。我相信，这是一种非科学家创造不出来的科普氛围，这同时也是一种需要真心、需要强烈责任感才能创造的氛围。很庆幸，我们有钟扬老师、李辉老师这样，愿意为发展中国的自然科学研究，尤其是青少年科普工作，真心付出，愿意去做任何事情的复旦学者！

大师级的科普，是不可替代的，也是一种极其宝贵的社会财富。

钟扬同志，就是复旦大学为当代中国贡献的最宝贵的社会财富！

据我了解，我们有很多像钟扬老师这样的大教授，去各大中学做科研辅导。我不知道大家是否了解，我们复旦出版过一本叫《复旦校园植物图志》的书，非常好的一本书，是一本有可能为中国培养出更多像钟扬同志这样杰出的生物学家的书。我总在想，钟扬老师作为中国种子、世界种子的收集者，我们在学习他的精神的同时，能否也可以尝试以他所收集的种子为科普载体，作一本图文并茂的种子植物学科普书籍，更好地了却钟老师的毕生心愿：为中国培养更多的植物学家、生物学家。

在我看来，钟扬老师并不是一个孤立的个案，而是复旦众多好老师的一个典型缩影。

因此，我更加为自己是一名复旦人而骄傲和自豪，更有动力去为这个社会作出自己的一份贡献。抛却一些利益的计较，多一些无悔的付出。

因为我们离榜样这么近，就生活在这样的氛围里，应该有这样的追求和信心，做一名像钟扬同志这样的好老师，优秀的复旦人！

接下来，说说我的第二个感触，关于高校教师。

近些年，高校教师被涂上了各种颜色，"砖家""教兽"这些字眼就是一个明证。全国性的榜样人物中，高校教师长期缺位。我们对此有不平，有抱怨，但同时也很无奈，很无力，大多数选择了默默承受。

我不相信，钟老师从没听到过社会上对老师这个职业的误解，乃至敌视，但钟老师应该是丝毫不往心里去，否则他不会这样地去作为。在学习了钟扬老师的事迹之后，我觉得很受鼓舞，他对自己是一名高校教师的身份，很珍惜，很善待。这充分体现在他对学生非常地用心，尤其对藏族学生，以命相惜。同时，这也体现在他对自己在西藏地区的科研机会很珍视，不惜在大病之后更加勤奋地工作。

还有一个小故事，我想在这里特别提一下。钟扬老师曾经参与拍摄过一部《播种未来》的微电影，本来是打算拍一个30分钟的短纪录片，但导演高原反应，没能如愿完成，一名认真细心的摄像，独自完成了计划，钟老师亲自为这部缺乏制作经费的纪录片配了音，最后这部五分钟的微电影，在国际电影节上拿到了纪录片金奖。我想，国际金奖，一方面是因为画面很美，更重要的是因为这位中国高校教师"播种未来"的理想主义情怀和作为。他在这部片子里讲过一句话"西藏这片神奇的土地，需要的不仅仅是一名生物学家，更需要一名教育工作者"。对我来说，这是这部片子里，最朴素、最感人的一句话。

这部纪录片我已经看了五遍，有两次是和我五岁的女儿一起看的，她看的时候很安静，和我一样，她也非常受感动，说明这部纪录片极有感染力，尤其是钟老师那些发自内心的言语。我能感受到，他有为科学献身的精神和现实准备，这是一种我们的学者、我们的时代都特别需要的精神。尤其令我感动的是，他愿意为中国的种子，为世界的未来，冲在最前面，用自己的故事去支持纪录片的拍摄，同时又一如既往地甘当绿叶，愿意为一个不知名的摄像师去配音，这是一种特别坦荡、可贵而又可爱的情怀！

钟扬老师用生命诠释什么是一名高校教师的理想主义情怀，这是我在学习了他的事迹之后，一定要去身体力行的。我不会再犹豫、迟疑，一定要在课堂或课后与学生的交流中，正面去传递、传播几乎每一位复旦教师身上都有的理想主义情怀。高校，就是一个仰望星空、塑造梦想的地方！钟老师说得很好，"不是杰出者善梦，而是善梦者杰出"。

现在，我特别为自己是一名高校老师而自豪，我也会在今后的工作中，更加珍惜自己教书育人的工作机会，更加善待自己的每一位学生。

最后，我想说说我的第三个感触，关于中国学者。

钟老师是中国学者的一个榜样。在他的事迹中有提到一件事，令人印象特别深，就是他受邀请去新西兰参加学术交流时，谈到新西兰的支柱产业"奇异果"，也就是当年英国人从中国带走的"猕猴桃"。他从中谈到了自己的多重遗憾，其中一项是关于中国农业管理水平的遗憾。新西兰在每一个种植猕猴桃的地方修建机场，为的是方便运输，及时把新鲜的猕猴桃运往世界各地。而中国的农业，目前还达不到这样的战略管理水平。钟老师能在国际学术交流上讲这个话，既需要真学识，也需要真勇气！这是一种中国学者的真担当！我对此非常敬佩！

我自己的研究领域是媒介管理。每次去境外参加学术交流，总会被问到：中国的媒介管理研究什么？你如何教你的学生？言下之意，中国有众多的国有媒体，它们是党的喉舌，是非市场的主体，与西方市场化的媒介管理之间，存在着诸多差异，导致东西方的学者之间，亦缺乏必要的共识。我每次都很耐心地回答：中国的国有媒体有一个很重要、很特殊的使命，就是为一个有着几千年历史的文明古国，持续创造着必要的现代化共识，以保持中华民族和文明的有效延续。中国也有市场化媒体，发展时间还不太长，有很多东西需要向西方学习，而且由于制度的差异，学起来有一定的难度。

不过，我们国有媒体已经在做和将要做的许多事情，你们若想要学习，难度可能更大。

眼下，中国的新媒体，在某种程度上，很像是养育了许多珍稀物种，备受钟扬同志珍爱的西藏，需要好好发掘，好好研究，才能将中国新媒体的创新种子播撒到世界各地。

在学习了钟扬老师的事迹之后，我作为一名中国学者的使命感倍增，我觉得：对钟老师这个真榜样最好的仰望和追思，就是努力去做一名他那样的复旦人，他那样的高校老师，他那样的中国学者。

（本文作者为复旦大学新闻学院教授）

《钟扬媒体报道集》：永不抵达的签名

张鹤仪

在周桂发摆满笔墨纸砚、书籍资料的办公桌上，一份黑色封皮的文件夹颇为显眼——它被放在了离电脑最近的位置。来来往往若是留意，不难发现侧脊被主人用端正隽秀的小楷题了行字——《钟扬媒体报道集》。对于曾任复旦大学档案馆馆长、新闻学院党委书记，现任退管会常务副主任的周桂发而言，关注和收集复旦学者资料是他十多年的习惯。只是，2017年9月25日前的他从不曾想过，这本专为钟扬设置的报道辑录，将永远定格在最后一页，定格在三次签名中。

"钟扬2011.9.15"：低调的"藏族大汉"

"钟扬教授在世界屋脊盘点植物'家底'，迄今已十六年矣。他为人豪爽但低调，不为人所知。余在2011年复旦大学校长奖颁授典礼上始与其接触，并请其在吾收藏报纸上签名留念。其后，吾有心收集关于其媒体报道，并有两次机缘，又请其签名，遂成专集。"

2017年2月1日，正赶上春节学院领导值班，周桂发便为《钟扬媒体报道集》整理资料，并在文件夹中用蝇头小楷写了一个小序。出身于历史系的他，积淀了史料与档案资料的收集意识，而他与钟扬的相识也正源于此。

"对那天的印象特别深刻，是2011年9月15日，第八届复旦大学校长奖颁奖仪式。颁奖仪式前，我把收藏的获奖者相关报道都带去了，请他们在报纸上签也是对学者的关注和尊重。钟扬便是其中之一。"谈起彼时的钟扬,周桂发给出的关键词是"低调"和"西藏"。已经在世界屋脊盘点植物家底近十年的钟扬,出现在颁奖仪式现场的前一天还在西藏野外奔波。四十多岁,胡子拉碴,笑容爽朗,以至于现场有人开了个善意的玩笑:"钟老师,您在西藏待得久了,现在戴上帽子的话,我们都以为是西藏本地人呢!"

"钟扬2016.2.19":一个头条与一片红树林

2014年起,钟扬逐渐进入了媒体视野。2014年9月7日,《文汇报》刊发专题报道《在青藏高原上为全人类储备未来资源》;2015年9月1日,《解放日报》发布文章《追寻雪莲的生命高度——记复旦大学植物学教授钟扬》……而那几年,钟扬的生活也发生了几多改变:作为援藏干部再次进藏,获评"2010—2014年上海市先进工作者"称号;也正是那时,他因突发脑中风被送往长海医院抢救,直到醒来后医生提醒,不能饮酒,一年内不能再去西藏。

钟扬"戒"得了酒,"戒"不下西藏。而这些报道,被悉数收叠整齐放进文件夹的同时,也让在上海的周桂发颇为挂念。2016年2月12日,农历正月初五,文汇报头版头条刊发报道《复旦大学钟扬教授10年破解红树北移难题,备上一份"生态厚礼"送给后人:为50年后的上海栽下美丽海岸线》。周桂发惦记着这位千里之外的友人,一如既往收好了报纸。一周后的新闻学院内,钟扬恰好因事前来。"钟院长,我又收了好多你的报纸哦,今天你正好过来,来签个名!"于是,时隔五年,又有了第二次签名。

"索顿2016.6.9":一个招生办主任儿子的高考故事

"在当今中国,1 000个人至少会产生1 000个高考故事。"2016年5月28日,周桂发一如往常地翻阅当日报纸。文汇报教育板块用整版刊发了一篇标题颇为有趣的文章,《一个招生办主任儿子的高考》——这引起了他的注意。没曾想越读越熟悉,越读越亲切,周桂发看向"索顿"的作者名:这个藏族名字,莫不是钟扬?

从字里行间隐约认出,周桂发便将这张报纸收进了报道辑录中。2016年

6月9日，他偶遇钟扬，得知的确出自钟扬之手。30多年前，作为当年地方高考招办主任的儿子，钟扬却并没有享受到高考的"特殊待遇"，反而以自己为表率，放弃了一次高考，由此规范当地提前高考的制度与规定。而"索朗顿珠"之名，则是西藏师生们送给钟扬的礼物，十余年间收到的哈达更是不计其数。

了解了其间的原委，感动之余，周桂发半开玩笑半认真地叮嘱："当地人也是看你亲切，把你作为自家亲人看待啦，但你身体要保重，不能乱折腾。"有了前两次的默契，钟扬一笑，拾笔在报纸上第三次签下了名字。这次，他留下的不仅是钟扬，还有"索朗顿珠"。

永不抵达的签名

一一翻过《钟扬媒体报道集》文件夹里的报纸，周桂发如今仍不时唏嘘。一如周围师友所描述的，钟扬在他印象里是个活泼而幽默的人，爱说笑话来调节气氛。而在笑话之外，敬重师长、尊重前辈也是让他记忆颇深的点。

周桂发也曾和钟扬开玩笑，"你有什么一举一动我反正都很关注你的哦，我给你一直收着！"没曾想9月之后，收来的报道都是故人与追忆，也再无法等到下一次签名。斯人已逝，睹物思人，不免唏嘘。

一名尊敬的同事，一位行走在雪域高原的挚友，三次结缘的签名，十余份媒体专栏报道——这些远无法道尽钟扬的一生，却依然在这个秋天画上了句号。周桂发平时爱写书法，去年春节，他特意写了幅字送给钟扬，引的是唐代诗人韩愈的《春雪》——

新年都未有芳华，
二月初惊见草芽。
白雪却嫌春色晚，
故穿庭树作飞花"。

或许这也正是钟扬一生的见证。与雪域高原结缘，与植物和种子相伴终生。秋去冬来，等到明年再暖，无数种子生根发芽，也将又是一个春天。

（本文作者为复旦大学研究生）

幸遇良师，师恩难忘

徐翌钦

钟老师的意外离世，对我们实验室全体同学的打击很大。钟老师在的时候，总能给大家带来强烈的安全感。不管我们遇到多大的困难，无论是科研上还是生活上，钟老师总会安慰我们说:"没事的，我们一起来想办法嘛！有我在，你们担心什么嘛！"

那些在他办公室修改论文到半夜的日子，那些和他一起整日翻译科普著作的日子，那些在颠簸的车上迎来朝阳送走夕阳的日子，因为有了钟老师的关怀而备感安心。

从2012年末外推保研时钟老师的鼓励与帮助到2018年车祸意外前一周对论文修改的谆谆教导，回忆起来他就像参天大树一样，默默为我们遮风挡雨，又像是一位慈父，把温厚的爱无私地给了我们每一个人。作为一个生态学实验室，外出采样是每个学生都需要经历的训练，但作为钟老师的学生，去西藏采样的路途，却比寻常采样更加艰辛与疲惫。有时一天就要奔赴七八个采样点，很多时候要坐夜车。因为高原反应，钟老师连呼吸都很困难，但他为了防止司机睡着发生危险，就上气不接下气地坚持着和司机说话。有师兄提出要换他休息一会儿，他却说：你们抓紧时间休息，我本来就睡得少，没事的！每次从拉萨出发的时候，他总是习惯于提前一小时起床，帮我们做好早餐，让我们吃得饱饱地出发。

我们的安危，始终是钟老师心头最大的牵挂。他长期患有痛风，走路总是一瘸一拐的。我以前一直不知道痛风究竟有多痛,后来有一次钟老师对我们说,痛风痛风,就是痛起来让你发疯!记得有一次,在野外采样时钟老师犯病了,腿痛得难以走路。可他一点都不担心自己,他担心的是我们自己上山不安全。吃了些随身携带的药物,钟老师捡起路边的一根粗树枝,就这样拄着树枝步履蹒跚地带大家上山。每次他总是冲到最前面,确认安全了再让我们过去,每每回忆起这个宽大威武、上半身深色登山衣、下半身泛白牛仔裤的背影,总令我们感激不已。

钟老师有一个原则,从不抛弃、不放弃任何一个学生,更会根据每个学生的特点为他们量身订制一套个性化的发展规划,不让一个人掉队。他总说,"培养学生就像我们采集种子,每一颗种子都很宝贵,你不能因为他外表看上去不好看就不要对吧,说不定这种子以后能长得很好"。所有的困难学生,钟老师都会特别花心思去找他们谈心,想方设法帮助他们。我们实验室有很多学生是钟老师从少数民族地区招进来的,这些同学由于底子薄,知识基础与上海本地的学生有一定的差距,他们刚开始都是抱着试一试的想法联系了钟老师,钟老师总是鼓励他们报考自己的研究生,他总是说:读我的研究生你的基础差一点没关系,我帮你补,你只需要一颗热爱植物学的心。进入实验室之后钟老师还鼓励大家开展自己家乡相关的生物学研究,他总说:研究自己家乡特有的植物你们有自己的优势,你们尽管开展自己的研究,我来服务你们。就这样,我们实验室有了西藏拟南芥的发现与研究,有了青藏高原手掌参与山顶麻黄的研究,有了宁夏枸杞与蒙古黄芪等具有地方特色的研究,越来越多和自己的背景密切相关的个性化课题,在钟老师的支持下如火如荼地开展了起来。

跟随钟老师做研究的这些年,深感他一直是一位思维敏锐、洞察力极强的良师,钟老师的许多科学研究都来自生活的稀松平常,却蕴含了一位科学家对生命返璞归真的思考。他凡事喜欢问个为什么,熊猫吃竹子是大家司空见惯的事情,但是钟老师却把这个现象作为一个科学问题在组会上提了出来。他说从进化生物学来看,大熊猫的亲戚们,其他的熊科动物都是肉食性,而为什么唯独大熊猫主要以竹子为食?我们当时都被钟老师问得哑口无言,没想到这种常识性的现象背后也有这么大的科学问题。一年之后大熊猫全基因组数据公布，钟老师就第一时间召集实验室的师兄们来讨论与分工，经过三个月的研究，终于发现大熊猫多巴胺神经递质调控代谢途径的基因对大熊猫对食物的选择有重要作用，在机制上回答了大熊猫吃竹子这种常识性的问题。这种科学问题的讨论在我们实验室日常的组会中很常见，钟老师总是随身带很多小卡片，将我们与他的课题讨论中的闪光点和问题记录下来，在出差的飞机上与火车上总是会反复琢磨，一旦灵感来了，就会第一时间兴奋得像个孩子一样把他的所思所想告诉我们。

钟老师对于科学研究不光眼光独到，更令我钦佩的是他背后的执着与坚持。拟南芥作为植物界的模式生物，就如同动物界的小白鼠一样对于基础科学研究有着重要作用。从2012年钟老师在西藏野外采样的路上意外地发现了拟南芥的一种近亲须弥芥，因为其与拟南芥的生境相似，钟老师当即就意识到有可能找到西藏特有生态型的拟南芥。于是每到周末他就会带着学生去拉萨周边的山上寻找拟南芥，他回到内地仍然每周叮嘱自己带的西藏大学的学生继续按照之前商量的方案寻找，由于西藏拟南芥对生境要求很高，很多同学在找了半年、一年之后一无所得，都想要放弃，但钟老师仍然鼓励他们继续寻找，他常说：科学就是要不断地尝试与挑战，你不多试试，怎么知道做不到呢。功夫不负有心人，终于经过了三年的艰苦寻找，两位藏大的同学找到了西藏特有的生态型的拟南芥，更加让我没有想到的是钟老师却将所有的功劳送给了自己的学生，竟用他们两个人的名字的首字母命名了这个特殊的生态型，让这一发现永载在科学的史册。我想没有钟老师的执着与坚持，恐怕这两个同学早就在成功的半路上放弃了，也就不会有机会在科学的神坛上留下自己的印记。

在我心里，钟老师不仅仅是一位慈父与良师，他更是一位具有家国情怀、埋头苦干的科学家与教育家。

2015年，钟老师因为长期工作劳累而突发脑溢血，我们在医院陪护他。第一天是我在医院陪夜。半夜三点钟，我被钟老师的手机铃声惊醒，刚开始以为是电话响了，找到之后发现原来是闹钟。第二天我问钟老师，为什么要设置半夜三点的闹钟？钟老师笑着说，这是用来提醒我睡觉的闹钟啊。此时我突然明白为什么，钟老师的肩上担子这么重，却可以有条不紊地推进，原来他每天坚持工作整整20个小时，在这20个小时内他为了节省时间多做一些工作，大部分时候他选择用匆匆五分钟解决一盒盒饭，他是在用自己的"负重前行"换来了我们的"岁月静好"。

  更让我震惊的是，当时钟老师脑溢血刚刚抢救醒来的时候，生死一线的他连话都说不清楚，可他在第一时间让我们帮他拨个电话，开始我们以为是拨给家人的，但令我们万万没想到的是，钟老师竟拨给了我们学院的一位教授，托付接下来上课的安排。直到在抢救后的第三天，钟老师还没有度过危险期，仍旧在ICU观察。钟老师觉得还有很多工作没有做，怕有万一，就让当时去看望他的师姐把电脑打开，口述了一封给党组织的信。在这封信中，提出了打造高端人才援藏模式，以及对建设西藏生态安全屏障的建议，看着此情此景，当时的我才真正理解了什么叫做为国家"鞠躬尽瘁，死而后已"。没想到钟老师在此生死存亡之际，仍愿意燃烧自己生命，为后来者指明前进的方向。

  也正因为有了钟老师，我们实验室的很多同学在毕业后都选择去那些艰苦而具有生物多样性战略意义的地方开展科研工作，钟老师的意志如火苗般在传承，青藏高原的蓝天雪山下、云贵高原的崇山峻岭中、新疆的山脉盆地间，似乎在神州大地的每个生态环境特殊的边疆地区都有我们实验室同学的身影。

  这就是我的导师，一个有着坚定的理想信念、高尚的道德情操、扎实的学识、怀有一颗仁爱之心的人。他总是不肯虚度一分一秒，却挤出近乎所有的休息时间用在我们身上；总是忘记自己该吃降压药，却永远记得我们课题与生活中的问题；总是在帮助别人，身边的朋友的大事小事都会主动帮忙，却从来不愿给别人添麻烦，就连脑溢血住院的日子都倔强地坚持自理，尽可能不麻烦我们。他从不要求每个同学都要像他一样，但是只要和钟老师接触过的同学都会被他的灵魂所吸引，愿意追随他，努力向他看齐。他用和我们接触的短短几年时光，感染身边每一个人。

短短四载，有幸跟随一位胸怀梦想与苍生，心中满满地装着我们学生的大事小事的恩师学习，恩师工作与生活中的一幕幕回忆，必将在我们艰难的时刻激励我们奋进。他总说：不是杰出者才善梦，而是善梦者才杰出。我们都是恩师梦想的种子，也愿我们在未来能跟随他做一个勇于追梦的人，无论是在大漠戈壁还是雪山深谷，或是在平凡的工作岗位都能不忘初心，将导师的大爱与大德传承下去，让神州大地遍开梦想之花。

（本文作者为复旦大学生命科学学院2013级博士生，钟扬学生）

纪念我最敬爱的钟扬老师

陈思涵

他是我人生中认识的第一位大学教授和科学家。14岁的我,以为大学教授都是很牛很牛的那种,可钟老师不是。

他胖胖的,说话声音很大,笑起来哈哈哈哈的。从他朴素的穿着和风趣的谈吐上,你会以为他是邻家阿伯。

可是,一站到讲台上,他就滔滔不绝,讲他最爱的植物,讲他十几年来行走西藏采集种子,讲他的种子方舟,他的红树林……他有着说不完的故事。

他从来不嫌弃我们小,不懂事。有问必答,他还谦虚地说:别以为科学家就什么都知道,科学家也有不知道的东西,你有问题尽管来问,我们一起探讨。

他从来不说你不行,总是鼓励我们,启发我们独立去思考。你想做什么,去做就是了,谁说的话都别信,信了别人的,你自己就不会思考了。

上他的课,从来不会打瞌睡,感觉还没听够怎么就下课了? 短短几天的科学营,他仿佛一个强大的磁场,紧紧地吸引着我。我想着,只要有机会,我一定还要上钟老师的课。

可是,我的这个愿望,永远不会实现了……

当我知道他离开的消息,我哭了。虽然我明白"离开"的含义,我敬爱的钟老师再也不会给我们上课了,我仍然希望这只是一个谣言,一个谣言。我还说,我要办一个微信公众号,专门破解谣言。

直到几天后，我问妈妈，钟老师去了哪里？妈妈含着泪水回答我的时候，我才知道，这个问题太难了，不仅妈妈不知道，甚至，如果这个问题问到您，钟老师，您知道一个人离开了，去了哪里么？

我再也不会知道，您智慧的大脑壳里会有怎样的答案，又或者，您会反问我们怎样的问题来启发我们独立思考呢？

钟老师，我相信，您没有收集完的种子会有人继续去收集，您没有做完的事情会有人继续去做！我，也正踏着您的脚印，跟随您，去努力，去实践！

（本文来自"学与做科学社"微信公众号，作者为钟扬同志担任"青少年高校科学营"的导师期间所教导的高中生之一）

他引领我们走进科学殿堂

朱薪宇

说起科研精神,几年前我还是懵懵懂懂的。而带领我进入科学的殿堂,探究科学的是复旦大学生物学教授——钟扬。我永远记得他的话:"一个基因可以为一个国家带来希望,一粒种子可以造福万千苍生。""每个人都会死去,但我想为未来留下希望。"是他对于科学的热情深深感染了我,带领我在科学探究的道路上一路前行。

我从钟扬教授身上学到的第一个科研精神是执着。2001年,钟扬教授第一次踏上了地球的第三极——青藏高原。高原缺氧,气候恶劣,钟教授虽然花了五年的时间来克服高原反应,但恶劣的高原气候却对他的心肺造成永久性的损伤,可钟教授依然不放弃,为科研事业倾尽全力。在西藏的16年间,钟教授从阿里无人区走到了雅鲁藏布江,从林芝、墨脱,到那曲、阿里,都留下了教授采集种子与DNA的影子。算起来,钟教授在西藏的行路总里程已超过10万公里,与团队收集的植物种子约4 000万颗,并通过不懈努力构建了世界第三大种子库——中国西南种质库。正是因为他执着的精神,才会在科研的道路上越走越畅通。

除了气候的恶劣,科研道路中,野外考察的路途也十分危险,这点我也深有体会。今年2017年暑假,我跟随钟教授一同前往西藏学习考察,在从拉萨前往林芝的路上,一条高等级公路尚未通车,而川藏公路的路面崎岖不平,在日多与松多之间,几乎是一步一个水坑,在许多桥梁边甚至都没有扶手。回到上海后,钟教授告诉我,这还不是最险的,一次去墨脱时,一块巨石砸中了他所在的车辆，所幸，没有人员伤亡。我听后感慨万千，这或许就是科研精神不惧艰险的体现吧！这也是我从他身上学到的第二个精神。

钟教授曾说过："任何生命都有其结束的一天，但我毫不畏惧，因为我的学生会将科学探索之路延续，而我们采集的种子，也许会在几百年后的某一天生根发芽，到那时，不知会完成多少人的梦想。"就我而言，教授教导了我将近三年，认真耐心地教会了我如何做科研，如何培养科研精神。2017年3月我的论文《西藏拟南芥适应能力分析》获得了第32届上海市青少年科技创新大赛二等奖，而这完全离不开钟教授对我的指导与帮助。今年9月我的33届课题是《用杂交方式探讨西藏高海拔拟南芥的适应性》；我还记得第一次去钟教授在复旦大学的实验室做实验时，遇到了许多的挫折，在我灰心丧气要放弃的时候是钟教授鼓励我让我坚持下来。终于，经过两次实验，我成功提取到了纯度较高的拟南芥DNA。永不言弃，越挫越勇，这正是钟教授教给我的第三种可贵的科研精神。

除此之外，钟教授生前还多次为中学生做公益讲座，2017年5月12日还曾为我们实验学校做过一次家长课程，他的课题"生物学实验与批判性思维"深入浅出，让我们学生受益匪浅。可惜这已经成为绝唱。9月30日，我校科技节顺利开幕，本来也邀请了钟扬教授来我校做报告，和同学们进一步交流。然而非常不幸，我的恩师钟扬教授于9月25日凌晨因车祸逝世，享年仅53岁。每每想起教授的音容和蔼，我都悲痛万分。虽然钟教授已离我们而去，但钟教授用一生诠释的科研精神却一直深深地影响着我，鞭策着我。

钟教授几乎把自己的全部精力都奉献给了科研与人才的培养。而我校科技节也正如火如荼地举行，值此盛会之际作为上实的学子，我倡议我们应认真学习钟扬教授的科研精神，激流勇进，自强不息，锲而不舍，越挫越勇。让我们用我们的智慧点亮上实之光，用我们的成绩来传承科研精神。

（本文来自"学与做科学社"微信公众号，作者为上海市实验学校中三（2）班学生，上海市"学与做科学社"社长）

人生终有一次最后的远行
——送别钟扬教授

刘 深

【采访手记】

一个多月前,8月7日晚上,我和上海大学上海电影学院执行院长何小青教授、摄影系副教授敖国兴,与钟扬教授谈了三个多小时。我们这次相约,是商讨拍摄一部有关钟教授和学生在西藏采集种子的纪录电影。

本来,钟教授那天在杭州,第二天要飞丹麦,他傍晚时分启程赶回上海,何院长和敖国兴驱车到虹桥火车站接他,我回到办公室取电脑和移动硬盘,我们当晚在上海大学宝山校区会面。之所以这么急提早筹划,是因为拍摄周期较长,西藏的冬天来得早。

钟教授面容憨厚和善,大眼睛,戴一副秀气的眼镜,浅浅的胡茬带着一些沧桑感;体态微胖,说话略带湖北口音。他是我见过的既有渊博学识,又能在最短时间,用最精炼,同时富有文学色彩的语言阐明一门深奥学科常识和系统轮廓的学者。直至今天,他那天晚上的生动描述依然栩栩如生地在眼前回放。

钟教授带来一个存储微电影《播种未来》的移动硬盘,当场拷贝到我的电脑里。四分多钟的短片呈现出他的团队在青藏高原采集种子的艰难场景,那些镜头和他自己撰稿并配音的旁白,都有极强的代入感。

钟扬教授本来和我们约定,再次进藏要采集一种特殊的"种子"——酸奶菌种的实物样本。他解释说,中国大陆生产的酸奶至今都是国外进口菌种,这意味着每喝一瓶酸奶都要给外国人交专利费。他说要培养出中国自己的酸奶菌种。酸奶?菌种?我当时有很"石化"的感觉,好吧,菌种也是"种子"。

那三个多小时的会面,基本上是钟教授为我们上生物进化科普课,真正与酸奶样本有关的话题,是我们那天晚上分别后,在微信群里我问他答的。谈到午夜时分,我们不想让钟教授太晚休息,教授提议我们路上车里接着谈。于是,我们坐着同一台车送钟教授回家,路上继续谈拍摄细节,然后我们再原路返回。

我们当即建了一个微信群,叫"西藏科学之旅"。钟教授刚到家就回复,以前已经采集了五千份样本,此次将再采集五千个样本,是在拉萨(达孜县、贡嘎县)、墨竹工卡、工布江达、林芝(米林)、波密和墨脱等地区,全程超过一千千米,他的两个学生刘天猛(汉族,西藏大学博士生)、边珍(藏族,复旦大学硕士生)也参加。

钟教授还在微信中写道:"就是藏民正在喝的酸奶,放到特制的塑料管中","了解和保护微生物多样性,从中分离出有经济价值的菌种。"他解释说,西藏的酸奶是在空气中完成发酵的,这只有那里纯净的空气才能做到。最后,我牢牢地记住了钟教授的一句话:"要做出中国人自己的酸奶菌种!"

对了,那天他还说到,有一位曾任原上海印钞厂副厂长的陈正老人,创建了西藏墨脱县背崩乡上钞希望小学,那里现在有160多名门巴族学生和20多名教师,如果可能的话,为这个学校也拍一个纪录片,告慰已经逝去的陈正老人。

谈到上海,我们知道,他在上海的海滨引种过一片红树林。红树林是恐龙时代的植物,是一种热带、亚热带特有的海岸带植物群落。作为世界上生物量最大的生态系统之一,它在改善生态环境和维持生物多样性方面具有重要作用。他说,这是献给上海未来的礼物。

他还说,中国最长国道,318国道,零千米处是上海人民广场,到西藏终点绵延五千多千米,西藏人也说,沿着这条路,就可以走到上海。这就是上海和西藏的缘分，也是我作为一个上海援藏教授冥冥中的使命。

藏族女生边珍，是复旦大学生命科学学院生命信息专业2015级硕士研究生，钟扬教授是她的导师。她9月26日上午在悲泣中接受语音采访，钟老师离去的噩耗来得如此突然，之后她几乎一天一夜都处于极度悲伤中。

边珍同学回忆，钟老师常年背着一个特别重的双肩包，包里装着笔记本电脑，大摞的资料，有他的翻译稿和学生的论文，参加会议的发言草稿，所有要用的东西全部随身背着，所以他背的书包特别重，再加上他常年往返各地，会利用在机场、在车上等碎片化的时间，随时把包里的东西拿出来工作。

因为经常各地往返奔波，钟老师在上海穿着短袖，一回到西藏就要换厚衣服。所以，他总是带着一条带毛的那种藏式围裙，学生们经常开玩笑说他像一个藏族大叔。因为钟老师有痛风，昼夜温差大，膝盖就经常会痛，所以，他就经常围着那个藏式围裙抗风寒。

有一次边珍和钟老师一起到墨脱县背崩乡，那里特别偏远，差不多坐了三天车。昼夜温差特别大，而且食宿都非常困难。但是钟老师还是坚持要到那边采样，住那种很简易的板房，有时候还要钟老师给学生做饭。

钟老师的实验室不仅有汉族和藏族学生，还有回族、哈萨克族学生。他一直是特别尊重学生意愿，无论生活上还是学习上，一直都是引导式的教育。就在钟老师出事的前一天晚上，钟老师还在和学生安排第二天晚上在学校见面的细节。边珍说，按照原计划，她本想在毕业后，继续跟钟老师读博士，毕业后回到家乡，和钟老师一起做更多的事情。

9月26日早上，边珍到钟扬教授的办公室整理老师的遗物，发现他的电脑还是开着的，显示的是9月28日上海至拉萨航班信息查询的页面。

钟扬教授说：人生没有绝对，不必等到临终才来回首自己的人生，只要把每个年龄段该干的事都干了，就不负你的人生。珍惜现有的环境和当下的体验，不把自我的发展寄托于别人，不论终点落于何处，都能有精彩的收获。他说，要珍惜35、45、55这几个年龄段。35岁看到了社会百态，45岁打好事业的牢固基底，55岁对人对事从容不迫。

然而，他的生命在53岁却戛然而止……

钟扬教授和他的团队在西藏是怎样用生命去呼吸、去行走、去工作，一个生物学家具有怎样异乎寻常的灵魂；用生命采集了千千万万颗植物种子，如何去想象他异乎寻常的灵魂，体会"万物有灵"的含义？！

他站在世界屋脊上，站在云霄里，他与太阳的距离、与雪山的距离，就是与这个世界上每个生命的距离。

（本文作者为导演、作家、资深媒体人）

创造丰富的土壤，长成参天大树
——追忆钟扬教授

陈 怡

复旦大学江湾校区，视野开阔。广阔的草坪上，黑色的大鸟、灰白的鸽子拍打着翅膀自由回旋。合欢花盛开，池塘里的荷叶半绿半黄。这空寂校园里的清丽美景，不禁让人想起一位植物学家——复旦大学生命科学学院教授钟扬。今年9月25日，钟扬在去内蒙古城川民族干部学院为民族地区干部讲课的出差途中遭遇车祸，不幸逝世，年仅53岁。这位在熟人眼中"务实却不拘泥，认真却不古板，想着远方却从脚下开始，以绚丽多姿的人生实现了他的诺言，即使画笔也难以绘出他多彩的性格和丰富的人生"的学者兼实干家，30余年从教，16年援藏，10年引种红树，收集上千种植物的4000万颗种子……在他从城市到乡村的演讲中和具有文学色彩的笔触下，枯燥的科学知识变得生动有趣，艰辛的科学探索历程变得浪漫而充满激情，最终，听众、读者心中如春风拂过，埋下科学的种子。

一个永远充满活力的人

钟扬仿佛是一个永远充满活力不需要休息的人。就在9月24日深夜12点，身兼复旦大学研究生院院长的他还通过手机和同事联系，约定9月26日给支部上党课，讲讲如何学习黄大年教授的先进事迹。复旦生科院办公楼的门禁是专门装了给钟扬一个人用的,这真不是搞什么特权,而是因为除了他,没有人经常要比门卫师傅睡觉时间还要晚地离开,这样做可以避免打扰门卫。在西藏采样,团队凌晨一点半睡觉,清晨四点半,学生已经隔着木板听到他在隔壁敲打键盘的声音。他的闹钟凌晨3点响,别人以为他是曾经设了提醒自己起床坐早班飞机,一问才知道他是用来提醒自己睡觉。别人痛风连站都站不了,钟扬痛风,翘着腿依然登飞机、上高原。在当前的科研体制下,钟扬不计功利地做了许多无法量化的工作。他被公认为聪明人,但大家又觉得说他"聪明"其实是不准确的,他更是"睿智",而且他还勤奋。他在53岁的生命里做了很多人几辈子都做不到的事。很多人记得他的温暖、乐观、豁达、帮助,记得他对自己人生观的改变。

虽然钟扬身兼数职,圈子里却流传"有困难就找钟老师"。上海自然博物馆图文项目负责人之一鲍其洞正是怀着试一试的希望找到了钟扬。原本想着他实在太忙,如果能利用他在圈内的人脉帮忙牵线或引荐,就很感激了。没想到,他二话不说就接下了要求高但回报少、时间紧却周期长的"烫手山芋"。

上海自然博物馆图文文稿的内容涵盖了天文、地质、生物、人文等学科,文字要求兼顾准确性、前沿性和可读性,可以想见其创作过程之漫长和不易。通常,工作人员一天时间只能讨论十几块图文内容,而整个自然博物馆有将近500个知识图文版块。

鲍其洞回忆:"即便很忙,钟老师依然和我们坐在一起字斟句酌地讨论每一段内容,我们也很不客气地把最难的部分都留给他。在半年多的时间里,每次听说钟老师从西藏回上海了,我们都会立刻去预约商讨的时间,他也总是爽快地答应,哪怕只有半天时间,也会赶过来和我们一起讨论。"

不仅在图文工作上,对于自博馆的标本,钟扬同样贡献良多。比如,为上海自博馆提供了极不易得的青藏高原温泉蛇标本。温泉蛇分布局限、生境独特、种群和个体数量较少,仅见于西藏,标本非常罕见。自然博物馆负责两栖爬行类动物的工作人员征集了数年,寻遍了全国的大学、科研院所、标本公司而不可得,直到一个偶然的机会,了解到钟扬与西藏大学有密切的合作关系，得知他每年都要在西藏采集很长时间的标本之后，就将温泉蛇的征集寄希望于他。钟扬当时也只说去碰碰运气。可是在2011年圣诞节前夕，钟扬将温泉蛇采集到了！为了安全保存、顺利运送温泉蛇，他特意发邮件询问博物馆对温泉蛇标本制作的要求，了解动物标本在运输过程中的保存方法。2012年4月，历经艰辛征集到的温泉蛇终于运抵上海。当时接手两栖爬行类动物征集任务的刘漫萍回忆说："后来通过钟老师，我们又成功地征集了8个高山蛙标本。这些标本的获得，为青藏高原的形成和隆起学说提供了展示的标本物证。"

上海自然博物馆的徐蕾回忆第一次听钟扬讲课的场景时说，那么复杂的生物信息学内容，被他举重若轻地在谈笑间就解释清楚了，他就是那样浑身洋溢着满满的才华和智慧，语言表达能力一流，任何事情或话题都能信手拈来，不仅言之有物，还风趣幽默之至。"后来我的同事们不管来自哪个部门、哪个岗位，也一次次证实了这一点，只要听过一场钟老师讲座的同事，都会立刻对他'路转粉'，他的个人魅力、语言魅力、思想眼界是那么独树一帜，在人群中立刻就能高高地凸显出来，让你想忘记都难。"徐蕾觉得："钟老师身上有那么多优点，也许是天生禀赋使然，外人也难以模仿学习，但有一些方面，是值得我们铭记并认真学习的，那就是他自由、开放的思想和与人交往的那种随和与平易近人，还有他特别善于与人合作，包括各种跨界合作。他就是这样一个亦师亦友、温暖可靠的师长，与他在一起，总能吸收满满的正能量，获取无尽的营养，从他的身上，我看到了一个经历丰富、从不埋怨环境、无惧困难、不去等待上天的安排，而是自己创造丰富的土壤、把自己长成一棵参天大树，庇护着周围的一切。"

在很多学生和同事眼中，钟扬是被科研工作"耽误"的段子手，擅长诗歌、散文、戏剧各种文体，语言幽默干练，非常善于把一件事以通俗的方式向大家讲述。工作中碰到的各种困难到了他那里都变成了妙趣横生的段子，连折磨他许久的痛风和"高反"也成了佐饭的调料。他人又特别豁达乐观，说起自己有一次煤气中毒被人拖出房抢救，都是乐呵呵的。他是个美食家，但要点不在吃美食，他的办公室里是成箱的方便面，他知道怎么做美食，还曾经想做一个关于地区生物多样性与食物之间关系的研究。后来他把这些也编成了段子。

一位非常有眼界的科学家

对于钟扬的跨界和对年轻一代的扶助，复旦大学生命科学学院院长助理赵斌也深有感触。他告诉记者，钟扬本科是无线电专业毕业的，后来去学植物学，起初别人认为他不是科班出身，有的人不是特别瞧得起他，但他看问题总是能从不同角度结合起来看。他后来能做许多事也与这有关。钟扬后来任中国植物学会系统与进化植物学专业委员会副主任。他在武汉也举办了一次又一次的青年研讨会，这个会议至今仍在继续，中国植物学界现在比较有名的学者，不少是从这个平台走向中国、走向世界的。

中国科学院物理所研究员曹则贤清楚地记得第一次到钟扬的实验室，看到桌子上堆满了各种书，书架上有一本特别显眼的书，是关于海洋生物学的，讲到各种贝壳和鱼。曹则贤经过的时候拿起那本书，眼前一亮，突然想到：水、流体是非常难研究的，研究流体的人都会遇到一个方程叫"纳维－斯托克斯方程"。他看那些鱼的形状时，突然觉得不应该把眼光落在鱼身上，而要落到水身上。鱼在水里生活，它的形状实际上相当于把水排开的那部分形状，即所排开的水的形状塑造了鱼的形状，或说鱼的形状恰恰反映了水流动时会出现的那种形态。"我觉得好像这些鱼的形状就是纳维－斯托克斯方程的某些解的形式。然后我就非常高兴地和钟教授交流。他眼前一亮，说，我们要多交流，我们一定要进行这方面的研究。后来我们之间之所以交流得多了一些，也是因为我多少做了一些这样的工作，我对植物学也比较感兴趣，并从非生物学的角度以及从数学的角度做了一些研究。"说起这些的时候，曹则贤的眼睛里依然闪着激动的光芒。

交往深入以后，曹则贤对钟扬有了更多的认识。有时候曹则贤找他，他说自己不在上海，在西藏。曹则贤认为，作为一个植物学家去西藏是可以理解的，但钟扬所做远不止于此，他是一位非常有眼界的科学家。例如，从钟扬的科普报告中大家可以注意到，简短的几句话中就有很多文化史。关于一个植物的发现，他会讲植物本身的信息，讲植物怎么造成农业进步，以及一个国家（新西兰）是怎么在暗地里把从中国引种或说偷种猕猴桃这件事情从文化上掩饰过去，同时让那样一个东西在整个国际市场上带上浓浓的、自己本国的烙印的……"能够看到这些全面的、不同的因素，其实对人的眼界的要求是非常高的。所以说钟教授跟我谈他经常去西藏，我一开始想，他研究植物去西藏这是天经地义的，但其实相当多的时候，他关注的是西藏的教育以及国家的民族政策问题。关于民族问题，其实钟老师已经做了很多的努力。"曹则贤不久前在上海科技教育出版社主办的一期科教读书会上告诉听众们。

绽放在高原的藏波罗花

本来就事务繁忙的钟扬，成了援藏干部后在家的时间就更少了。他的妻子张晓艳当时宽慰自己：等他3年援藏期结束，也就回来了，情况会越来越好的。可是每一期的援藏结束时，钟扬都有无可辩驳的理由继续——第一次是要盘点青藏高原的植物家底，第二次是要把西藏当地的人才培养起来，第三次是要把学科带到一个新的高度。

从高原到平原的不停切换，伴随的是17种高原反应和醉氧，这些都需要极强的意志力来克服。钟扬的心脏跳动已经到了临界值，对身体的伤害很大，家人朋友也一直跟他说，必须要考虑健康问题。他总是说："我知道，我想让西藏的事业有个可持续的发展，到那时我会考虑留在内地帮助西藏。"

2015年，钟扬有过一次脑溢血。几乎所有人都认为经过这次大病，他会放慢工作的脚步。可是后来，他不仅没有放慢，反而加快了。"他说他有一种紧迫感，希望老天再给他10年，让他把这个人才梯队真正带起来。钟扬刚刚到西藏大学的时候，那里连硕士点都没有。今年9月9日，是孩子们15岁生日，因为下午西藏大学的同事过来开会，他给在山东的小毛订了蛋糕，然后中午和大毛一起匆忙过了个生日。他非常高兴地说起，西藏大学生态学科上了'双一流'，这是个很大荣誉，是西藏的第一个，看得出来他非常自豪。他在西藏开创性的工作，真的像一个襁褓里的婴儿，最后长成了伟岸的男子汉，让他觉得所有的辛苦都是值得的。"在张晓艳眼中，在西藏工作16年的钟扬对西藏的爱是深入骨髓的,包括他让小儿子在上海的西藏班读书,学习藏语,也是希望有一天儿子能继承他的事业。

"在青藏高原海拔4000—5000米的沙石地,生长着一种喜光、耐寒、耐贫瘠的常见高山植物——藏波罗花。有一首藏族民歌写道:世上多少玲珑的花儿,出没于雕梁画栋;唯有那孤傲的藏波罗花,在高山砾石间绽放。"钟扬的第二位藏族博士生拉琼说:"这是钟老师生前最喜欢的一首藏族诗歌。钟老师曾说过,在环境越恶劣的地方,生命力会越顽强。他就像这生在青藏高原的藏波罗花,深深扎根,顽强绽放。"

在复旦大学纪念钟扬教授的追思堂,笔者看到塔里木大学敬献的花圈,回想起他生前曾经有过的"最好在每一个少数民族培养一名研究生"的愿望,也第一次知道,原来钟扬老师生前还翻译过不少科学文化作品,包括《大流感》《DNA博士:与沃森的坦诚对话》。复旦生命科学学院门口有一块复旦校友赠送的石碑,笔者觉得描述钟扬老师的离去恰好——"天物芸芸,各复其根。"又或如钟扬教授的好友陈家宽教授所说:"此君本是天上人,闲时人间走一回。"人皆有其归时和归处,一生得天下人如此敬爱,足矣。

(本文来自《上海科技报》、科学网,作者为《上海科技报》记者)

播种未来　大爱永存

杨宇平

各位尊敬的领导、老师、同学们：

大家好！我是复旦大学校友、上海电视台主持人杨宇平。我有幸聆听钟扬老师的课程，始于去年年中。正当我和所有人惊喜于自己的幸运，珍惜着每一次上课以及与老师交流互动的机会时，钟扬老师却从课堂、从我们的微信群里消失了。

从那一天开始，我们没有停止过对他的找寻——在所有与他相关的文章里，在所有人的回忆中。找寻得越多越是觉得，好像他并没有走，只是在用另一种方式给我们教授人生的大课。今天我们来讲述钟扬老师，可是我想，见过他的人，大概都会感叹语言的苍白，不足以描绘这个精彩的生命。

就像很多同学说的那样，钟扬老师就是这样的人，你可能和他接触不多，或者只上过他一堂课，但是你再也不会忘记他。之所以他总能给人非常深刻，甚至终生难忘的印象，我想首先，是他独特的思维方式。比方说，大家都听说过一些钟扬老师的事迹，他在西藏为未来收集种子；他在上海为未来培育红树林；他作为一个科学家、大教授热衷于为孩子们和生物爱好者们做大量科普。这个创造未来的人，他做的很多事情都有着巨大的超越性，超越了地域的限制、超越了人生的局限。在我看来，他是一位巨人，站得很高，看得很远，从来不计眼前利益和个人得失。那么，他衡量事物的标准是什么呢？

我记得一次课间吃饭，钟扬教授给我们讲了红树林的故事。为什么要做这件事呢？因为上海虽然有海，但是海边光秃秃的，都是滩涂，而且生态环境也不好。他想到现在全球变暖，也许生长在南方海滨的红树林可以在上海成活，所以他做这个实验，结果，他和他的团队在上海试种红树林成功了，一开始，有人听说了这件事，表示愿意大量投资，但是一听说50年后才能成林，就撤了。没人愿意投资50年后成材的项目。他说这件事其实需要的经费很少，但利在千秋。不管别人怎么想，他都要做件事，这是他献给未来上海的一份礼物。他希望50年后，上海可以和深圳、海口一样，成为一个美丽的海滨城市。

　　在西藏采集的种子也是一样，眼前看不到任何经济利益。但是，在那个连喘气都困难的世界屋脊，他花了16年的时间，跋涉40万千米。4 000万颗种子，他带着学生一颗一颗地采集、记录、分析、研究。他说，可能在100年后人们才会发现它的价值，拿出来生根发芽，到那时不知会满足多少人的愿望，人们可能记得或者不记得那位姓钟的教授，又有什么关系。做基础科学的，只要祖国需要、人民需要，我们要做的就是前人栽树，后人乘凉。

　　有时我想，也许正是一位生物学家的特性，使他总有一种放之生态系统的全局观和超越人生局限的长程视野。就像他说的，进化论必须放在大尺度的时空维度中，才有理解的可能性。而知识分子的使命感、共产党员的信仰，又使他的作为，总是在生物学之外，透着对家国命运、对生命价值的深深思考。

　　去世前不久，他还在牧民家中收集了牦牛酸奶，准备培育中国人自己的酸奶菌种；他不断找寻适合西藏的新经济作物，还在高原上开垦了一片咖啡试验田。我想，为改善西部的经济，他一定还有许多梦想。为了实现科技强国之梦，他一定还有很多课要上。

　　尽管钟扬教授有着巨人般高瞻远瞩的视野和目标，但他心怀远大却立足脚下，有什么条件，就从什么条件开始，他永远没有抱怨，总是乐观豁达。他脚踏实地，从最小、最基础的事情出发。就像这个小小的种子一样，看起来小，却蕴含着希望、传承和未来，承载着保护生物多样性和可持续发展的全局意义。而对于钟扬教授，学生也是这样的种子。

上海乃至全国各地，有很多中小学生也是钟扬教授的粉丝。他是最受欢迎的明星专家、"科学队长"，常常挤出时间为孩子们办公益讲座、科学训练营，他的实验室也一直对中小学生开放。走在上海自然博物馆，近500块中英文展板上的文字都经他亲自修改、反复斟酌。他参与了上海科技馆、自然博物馆的筹建，甚至经常拖着病腿客串讲解员，并作为学术委员会成员义务服务17年。在他眼中，"科学思维和科学精神要从小培养"。去世前，钟扬教授还兴冲冲地跟大家说："我已经想好了100个小故事，为小学生们录下来，这些故事都是从一个问题开始，第一个故事，就从'长颈鹿会不会游泳'开始。"

不仅如此，贫困地区的孩子也一直装在他的心里。有一次他邀请了25位贫困山区的中小学老师来复旦培训，他亲自接待、亲自上课，给老师们讲解如何将批判性思维引入中小学教学。他还请来自己的作家好友黄梵，指导如何教孩子们写作，请来心理学家培训如何为留守儿童做心理疏导。

无论在西藏还是上海，钟扬教授出色地兼顾着科研、行政、专业人才培养以及全国各地、各层面的科普教育。智慧如他，像钢琴家一样，十个手指忙着不同的琴键，却弹奏出和谐优美、温暖人心的乐章。可是，同时做这么多事情，他究竟是怎么做到的，为什么还能做得这么好呢？

钟扬老师的好朋友、中科院物理研究所的曹则贤教授，曾经给我们讲过一个故事。他说有次钟教授给他电话，请他第二天上午9点去复旦做讲座，但是当天晚上去上海的航班没有了。钟老师说，今晚到上海的航班是没了，但是我知道还有一个航班，是北京飞杭州的。你这么做，晚上讲完课，马上飞杭州，然后从杭州机场去杭州火车站，在那儿呆一晚上，坐第二天早晨第一班火车到虹桥火车站，然后早上九点钟你就能赶到复旦，没有问题的。曹老师说，如果是别人提出这样的要求，谁都会觉得极为无礼。但是如果知道钟扬教授的为人，知道他是怎么工作的，就知道这一切对他再正常不过，因为他就是这么生活的。

他正是用这种充满热情、执着投入的精神，用与时间赛跑的方式，仅仅

53岁的生命，做了别人100年也做不完的事情。

钟扬教授总说，拼尽全力，才能毫不费力。即便是为了让自己的课被大家喜爱，他也会特地去研究学习相声小品，所以，我们才可以像听脱口秀一样，在开怀大笑中，领略他的智慧。在轻松幽默中，聆听他笑对艰辛、调侃困难、播种未来。

在我的心中，钟扬教授没有走，他只是继续穿着29元的牛仔裤，背着廉价的登山包，怀揣伟大的梦想，为了万千苍生，继续远行去了。他知行合一一生，让我们看到的是一个国家崛起的信心和希望。他让我想起千百年来，为中华民族而奋斗的仁人志士；一百年来，为民族独立而舍生忘死的先烈；今天的中国，正是钟扬和无数像他这样的中流砥柱、民族之魂，公而忘私，舍生忘死，为中华崛起的伟大复兴奏响了凯歌。

今天，他已经影响了千千万万的人们，他播种的红树林正在营造一个美妙的生态环境，他收集的种子会在很多年后生根发芽，他的学生遍布天下，怀揣着和老师一样的梦想。

可亲、可敬、可爱的钟扬教授，谢谢您，您像流星一样划过我们的生命，却像太阳一样照亮了我们的心底，您的精神将永远与我们同在！

（本文作者为上海电视台主持人）

悼钟扬教授

谌中和

二十五日下午二点多,我还在教室里跟一群学生课后讨论着,桑玉成老师微信我,说钟扬教授"出事"了,我心中一惊,却没有往别处想,随后就接到桑老师来电,告知钟扬教授外地车祸罹难的噩耗。

我相信亲近的人之间应该真的是有感应的。听说他是当天早晨五六点间遇难的,在他出事之前的那天晚上,上海暴雨如注。我虽然十二点不到就上床了,但情绪罕见地低沉抑郁,独自吟唱着莫名的曲调,情不自禁地悲伤流泪,一直到凌晨三点多才朦胧入睡,但六点刚过又醒来了。我本以为我的悲伤只是秋雨引起的个人情绪与伤怀,现在想来,很可能与他在异地遭遇的惨烈车祸有关。我当天晚上还动过给他打电话的念头,但终究没有打。

钟老师在科学与科普方面的成就与贡献是广为传扬的,我这里就记叙我和他多年交往中的一些日常琐事来寄托对他的怀念。

钟老师的健谈与幽默是出了名的,每次和他在一起,一定能听到很多不失离奇的故事和段子。当时只觉得有趣,现在想起,其中却有另外的滋味。

有一次,他说起当年在北京受中央首长接见的故事,即时任中央主要领导五一集体接见一批全国劳动模范,其中一个环节是一位首长单独勉励一位被接见的劳模。他说,当时那位首长单独勉励他,要他"听党的话,跟党走","我现在还在跟党走,他却被党带走了",于是满座大笑。

他讲这个故事的时候,还说到一个当时不是很显眼的辅助情节,那就是接见要求着长衣长裤的正装,而他是短袖,而且裤子的颜色也不合规范,于是临时在地摊上扫了一条八十块的长裤,但依然是短袖。他是唯一一个没有穿长袖的与会者。当时,我对此没有很在意,现在想来,其中多少让人心酸流泪。

他肯定是专程去参加那个规格很高的表彰大会的。我们通常的想法,出门之前应该会特别用心地考虑装束打扮,但他显然没有,似乎也没有其他人替他考虑。而且,在那中枢繁华地,扫一条八十块的地摊货应该比去高大上的购物中心买一条二千块左右的裤子更加费神劳力些,而他选择了地摊货。

在我多年的印象中,他平时的衣着似乎极少很整齐,正如他的饮食极少很规律一样。如果不去外地,他通常在学校食堂延时就餐,然后在办公室一直呆到深夜。我不止一次遇到他独自一人,背着一个地摊级的双肩包行色匆匆地去机场。如果借用鲁迅先生的说法:他吃的是草,挤的是奶。但我是庸人,情不自禁地为之感到伤痛。

钟扬多年援藏,频繁在高原低地之间转换,必然身体受到损害。他本来酒量极宏,能轻松自如地一斤以上,酒风更是豪迈,但前些年中风过一次,幸好抢救及时,没有大碍,但遵医嘱从此戒了酒。他中风最明显的后遗症是走路稍有失衡,我因为早先结识过一位据说很有水平的推拿师,就曾带着他去做过一段时间的推拿,似乎是有些效果的。从那以后,我总是劝他放慢工作节奏,照顾好身体,为上老下小负责——他父母双在,膝下有一对十五岁的双胞胎儿子。

但主要由于天赋秉性,也许还由于人生际遇的缘故吧,他总是闲不下来,也似乎不想闲下来。每次和他联络,十之八九都在忙碌奔波之中。他虽然不是完全没有休闲娱乐,比如周末如果恰巧闲暇,有时也会要我约集朋友一起玩号称"血战到底"的川麻。我们通常的习惯,一点就很晚了,但他总是兴致极高,不到三点是绝不叫结束的。由于他平时少有时间玩耍,我们也就都依着他。

现在,他在忙碌奔波中遽然离开了这个他一直忙碌奔波的世界,我忽然想起《红楼梦》中的太虚幻境，有薄命、痴情、春感、秋悲一类的司衙对口收录那些因此而死的女子，我于是就发呆，不知道他去的世界是否也有忙碌、劳顿之类的司衙收容他，由他奔波驱驰。

（本文作者为复旦大学马克思主义学院教授）

怀念我的表弟钟扬

吕放光

时间过得真快,转眼间,钟扬离开这个世界已经两个月了。我时常翻我手机里的微信,每次看到"车祸""内蒙古""鄂尔多斯"这些字眼,心里都是一阵阵的剧痛。这些天来,我一直想写点东西,怀念我的表弟!由于心境的关系,也由于我不想触及内心的痛楚,即便是今天有了这个勇气,还是不知道能不能写下去,也不知道能不能写出我内心的一切。

记得一位作家说过:"幸福的家庭都是相同的,但不幸的家庭却各有各的不幸。2017年9月25日,一个巨大的不幸降临到我们这个大家庭:下午刚上班,突然接到在南京开会的妹妹打来的电话,告知钟扬遭遇车祸去世,当即大脑如五雷轰顶,泪如雨下,悲痛之情无法控制。我不相信,我真的不敢相信!十几分钟后,回过神来,第一反应这是假的,是诈骗电话,赶忙回拨电话,证实是真的,面对这突如其来的噩耗,我真的心都碎了,伤心欲绝,茫然的我满脑子都是表弟钟扬的影子,为什么上天要如此不公平,为什么要如此对待年仅53岁才华横溢的生命呢?"

钟扬是我舅舅家的独生子,出生在湖北黄冈。我与他第一次见面是1969年7月左右,我们全家随在部队工作20来年的父亲复员转业,从辽宁省丹东市回湖南老家时特意绕道黄冈与舅舅全家见面。第一次见到刚满5岁的钟扬,印象中他长得瘦高,清秀,和我很亲近,懂事又善良,聪明伶俐,记忆超群。整天蹦蹦跳跳的,脸上总是带着微笑。离开黄冈回到湖南老家后,我和表弟整整十年没有见面。因我妈妈只有姐弟两人，娘亲舅大，舅舅在我心目中是我最亲的亲人。虽然两家相隔千里，但父母之间经常有书信往来，从来信中，断断续续了解了表弟钟扬学习、生活的一些情况，他学习成绩很好，各方面表现超群，渐渐地，表弟成了我们兄妹学习的榜样、竞争的对手。所以从小学、初中到高中，我的成绩也一直位列班级前茅。

第二次与钟扬见面是1979年1月，我外婆因病去世，舅舅全家回到了湖南邵阳老家。表弟虽然小我两岁，但竟然比我还要高点。也许是第一次来农村，对家乡的山山水水充满了好奇和热爱。我们在一起玩耍，一起追逐，互相诉说着新鲜和好玩的事，一起谈中学毕业上大学后的理想。家乡的山山水水也成了他对家乡的深深眷恋。

这次分别后，我们都投入紧张的高考复习中。当年表弟钟扬以优异的成绩考上了中国科技大学少年班，我也顺利地考上了本省一所大学，当年这一喜讯传遍了家乡，给祖辈乡亲们带来了多少高兴和快乐。因我俩同一年考上大学，书信往来成了我们联系的纽带，至少每个月会有一封往来书信。我们谈学校、谈学习、谈生活、谈未来、谈理想、谈所有喜欢不喜欢的所见所闻，大学期间阅读他的来信成了我最开心、快乐的事情，至今我仍保存着他的近百封来信。在学习、生活中遇到困难时，他成了我解惑救难的好帮手。不仅如此，他还省吃俭用，用生活费给我购买了大量的学习书籍、生活用品并邮寄给我。大学毕业后,我先后分配在医院和一所中专学校工作。他大学毕业后分配在中科院武汉植物研究所。因各自工作很忙，联系渐渐减少，但我时刻关注他的发展，他在我心目中就是一个天才，是我崇拜的偶像，他一路走过来都是在飞跃：23岁破格评为助理研究员，28岁破格评为副研究员，32岁破格评为研究员，33岁成为中科院最年轻的副所长（副局级）。

第三次与钟扬见面是1992年春节，我带着爱人和儿子全家到武汉看望我外公和舅舅、舅妈全家，并且在一起过春节，钟扬也相约携夫人如期回家。十年未见，见面后显得特别亲切，他显得更成熟、更睿智，全家在一起显得格外热闹，聊得最多的话题还是学习和工作。尽管他改变了很多，但他的热情、健谈、幽默是一点没变，他的故事笑话常常逗得大家哈哈大笑。他喜欢喝酒，喜欢美食，喜欢下厨，他炒菜讲究色香味齐全，对炒菜也很有理论研究，常常把他炒的菜推荐给大家，从理论到实践到品尝，都少不了一番天马行空的解释，逗得大家欢乐开怀，胃口大开。春节几天我们在一起下棋，钟扬还特别用一天时间陪我们逛汉正街，为我们讲解汉正街历史和武汉文化，次日还专程带我们去了他工作的地方武汉植物所，参观他的实验室，介绍他的工作、科研情况。在武汉短短几天时间，我们体会到了浓浓的亲情，这份记忆给我们留下了无尽的思念。

离开武汉我回到了邵阳，钟扬也在年后以访问学者的身份去了美国密歇根州立大学（Michigan State University）留学。其间我俩不断有书信往来，也了解了他在美国的学习科研情况。1995年某天夜晚7点，我正在看中央电视台新闻联播中华学人专题时，突然看到了节目正在介绍钟扬在国外的科研成果，和他放弃绿卡及国外聘用的优厚待遇按期回国。此后对表弟的认识更深一步，对他的高尚情操有了更深的体会。1996年回国不久的钟扬再次来到美国，在加州大学伯克利分校（University of California-Berkeley）进行合作研究。1998年又回到了中科院武汉植物研究所工作。2000年钟扬做出一个亲人们都不可理解的决定，放弃中科院的一切，去复旦大学任教，放弃副所长去复旦大学做一名普通教授。常人无法理解，亲友们更是无法理解，但这就是钟扬，他有他的大志，他有他的胸怀，他的理想、他的追求无人可企及，也无人可改变。

钟扬去复旦后的几年我俩的联系变少了，他只是告诉我，他一边在复旦工作，一边还经常会去西藏那边进行植物方面的研究，建议我有空也去西藏走走，看看离天最近的地方。2004年，我也来到湖南一所普通高校任教，与钟扬的联系也多了起来，我们经常探讨一些共同关心的问题，我更是时刻关注着他的进步和发展。2009年7月26日，我在西宁开会，想着不如趁会议结束后去西藏大学看看。7月30日，我在拉萨火车站下车后，给钟扬打电话，告诉他我已到拉萨，钟扬非常高兴，但他正在日本参加一个国际学术会议，可能几天后才回国，要我在拉萨等他，他尽快赶回来。他电话安排了他的司机和学生把我接到他西藏大学的宿舍住下，一套简陋的小三居室，但很整洁，生活用品、油盐米菜等食材用品都很齐全。第二天我报了一个旅游团去西藏各地旅游去了，三天后接钟扬电话告诉我他已回到拉萨，要我赶过去和他会合，去参加由他发起和主办的在林芝举行的一个国际学术会议，我因路途遥远无法赴会，直到他散会后我们才在西藏大学见面。第二天，钟扬让我随他参加一个宴会，席中共有10多个人，其中两位英国皇家科学院院士，一位美国科学院院士，几位来自中科院、北大、复旦等高校的教授，都是大名鼎鼎的科学家。钟扬热情好客，谈笑风生，大口吃肉，大口喝酒，兴奋时即兴唱歌跳舞，他的故事、他的笑话，把整个宴会气氛一次次推向高潮。我虽然自知对钟扬有所了解，但这次还是第一次看到钟扬作为科学家的另一面：热情、率真、豪爽和对人生、对生活的热爱。

在西藏大学的那些天已经是暑假末期，空荡荡的校园显得有点冷清。晚餐后我和钟扬在校园内散步，偶尔遇上留校的几个学生和老师，夜晚的校园夜空星空寥落，风过高楼，显得更为寂静。西藏的昼夜温差很大，中午艳阳高照，酷热难当，晚上温度急剧下降，寒风刺骨，让我这个湖南人很不适应，也许是高原反应或在陌生环境中，让人感到寒冷和孤独，几天来有点失眠，很难睡个安稳觉，刚来西藏的那种好奇、兴奋、惊喜早已荡然无存。晚上躺在简陋的床上，我在想，放着好好的复旦大学教授不当，跑到这么个地方来，并且一待就是十来年，到底是什么力量让钟扬坚持下来的，我真是百思不得其解。

随后几天，他一边陪我游玩，一边又投入紧张的工作中，刚好学校也开学了，他除了上课，还要带学生采集种子标本，审阅大量文稿，他每做完一件工作，都认真地在密密麻麻的日程表上划掉一行，直至全部划完后，往往已经到了凌晨一二点。也只有到这个时候，他才伸伸懒腰，如释重负地对我说一声："哦，你还没睡啊，我们再聊聊吧。"于是我们两人坐在沙发上又尽兴地彻夜长谈，聊工作、生活、家庭、人生理想，聊过去几年的点点滴滴。但我最关心的还是他的健康，问他到底什么时候打算离开西藏。他只是笑笑："跟你说句实话，我实在不想离开这里，我的事业在西藏，我的根已扎在这片土地，你问我到底什么时候离开，我想将来走不动了再说，或者真还永远留在这里呢！"我知道多劝无用，他在西藏工作多年，高原气候、缺氧已严重影响了他的健康，但他明知这些危害，但仍不管不顾，我也只能凭我是医生的身份劝他保养好身体，限酒、限肉类，特别要关注高血压、痛风等疾病。

从西藏回来后，我还是一直最担心钟扬的身体，常常在电话里提醒他，他太忙了，不是在复旦、西藏，就是在途中的飞机上，我们都知道他是空中飞人，一年难得有几天闲下来的时候。就是在武汉开会，也不见得能抽时间回家看看父母。2012年3月我父母八十大寿，没想到钟扬竟然风尘仆仆地提着一大箱牦牛骨头和风干的牦牛肉，出现在我们面前，我们全家既意外又感动，我的父母亲更是激动得说不出话来，这份亲情、这份孝敬真是终生难忘。后来我们打听到，他带来的这箱牛骨和牛肉，是手端着从拉萨辗转三次航班，7 000多千米带过来的，他回邵阳的前一天下午还在南京参加了一个重要会议，然后抽空赶过来。这也是我与他的第五次见面，吃过中饭后，当天下午他又匆忙赶回了上海。

跟钟扬的第六次见面是在2014年4月，我父亲不幸因病逝世，工作十分繁忙的表弟钟扬又一次赶回邵阳，给万分悲伤的我们带来了安慰和温暖，我握着他的手久久说不出话来，他边安慰我边说："这是晚辈应该的，我只有这一个姑父，必须送他最后一程。"我知道，重亲情、重友情，处处为他人着想，是钟扬最闪光的品质之一。记得他在拉萨的房间里，三间卧室里摆放着五六张床，我很好奇，他笑着告诉我，这里是免费旅馆、免费中转驿站，无论是外国友人，还是他的朋友学生，只要来拉萨都喜欢在他这里食宿，据说最多时一晚上睡了10多个人。为了让来借宿的人住得安心，吃得开心，他还自费添置了各种风格的被褥和生活用品，冰箱里常年备有新鲜的果蔬和小吃。这就是我的表弟，一个真正的"毫不利己，专门利人"的大学教授——钟扬。

今年5月底钟扬打来电话，告诉我6月份将到长沙的两所大学讲学，但因时间安排得太紧回不了邵阳，但年内一定找时间回来看看我年愈八旬的母亲，我很高兴地期待着和他的再次见面，万万没想到的是，这竟然成了我们兄弟俩最后的一次话别。9月25日噩耗传来，肝肠寸断，最后一次见面竟然在银川殡仪馆，曾经高大、伟岸、帅气的钟扬，现在却孤零零地躺在水晶棺里，千呼不应万呼不答，没有一句留言，就这样匆匆地走了。俗话说："人生三大憾事，莫过于少年丧父，中年丧夫，老年丧子。"在我们这个大家庭中，钟扬上有4位年迈的老人，白发人来送黑发人，下有两个还未成年的儿子，他们将要面对多少人生的坎坷？钟扬这撒手一走，给年过5旬的表弟媳留下了一个支离破碎的家，也给我们所有亲人留下了无穷无尽的怀念和无法弥补的伤痛。

钟扬的离世让人感叹生命的脆弱，而我们活着的人又往往忽略了这一点。在银川，我紧紧地搀扶着悲伤欲绝的舅舅，未来的日子，我唯有接替钟扬，多对舅舅、舅母尽一份孝心，多问候一下表弟媳和她的爸妈，多关心一下表侄子的学习成长。我要告诉他们，人生就是这样，有很多不愿想象的事情却真实地发生了，而在我们还一直沉浸在悲伤之中时，所能做的只能被迫接受残酷的现实。我们所有活着的人一定要坚强，要惜福，要感恩，只有这样，才能对得起钟扬的英灵。

（本文作者为钟扬表兄，邵阳学院医院党支部书记，医学学士，副教授）

静默的天空

林逸心

静默的天空

低矮的云层

在哀叹什么呢

一切似乎是恍惚的

是不真实的

这么些日子里

我总想说点什么

也想做点什么

但脑袋好像一个空壳子

突然间

就没有了

……

这个日子我可能许多年后还不会忘记：2017年9月25日，下午四点十分。

当时我正坐在老爸的车上，从长沙师范学院回家，快到万家丽高架桥下，绿灯亮了，老爸的车速很快。我们好像在热烈地讨论着什么，突然，正在南京出差的妈妈打来电话，车载蓝牙里传出的声音沙哑而低沉：

"我告诉你，出大事了！"

老爸大惊，本能地一踩刹车，方向盘一个激灵，不由自主地往旁边猛闪了一下：

"什么什么？什么大事？"

老妈带着哭腔："钟扬出车祸……去世了……"

……

那一刻的情景我一时真的难以描述：老妈的啜泣声、尖锐的刹车声、老爸失声的惊叫声全都交织在一起，立交桥下暗色的夕阳，我大脑里快速浮现的表叔爷六月坐在我车上去湖南师大讲座的样子，还有他在餐桌上说的每一句话，加上我当时胡乱想象着表叔爷那惨烈车祸的场景，一瞬间都撞击在一起，心呼呼地跳着，停不下来。

好不容易回到家，我还是没有缓过神来，还在一遍遍地反问自己：

……表叔爷真出车祸了？

……怎么可能？

……是不是愚人节的假消息？

……

最近一次与表叔爷通电话是在9月11日晚上，他告诉我，英国科学家James Crabbe要来上海，跟他合作一个项目，表叔爷让我来上海一趟，顺带见一见James Crabbe，我一口答应，但后来却因为和朋友去贵州采风给耽搁了。暑假之前表叔爷还邀请我到复旦大学跟他实习（学习）一个月，就吃住在他家里。结果也因为要急着完成景德镇的创作计划，又给耽搁了。我这人有个大毛病，计划没有变化快，不是火烧眉毛的事是不会轻易去做的，与表叔爷的约定总是在拖延，总觉得日子长得很，以后还有很多时间和机会，但是现在，没想到生活就这样异常残酷地突然刹车，对我狂啸着说：没有以后了！

我跟表叔爷的交往其实不多，也没见过多少次。第一次见面是2005年的国庆节，也是我第一次到上海。

早就听说我有个非常了不起的表叔爷，他15岁考入中科大少年班，是一名不折不扣的小神童，毕业以后成为一个著名的科学家，这是以前从来不曾想过的。记得那次在复旦后门一个日式小饭馆里，我和爸爸、妈妈正在商量着点什么菜,他一掀帘子走了进来,高大胖胖的个头,着一件半新不旧的花格子衬衫,一脸的笑容,热烈而亲切地跟我们打着招呼。那顿饭吃了什么、说了什么我都不记得了,只记得当时心情特别激动,大概是他的形象太伟岸,聊天内容太高深,让我觉得非常地有距离感但又很崇敬。他可能感觉到了我的拘束,就专门挑了些我们喜欢的话题来聊。有趣的是作为科学家的他,竟然喜欢文学创作,出版过几部文学著作,他还是《三联生活周刊》的专栏作家,还写基因爱情小说,虽然那本书我后来也基本没看懂,但是让他的形象一下子接了地气。

表叔爷的忙是出了名的,妈妈说他一般要工作到凌晨两三点才睡觉。尽管如此,那次我们在上海的几天时间,每天都可见上表叔爷一两次。他安排我们住在复旦大学旁边的招待所,第二天又受邀去跟他的学生们共进晚餐,他的几个学生都是博士博士后,分别来自美国、新西兰和日本,这简直是我当时活到十五六岁最高大上的一顿饭。饭桌上的表叔爷一口流利的英语,是全场能量的核心,他一直在鼓励我与他的学生们对话,他的学生也似乎很想跟我这个高中小女生交流,最后我鼓起勇气,怯怯地举起杯子,说了唯一的一句英文:Happy Birthday!觉得自己弱到爆,尴尬至极,又不知为何成了个里程碑的时刻。饭后表叔爷让我和他的学生在复旦的大门口合影留念。晚上十点多,表叔爷又带我们参观了复旦大学校园和他的研究生院办公室,他从堆满书籍的办公桌上,特意找了个复旦挎包和本子送给我,回到长沙,我在那个至今还保存着的日记本上写下:我要努力,我要奋起!

2011年我到英国读研,表叔爷告诉我,他有一个很好的朋友James Crabbe就住在伦敦,是一位非常有名望的英国生物科学家,希望我有时间去拜访一下他。

拿着表叔爷给我的电话,我和这位科学家约好在一个地铁口见面。这个世界真奇妙,我跨越了一整个伦敦去拜访科学家,却惊喜地发现,我十分仰慕的英国陶艺家Margaret O'rorke,竟然就是这个科学家的妻子,更让人不可思议的是,他的妻子又正是毕业于我就读的伦敦艺术大学,不经意间,我竟然成了Margaret O'rorker的校友。我将这次奇遇告诉表叔爷,电话里的表叔爷开始也是一脸茫然，然后哈哈大笑。

毕业后我就应邀去了Margaret O'rorker工作室做她的助手，她对我人生和作品的影响又是另一个篇章了。然后也不知怎么，通过James Crabbe我又在英国认识了好几位做生命科学的科学家，他们也是表叔爷的好朋友。也就是从那个时候开始，我突然发现，科学和艺术在一起，竟然也能碰出很多美妙的火花。我还记得，就在前不久，我还非常自豪地分享给他们表叔爷的微电影《播种未来》，我自己也是一遍遍地欣赏这部微电影，记住了片子里的每一句台词，几乎可以背下来。

虽然跟表叔爷并没有非常密切的往来，但是他的精神、他的风格、他看问题的视野、他灯塔般的世界观，这么多年来一直在影响着我，也通过我影响着身边好多的人。

因为，我相信人是有灵魂的，表叔爷就是这种有灵魂的人。

……

但是，我走在街上，看到那么多人，都在走呀，走呀，像一堆堆觅食的蚂蚁，又好像一个个空壳，没有灵魂，那么哪些人是有灵魂呢？你说一个人突然没了，是肉体没了，还是心也跟着平白无故地，轻轻一下，啪！就没了呢？

我才不信，大概是装着不信这个意念，我固执地认为：表叔爷走了，但他的灵魂还在，因为他不是那些蚂蚁，他只是站在那个叫青藏高原的地方，像他采集的植物种子一样，生着根，发着芽，等待复活的那一天。不是吗？这么高尚有趣的灵魂，一定是在另一个维度，永远永远地存在着。

又恍恍惚惚的一个下午，一切还在忽远忽近地折磨人，好像突然失去了对很多东西的感受力，就像悲伤，我把悲伤放在原地，假装看不见。走在路上，一切确非易事，有点漠然，却又每每在看到新闻的那一刻，轰然倒塌。

（本文作者为钟扬表侄女，长沙师范学院美术动画系青年教师）

永念钟扬二爷

钟桂香

恍惚一个多月了，我仍无法相信这是生死相隔。微信聊天的窗口永远定格在一个ok的手势，我仍然安慰自己没准哪天在机场会再见到他，甚至在内心构造了一个小世界，就像曾经我不认识他一样，他还在全国飞来飞去忙碌不停。他在忙他的，我在忙我的，像两条平行线一样的生活。在重阳节的时候，以为自己已经恢复正常。无意间再看到包老师写的有关他在往年重阳节为老人们做的点点滴滴时，泪水仍然无法止住。想起他桌前常摆放着重阳节和老同志的合影，他坐在凳子上，在一群老同志前像一个小学生样的乖巧。我打趣他说，二爷，你在这里面显得太嫩了。他马上用钟式幽默反击，是嘛？难道我现在不嫩？

钟扬教授虽是我的二爷，可是在我24岁之前都没有见过他，更谈不上有任何交际。怀揣命运掌握在自己手上的信念，我大学毕业工作两年后，又重新拿起书本准备考研。在我收到湖南师范大学研究生的录取通知书时，同时收到了一份来自上海的邀请。就这样，我才和二爷在上海见了第一次面，自此成为二爷最忠实的脑残级小迷妹，也可以说死忠粉。关于这个脑残级小迷妹追星专用名词，二爷还向我提出过抗议，小迷妹就小迷妹，为啥要脑残呢，难道喜欢我的人都不聪明吗？

二爷总向别人介绍，说我是我们钟家下一辈中最有出息的孩子，佩服我的勇气和坚强，也为我感到骄傲。在他的眼里，每个年轻人都有无限可能可以被激发,都值得被鼓励。他总希望带我和他的学生做一些有意思的事情,和他谈话你也总是可以迸发出新脑洞。他永远有说不完的故事,也永远是谈话中的主角。他睿智幽默,才华横溢,三件理工男专用格子衬衣就是一整个夏天。他总背着一个双肩包奔波在路上,追着晨曦出发。晨曦回家了,他也没回家休息,你总是可以在深夜的办公室里看到他一指禅似的敲着自己那台属于上个世纪的笔记本电脑。

二爷一心装着所有人的琐碎事,每次总能看到他从口袋里拿出一张皱巴巴的小纸条,上面总有十几条事务用钟式专用符号涂涂改改。我也总是笑他太节省了,活得不像一个大教授。他反问我,那你觉得大教授该怎么活呢?这些普普通通的日常对话,总是如同警钟一样时时刻刻敲醒着我,人活着最重要的是实现价值而不是享受。二爷不仅学识渊博,对学生更是充满耐心和包容。正是最平常的事情中才可以显示出一个人人格的伟大。数次看到他和师姐们因为一个观点各自争得耳红面赤,可第二天他又开始惦记他们中哪个是不是没吃中饭,而且特别开放点菜权利。说起吃饭,我想他的每一个学生都应该被他请过吃饭,他总是一个劲地劝你多吃一些,还有钟式幽默:这么好吃的菜你怎么不多吃点。他的可爱和真诚体现在生活的点点滴滴,比如他不小心请先老师吃了一顿假的湘菜,耿耿于怀每次路过先老师办公室都惦记着那顿假湘菜,生怕先老师从此对湘菜失去了兴趣。甚至每次在餐厅里遇到熟人时都要大声旗鼓不遗余力地奉劝他们不要去那家假湘菜店。因为生病,医生不允许二爷再喝酒了,曾经嗜酒如命的他每次吃饭时都跃跃欲试"怂恿"我们,"这么热的天,这么好吃的菜,你们真的不想喝点冰啤酒吗?"就这样每次当我们喝上冰啤酒时,他也总能满足地喝上一小杯。

二爷是一个大爱无私的人,他能让你就算身处绝境也能看到希望。521本应该是浪漫的日子,可5月对我来说却是黑色的,通话对面的母亲带给我的是一阵昏天黑地。父亲的病对我来说早有预感,家庭突降灾变在我的身上扎下了总是提心吊胆的根,只是我没有想到这个重担和灾难来得那么早。人活一生,风雨雷电和寒霜黑雪有时候会在同一个时辰向你的头上倾倒下来。我头昏脑涨熬了一个通宵后准备一早跟他道别,我想是时候我回去撑起这个家庭了。可说句实话除了内心的执念之外我没有多大信心,本准备赶时间不辞而别,二爷却硬是要求见我一面再做决定。"天塌下来就按塌下来处理,煎熬是没有什么用的,先吃饭"。这是见面他说的第一句话。记忆中,那天他的右腿因为痛风走路一颠一颠的。幸好父亲在肿瘤包膜撕裂的同时住上了院,可是随之而来的医药费压得我喘不过气来。那个支离破碎的家近十年内一直被疾病这个重担压得举步维艰,近三十万的医疗费对我而言是一个天文数字。"这五千块钱你先拿着去用,不够了再和我商量,问题总是可以解决的"。当晚,他又从储物室里翻出他前年生病住院用的瓶瓶罐罐,一样一样收拾了两大袋子物品。"这样你们就可以少买东西少花钱了,这些医院带回来的东西也终于实现了它们的使命了,是吧。""咦,这怎么有这么多没开封的剃须刀,还是我从国外带回来的。来来来,给你父亲拿几个去,他走得急肯定没带剃须刀。没坏吧,我先试试看。""没坏,这东西还不错。这个牌子我最喜欢了,不过现在大家都用电动的,这个快成老古董了。"那天晚上,二爷和我聊到凌晨一点。讲了二爷爷生病以及自己生病的故事,还讲了很多有关生老病死的故事。其实我懂,他不过是怕我难过,怕我被这重打击所压垮。他用一个个故事小心翼翼地呵护着一个刚受重创小女孩的心灵,他总是如此无微不至。在回去的路上,我坐在出租车上,抬头看向窗口仿佛看到了晨曦的光芒,看到了生活的希望。在父亲入院后的第3天,医院便安排了手术,情况实在容不得半点耽搁。和医生结束了术前谈话,颤抖着双手签下一系列术前通知单后,我发微信和二爷说:"明天父亲手术,一切很顺利,不用担心。"可谁也没想到,第二天中午,二爷就风尘仆仆地提着一箱樱桃出现在病房里。"刚从西藏赶回来,没提前来看你。现在正是吃樱桃的时节,家里估计没有这个水果吃,赶紧洗了吃。"得知父亲当时已经禁食在准备手术了,二爷拍着他肩膀说,"那就等做了手术吃,相信医生的技术,不要太紧张了哈,一定没问题的。"那天二爷又给我带来了六千块现金,说这是二爷爷托他带给我的。同日,我放下我所有的尊严决定在网上发起众筹活动。由于父亲第一晚没有脱离危险期,我陪了他一宿。天亮后就再也熬不住了,便昏睡过去了。醒来回复每一个爱心人士时,我发现一群称呼我侄女的人出现在列表里，可是我却并不认识。事后我才知道，在我发了众筹后，二爷和二爷爷第一时间帮我转发到自己的亲人群里，呼吁了不少亲戚好友为我筹款助力。因为身份特殊，他没有和身边任何人说起这件事，在筹款结束后他才跟我介绍那些称呼我侄女我却不认识的伯伯阿姨原来都是他的表兄表姐们。"她是一个不容易的孩子，大家一定要想办法帮帮她。"这是二爷和二爷爷向他人提及我时常说的一句话，说起来，二爷的大爱就像是遗传一样，因为二爷爷也总是一心为他人。在二爷出事前几天，二爷爷发信来问我最近的经济情况。我如实告知家中暂时没有经济收入，生活费主要靠周末兼职。于是他要我提供账号准备给我打两千块生活费，我考虑到二爷爷退休的情况婉言拒绝了。二爷爷尊重了我的选择，提议让我给父亲找一个保安工作。苦于各种现实原因，这件事一直耽搁了。因为二爷的过世，我和二爷爷在银川碰面了。经历过撕心裂肺伤痛的二爷爷身体变得很虚弱，他的痛我们能懂，可是谁也化不开。在二爷追悼会开完后的那个下午，因为守夜我熬了一个晚上，结果下午睡过头错过了晚饭。二爷爷得知我没吃晚饭，硬是拉上我凑上几个叔伯去吃宵夜。那几个叔伯多半是我从来没有见过的，可是大多是在长沙。二爷爷介绍我之后就一直嘱咐，让大家一定要帮忙留意是不是有保安工作可以介绍给我父亲。一个刚经历丧独子之痛的老人在这个时候竟然一心想的是我那个小家，每每想到这里我总是热泪盈眶，难以自已。一想到这里，我也恨上了老天的不公，为何好人不得好报？

或许是上天的嫉妒吧，因为二爷几乎是一个全能型人才。这倒不是因为他是天才，他不过是更加努力而已。他很会讲课，无论在什么时候，对哪个阶层的人都受用。而要讲到这个水平，可全靠他一字一句对着镜子反复练习得来的。近年来他热衷于青少年科普，在我跟他学习的时候，我们办了三次免费自然博物馆科普活动。每次活动都要一直站着讲解，整整两个小时，讲完的时候嘴唇往往干燥到泛血。他迈着痛风的腿纵横交错在每一个馆之间，一路上总是能吸引无数围观群众。我作为随行人员每每活动后都感觉体力不支，可他仍然能激情澎湃地去解答那些缠着他久久不肯离开的孩子们的十万个为什么。温泉蛇还在，文字稿也在，只是再也听不到他的段子，再也不能看到他在一堆花花草草边笑得跟个傻子一样了。

师姐说她的挫折和苦难相比我来得晚一些,因为老师为他们遮风挡雨了太多。可是面对他的离去,我一点儿也不比她们强,人生第一次在毫无精神准备的情况下,突然失去了最敬重的人,这种痛苦我也是第一次感受。您如师如父,跟您学习的日子是我这辈子永远都无法忘记的。回首和您的合影及邮件,仿佛做梦一样。您以前总是安慰我说,来日方长,继续加油。直到您的离开我才明白来日并不长,岁月实在太残忍。人世间最大的悲情,莫过于我还念着您,却只能见字如晤。

二爷,我不愿意相信您的离去,可每天早上醒来又要把您的离开重新接受一遍。不想说再见,又不得不说再见。谢谢您的到来,让我明白一个人原来可以如此伟大。

(本文作者为钟扬堂侄女,湖南师范大学在读研究生。文中称呼"二爷"即为"二叔",此为方言。"二爷爷"即钟扬父亲)

关于弘扬"钟扬精神"的倡议书

陈　凡　顾红雅等

中国共产党优秀党员、复旦大学、西藏大学教授、中组部第6至第8批援藏干部钟扬同志于2017年9月25日，在内蒙古鄂尔多斯市因公殉职。钟扬同志不幸逝世的消息传来，令人震惊扼腕。他把一生全部贡献给科研与教育事业，直至离世仍在完成工作的途中。这样一名长期坚守在青藏高原、不追求名利、为科研和教育事业无私奉献的科学家就此离开我们。

30余年从教、16年援藏、10年引种红树，这些时间都无法丈量钟扬同志生命的高度。为弥补青藏高原种质资源的缺失，钟扬同志义无反顾地登上世界屋脊，不畏艰险，深入艰苦地区，为将青藏高原的特有物种保留下来，造福后人作出了重大贡献。钟扬同志和他的团队共收集了4 000万粒种子，"每一粒种子都会在未来生根发芽"，为发掘相关植物资源提供了珍贵的样本，对我国种质资源库建设和西藏生物多样性保护作出了不可磨灭的贡献。长期的高原生活给钟扬同志的身体带来了不可逆转的伤害，但他毫不畏惧，矢志不渝地把宝贵生命献给了西藏的建设事业。

钟扬同志反复强调："教师是我最在意的身份。"在援藏的十六年间，钟扬同志在西藏的土地上播撒良种、培育人才，将一位教育工作者的责任发挥到极致，完美地诠释了他"最在意的身份"。他带领西藏大学科研教学团队申请到该校的第一个国家自然科学基金、第一个生态学硕士点和博士点，培养出了西藏第一位生物学博士，建设了西藏第一个教育部生物学创新团队，西藏大学的生态学学科也跻身于教育部"双一流"行列。他培养的人才和团队将在西藏生根发芽，继续为西藏的科研和教育事业贡献力量。

钟扬同志胸怀坦荡、充满激情，是"一个高尚的人，一个纯粹的人，一个有道德的人，一个脱离了低级趣味的人，一个有益于人民的人"，为科技界、教育界与其他行业树立了光辉典范。作为一名优秀共产党员，钟扬同志留给我们的不仅仅是丰硕的科研成果、珍稀的种子资源与优秀的教学科研人才团队，更重要的是他热爱祖国、热爱科学、教书育人、无私无畏、勇挑重担、忘我工作、献身边疆、甘于奉献的"钟扬精神"。

"钟扬精神"不仅值得每一位科研工作者学习继承，也是全国人民学习的榜样。我们有责任，也有义务将"钟扬精神"传承下去，让这样的精神在祖国大地上开花结果。只有发扬光大"钟扬精神"，才不负钟扬同志几十年如一日的付出，才能实现钟扬同志的遗愿，让这一精神财富造福子子孙孙。继承发扬这种精神与使命，才是对钟扬同志最真实、最深切的追思。

我们建议有关部门挖掘总结"钟扬精神"，宣传钟扬同志的感人事迹，号召全国人民向钟扬同志学习，为实现中华民族的伟大复兴努力奋斗！

倡议书起草人（以姓名拼音为序）：

陈　凡　中国科学院遗传与发育生物学研究所　研究员

顾红雅　北京大学生命科学学院　教授

拉　琼　西藏大学理学院　教授

卢宝荣　复旦大学生命科学学院　教授

宋纯鹏　河南大学生命科学学院　教授

向成斌　中国科学技术大学生命科学学院　教授

赵　忠　中国科学技术大学生命科学学院　教授

左建儒　中国科学院遗传与发育生物学研究所　研究员

第四部分

媒体重点报道汇编

《人民日报》：一粒种子的初心与梦想

——追记优秀共产党员、复旦大学教授钟扬

大 德 日 生

"一个基因可以拯救一个国家，一粒种子可以造福万千苍生"

你可知，一粒袁隆平教授培育的杂交水稻种子，让我国占世界7％的耕地养活了占世界22％的人口？

你可知，仅仅20多株被西方"植物猎人"引进的我国野生猕猴桃枝条，撑起了新西兰经济的支柱产业？

你可知，英国皇家植物园邱园，收集有全世界最多的豆科植物种子，一旦全球变暖，英国将占据粮食作物的基因优势？

"一个基因可以拯救一个国家，一粒种子可以造福万千苍生。"总把这句话挂在嘴边的复旦教授钟扬，正坐在一辆疾驰的车中。窗外，雄浑的高原景色如同壮丽油画，一条条河流闪烁着水晶般耀眼的光芒。他心驰神往：那看似光秃秃的苍茫山脉间，蕴藏着多少神奇植物？那终年白雪皑皑的珠穆朗玛峰上，究竟有没有雪莲在生长？

2 000万年前，在亚欧板块和印度洋板块的巨大碰撞下，隆起了世界上最年轻的高原——青藏高原。这里是广袤壮阔的圣地,却是植物探索的禁区。高寒缺氧，氧气含量不足内地的50％，昼夜温差高达45摄氏度，鲜有植物学家敢于涉足。

如果将植物的分布在世界地图上标注，青藏高原是一块少有记载的空白。更让人忧虑的是，人类对种子的研究步伐，远远追不上植物消逝的速度……钟扬要做的，就是为祖国盘点青藏高原的植物"家底"。"经过测算，在'科'这一层面上，青藏高原有我国植物物种的三分之一；在'属'这一层面上，青藏高原的植物物种超过全国三分之一。然而，这一数量远远被低估了。"钟扬说。

1964年出生于湖北黄冈的钟扬，少年早慧，勤奋刻苦。1979年，因担任黄冈地区招办副主任的父亲以身作则，不许他提前参加普通高考，蓄势待发的钟扬"一气之下"考取中国科技大学少年班。谁曾想，这个无线电专业毕业的少年，因1984年被分配到中科院武汉植物研究所而与植物结缘；又因心怀为国育才之梦，2000年到复旦大学生命科学学院任教，从此为教育事业奉献一生。

植物学中，也有"领土"。"晚清时期中国贫穷落后，英国人先后来华采集了几万颗种子、2 000多种珍稀植物。"钟扬心中发酸，就拿那从新西兰进口的高档水果"奇异果"来说，几代人下去，还有谁知道它就是有着土生土长"中国基因"的猕猴桃呢？还有那大熊猫般珍贵的"鸽子树"珙桐，居然是外国人发现的……西方人从中国拿走的珍稀种子和苗木，把英国这个只有1500种植物的岛国装扮成了世界植物的圣殿，更让西方在植物学研究中掌握话语权。

作为中国植物学家，钟扬立誓，要为祖国守护植物基因宝库；作为对人类负责的植物学家，他立誓，要在生物多样性不断遭到破坏的当下，为人类建一艘种子的"诺亚方舟"。

这个想法，终因复旦大学和西藏大学的结缘成为现实。自此，钟扬背起足有三四十斤重的双肩包，带着学生开启了为国家收集种子的征程。

2011年7月，珠穆朗玛峰一号大本营，海拔5 327米。

下午2时刚过，狂风开始肆虐，抽打在人脸上，呼吸都困难。"钟老师，您留守大本营，我们去！"学生拉琼看到老师嘴唇发乌，气喘得像拉风箱，不由暗暗心惊。

"你们能上,我也能上!你们能爬,我也能爬!"一贯带笑的钟老师拉下了脸,上气不接下气地"怼回去"。拉琼心里沉重,自己这个藏族小伙子尚且吃力,老师是从平原来的,身体又不好,怎么得了?看学生不作声,钟扬缓了缓,解释道:"我最清楚植物的情况,我不去的话,你们更难找。"

逆风而上,向珠穆朗玛峰北坡挺进,上不来气的钟扬嘴唇乌紫,脸都肿了,每走一步都是那样艰难。"找到了!"学生扎西次仁激动大喊,一处冰川退化后裸露的岩石缝里,一株仅4厘米高、浑身长满白色细绒毛的"鼠曲雪兔子"跃然眼前,骄傲地绽放着紫色的小花,它是高山雪莲的近亲,看着不起眼,但在植物研究者眼中比什么都美丽动人。

这里是海拔6 200米的珠峰,这是一株目前人类发现的海拔最高的种子植物,这是中国植物学家采样的最高点!

野外科考的艰苦超乎人们想象,经常七八天吃不到热饭。钟扬和学生们饿了啃一口死面饼子,渴了就从河里舀水喝,"食物不好消化才扛饿,饥饿是最好的味精"。晚上,住的是牦牛皮搭的帐篷,因为严重缺氧,煤油灯很难点亮;冬天,盖三床被子也无法抵御寒冷,早上洗脸要先用锤子砸开水桶里的冰;路上,常常被突袭的大雨冰雹困在山窝窝里,车子曾被峭壁上滚落的巨石砸中……

"高原反应差不多有17种,在过去的十几年间,每次我都有那么一两种,头晕、恶心、无力、腹泻都是家常便饭。不能因为高原反应,我们就怕了是吧。科学研究本身就是对人类的挑战。"钟扬这样说,开玩笑般的"轻松"。

为了规避种子遗传之间的杂交问题,每走50千米,才能采一个样;一个地方的两棵取样植物,至少相隔20米;一个物种,需要5 000个优质的种子。往往,为了采集更多更优质的种子,钟扬和学生们一年至少行走3万千米……夜以继日,殚精竭虑,一个夏天,他和学生们能采500个样。

如今,这些种子被精心保存在零下20摄氏度、湿度15%的冷库中,仿佛坐上了一艘驶向未来的时空飞船,将在80年到120年后,为那时的人们绽放生机。

一个个创举惊动学界!他们追踪整整10年,在海拔4 150米处发现了"植物界小白鼠"拟南芥的崭新生态型;他们采集的高原香柏种子里,已提取出抗癌成分,并通过了美国药学会认证;他们花了整整3年,将全世界仅存的3万多棵国家一级保护植物——西藏巨柏逐一登记在册,建立起保护"数据库";他们揭示了红景天、独一味、藏波罗花、垫状点地梅、西藏沙棘、山岭麻黄、纳木错鱼腥藻等青藏高原特有植物对环境的分子适应机制;他们的"杂交旱稻"重大研究成果获国家科技进步二等奖,这意味着,万一全球气候发生变化,干旱缺水地区也有机会让农业"平稳着陆";他还带领团队耕耘10年,在上海成功引种红树林,创造了世界引种最高纬度,为上海海岸生态保护打造了新的屏障……

16年来,钟扬和学生们走过了青藏高原的山山水水,艰苦跋涉50多万千米,累计收集了上千种植物的4 000多万颗种子,近西藏植物的五分之一。他的理想,是在未来10年间,收集西藏植物的五分之一以上,如果有更多人加入,也许30年就能全部收集完……

"最好的植物学研究,一定不是坐在办公室里做出来的。"钟扬有些"傲娇"地与学生共勉,这也成为他一生大写的标注。

党 员 本 色

"我将矢志不渝地把余生献给西藏建设事业"

经年累月的高原工作,让钟扬的身体频发警报。2015年5月2日,51岁生日当晚,他突发脑溢血,大脑破裂血管中流出的殷红鲜血化作CT片上大块惊人的白斑。

上海长海医院急诊室一角,钟扬内心极度狂乱:工作上留下的那么多报告,要做的项目,要参加的会议,要见的学生……还没做好任何思想准备,自己就像一条不知疲倦畅游的鱼儿,一下子被抛到了沙滩上。

此时,钟扬的血压已可怕地飙升至200,他试图说话,想跟身边人交代什么,可口齿不清的话语没人能听懂;他试图安慰一下被吓坏的儿子,可右手已经不听使唤,用尽全身力气只能用左手摸摸儿子头顶。"孩子们也许不得不开始走自己的人生道路了。"想到这,泪水禁不住浮上了钟扬的眼眶。

万幸，抢救及时。钟扬在ICU病房中缓缓睁开眼睛。短短几日，仿佛一生。脑溢血后第四天，他想了又想，摸索出让人偷偷带来的手机，拨通了原学生兼助理赵佳媛的电话。"小赵，麻烦你来医院一趟，拿着笔记本电脑。"

一头雾水的赵佳媛，见到了浑身插满仪器和管子的钟老师。"我想写一封信给组织上，已经想了很久了。"钟扬吃力地开口。赵佳媛在惊愕中忍住眼泪，在ICU各种仪器闪烁的灯光和嘀嘀声中，努力辨识着老师微弱的声音，一个字一个字地敲下：

"西藏是我国重要的国家安全和生态安全屏障，怎样才能建立一个长效机制来筑建屏障？关键还是要靠队伍。为此，我建议开展'天路计划'，让更多有才华、有志向的科学工作者，为建设社会主义新西藏而奋斗……就我个人而言，我将矢志不渝地把余生献给西藏建设事业。"

署名：钟扬，于长海医院ICU病房。

人们原本期望着，这个常年每天只睡3小时的人，能因为脑溢血的警示，多休息一阵子。钟扬手机上，有一个停留在凌晨3点的闹钟，不是为了叫醒他起床，而是为了提醒他睡觉。复旦大学研究生院的楼上，总有一盏灯几乎彻夜不熄，看门保安实在无奈，只好给钟院长开了"绿色通道"，特许他的门禁卡在整个楼空无一人时"来去自如"。

住院时，学生们轮流陪护。"张阳，你端盆冷水来。"凌晨1点多，钟扬轻轻把学生张阳唤醒，"你去用冷水泡块毛巾，水越多越好，不要拧干"。钟扬把冷毛巾敷在额头上，默不作声。许久，也许是看出学生疑惑，他长叹：这个点是我每天想事情最多的时候，现在不让我做事情，心里难受啊！

15天后，钟扬出院了，连午餐盒都没力气打开的他，在学生搀扶下，拖着"半身不遂"的右腿一步步爬上25级台阶，"瘫坐"在二楼办公室里。从这天起，他正式恢复工作。

从医院出来，医生给他规定了3条"铁律"：一是戒酒，二是吃药，三是绝不可再去西藏。担心钟扬的人们"舒了口气"：这个"钟大胆"，可以在进藏上消停消停了吧。

这个一顿饭能喝两瓶白酒的汉子，心一横，把酒戒了；可这个对青藏高原爱得深沉的汉子,无论医生如何警告,无论家人如何担忧,终究没"戒"得了西藏,"我戒得了酒,戒不了进藏。我不去心里就痒痒,好像做什么事都不提气"。

出院后,钟扬仿佛按了加速键,更加争分夺秒。不少人这样评价钟扬,他用53岁的人生,做了一般人100岁都做不完的事。"我有一种紧迫感,希望老天再给我10年时间,我还要去西藏,还要带学生",他总是这样对妻子说。

离开ICU刚半年,他又进藏了。开始不敢坐飞机,就辗转坐火车。怕在家人那里"落埋怨",就偷偷一个人行动。回来后,他惊喜又炫耀地对人说:看吧,我没事哎!

可他在西藏的朋友们心里难受,钟老师一下子苍老了很多,连上车都显得特别吃力,原来一顿饭能吃7个包子、3碗粥、4碟小菜,现在只能吃下一点点了!脑溢血后遗症也在钟扬脸上表现出来,扎西次仁心里难过,钟老师的脸跟原来不一样了,不像原来那么生动了。

很多人不解,他连命都不要了,到底想要什么?钟扬,他仿佛对一些人们热衷追逐的事从不在乎,又仿佛对一些人们不可理解的事格外执拗。

多年前,他放弃33岁副局级的"大好前程",到复旦大学当了一名没有职务的教授。直到去世,他的职级还是处级。

"搞科研嘛,不愿当官,写点论文,走点捷径,奔个院士总应该吧?"钟扬的学术成果300余项,早有资格坐在办公室里,"指挥手下一批人干活"。可钟扬就是"不通世故",非要撑着多病的身子去高原采集种子,"既无经济效益,又无名无利"。

面对"好心提醒",钟扬一笑,用两种植物这样解释:原始森林里生长的北美红杉,株高可达150米以上,可谓"成功者"。但在这个世界上,还有另外一种成功,矮小如鼠曲雪兔子,竟能耐受干旱、狂风、贫瘠的土壤以及45℃的昼夜温差,它之所以能成为世界上分布最高的植物,就是靠一群群不起眼的小草担任"先锋者",前赴后继征服一块块不毛之地。

这位把论文写在大地上的植物学家,这样深情解释:"先锋者为成功者奠定了基础,它们在生命的高度上应该是一致的。奔赴祖国和人类最需要的地方，这就是生长于珠穆朗玛峰的高山植物给我的人生启示。"

名，钟扬看不到眼里，利，就更与他无缘。

他花29元在拉萨地摊上买的牛仔裤，臀部破了两个巴掌大的洞，自己找一块蓝布补起来，补丁又磨破了还不舍得扔。这样的"破衣服"，钟扬衣柜里还整整齐齐叠着很多件。几十元钱的帽子，一晒就褪色，学生嫌丢人，"在我们西藏，只有赶毛驴的人才戴这样的帽子"，帮他扔了，钟老师却捡回来一直戴着。

他的院长办公室里，坐椅扶手磨秃了皮，材料边边角角的空白被剪下来当记事贴，桌子一角，堆放着档次不一、来自大宾馆小旅店的卷纸、一次性牙刷，水面高低不齐的矿泉水……他的妻子，同济大学生命科学学院教授，至今还穿着30年前做的外套。他最心爱的儿子，在内地西藏班寄宿，一个月给100元零花钱，孩子每个月取到钱，还古道热肠地请藏族小伙伴吃凉皮改善生活。

"这个上海来的大教授，怎么这样抠！"初相识，西藏学生"大跌眼镜"。可更让他们惊讶的是，这个连宾馆里用剩的一点点肥皂头都要拿塑料袋装走的钟老师，一资助西藏老师和学生就是几十万元！为让藏族学生开拓视野，他私人出资发起了"西藏大学学生走出雪域看内地"活动，组织80多个藏大学生赴上海学习；只要是藏大老师申报国家级项目，无论成功与否，他都补助2 000元……

日常科研开销让人发愁，钟扬总是爽朗地拍胸脯：把发票给我！大家都以为他神通广大，可整理遗物时才发现，他的办公室里，有满满两抽屉没报销的发票。

妻子张晓艳回忆，上世纪八九十年代，钟扬两度出国进修、做访问学者。回国时，他把在国外送报纸、端盘子省下来的生活费都买了计算机，准备捐给单位。过海关时，工作人员怎么都不相信，"个人回国都带彩电冰箱，哪有人买这种'大件'捐给公家？"

研究植物一辈子，万千植物中，钟扬最爱高原植物，它们在艰苦环境中深深扎根，顽强绽放……他曾深情写下这样的诗句：世上多少玲珑的花儿，出没于雕梁画栋；唯有那孤傲的藏波罗花，在高山砾石间绽放。

"我愿为党的革命事业奋斗终身，愿接受党的一切考验。"钟扬入党申请书上的话，字字铿锵。这是高原植物的品格，也是钟扬，这个有着26年党龄的共产党员的人生追求。

先 生 之 风

"每个学生都是一颗宝贵的种子"

"教师是我最在意的身份。"钟扬说，每个学生都是一颗宝贵的种子，全心浇灌就会开出希望之花。这些年，除了为国家收集植物种子，钟扬倾注了巨大心血培育最心爱的"种子"——学生。

凌晨5点多，爬起来给学生做早饭的，是钟老师；爬坡过坎，以身涉险为学生探路的，是钟老师；高原上，上气不接下气陪着困乏司机聊天的，是钟老师……从小，钟扬抱怨当老师的父母，关爱学生比管自己多。如今，他撇下一双心爱的儿子，陪学生的时间远超陪伴自己的孩子。

2003年，钟扬担任复旦大学生命科学学院常务副院长；2012年，担任复旦大学研究生院院长。在任期间，他尽心竭力，推动交叉学科发展，创建了"问题驱动式"研究生教育质量监控和保障新模式，推动研究生培养质量持续提升。

"不能因为一颗种子长得不好看，就说他没用了是吧！"钟扬的笑声依然回荡在人们耳边。他有着植物学家的独到眼光，底子薄弱的少数民族学生、想办退学的"老大难"、患有肌无力无法野外工作的学生……钟扬经过"选苗"，照收不误。他用心浇灌、培育，一个个学生竞相开出希望之花，成长为有用之才。

2017年毕业典礼上，博士生德吉偷偷把哈达藏在袖子里，献给了敬爱的钟老师，这是藏族人心中的最高礼节。当钟老师用藏语向全场介绍她的名字时，德吉心里有说不出的激动。

知情人都知道，到西藏后，钟老师在复旦招收的研究生越来越少，在藏大招收的研究生越来越多。"在西藏培养一个学生很慢，可培养出来的学生吃苦耐劳，愿意去做这种高劳动强度、低回报的种子收集和研究工作。"钟扬自豪地说，"我的5个西藏博士，至少有4个毕业后扎根西藏"。

穿藏袍，吃藏食，学藏语，连长相也越来越接近藏族同胞的钟老师，把小儿子送进了上海的西藏学校。这个黄浦江边长大的15岁男孩，说的不是"沪牌普通话"，而是一口地道的"西藏普通话"。"他喝酥油茶吃糌粑，跟我们藏族娃娃一样！"藏族朋友们很爱这个孩子，这也是钟老师的"种子"啊！

2016年的一个夜晚，西藏拉萨。钟扬像往常一样吞下一把降血压、降血脂、扩血管的药物，打开电脑。"我自愿申请转入中组部第八批援藏工作组……"他不假思索，郑重写道。第六批、第七批、第八批，这已经是钟扬第三次申请援藏了。

初始援藏，钟扬想为青藏高原盘点植物"家底"。漫长科考道路上，他慢慢意识到，这片神奇土地需要的不仅仅是一位生物学家，更需要一位教育工作者，"将科学研究的种子播撒在藏族学生心中，也许会对未来产生更为深远的影响"。再后来，他想把西藏大学的"造血机制"建起来，打造最好的平台，把学科带到新高度。

"不拿到博士学位授予权，我就不离开西藏大学！"来西藏大学第一天，全体大会上，钟扬对全校师生拍了胸脯。那时的藏大，连硕士点都没有。16年艰苦磨砺，钟扬帮助西藏大学创造了一个又一个"第一"：申请到西藏第一个国家自然科学基金、第一个理学博士点，为藏族培养了第一位植物学博士，带领西藏大学生态学科入选国家"双一流"……不仅填补了西藏高等教育的空白，更将西藏大学生物多样性研究成功推向世界。2017年，西藏自己的种质资源库也建立起来了，负责人正是钟扬的第一个藏族博士扎西次仁。畅快啊！钟扬春风满面，逢人就说："来西藏吧，我做东！"

"西藏大学的第一批人才队伍已经建起来了，能不去吗？"面对钟扬的第三次援藏，妻子明知劝阻无望，但还是想试试。"现在是藏大的关键时期，就像人爬到半山腰，容易滑下来。"钟扬沉默了，他深知，妻子十几年来独自撑着这个家，照顾一双幼子，侍奉4位父母，从不让自己分心。这一次，是妻子实在担忧自己的身体。"我想带出一批博士生团队，打造一种高端人才培养的援藏新模式。百年后我肯定不在了,但学生们还在。"听到这儿,妻子流着泪,默默点了点头。

如今,钟扬培养的少数民族学生已遍布西藏、新疆、青海、甘肃、宁夏、内蒙古、云南等西部省份,不少已成长为科研带头人。

事实上,钟扬的视野从没离开过下一代。"科学知识、精神和思维要从小培养,现在让孩子们多一点兴趣,说不定今后就多出几个科学家。"

谁能想到,一个忙得连饭都顾不上吃的大教授,每个月却坚持抽出两天去中小学开科普课。多年来,钟扬以巨大热情投入科普教育中,参与了上海科技馆、自然博物馆建设,承担了自然博物馆500块中英文图文的编写工作,出版了3本科普著作和6本科普译著,每年主讲30场科普讲座。钟扬,是有口皆碑的明星科普专家。

高 原 永 生

"任何生命都有其结束的一天,但我毫不畏惧"

9月9日,钟扬双胞胎儿子——钟云杉、钟云实的生日。云杉、云实,一个裸子植物,一个被子植物,是这个植物学家父亲给儿子人生中的第一个礼物。

"今天你们满15岁了,按照我和爸爸的约定,以后有事找爸爸!"给儿子过生日、吹蜡烛,妻子张晓艳脸上闪耀着喜悦和"如释重负"。这个家,钟扬总是聚少离多,一次、两次,儿子上幼儿园时就知道愤愤地跟妈妈"告状":"爸爸不靠谱!"

张晓艳心中一直有个很大的遗憾,家里那张"全家福"已是12年前的了。一年前,在儿子多次恳求下,钟扬终于答应挤出时间陪全家一起去旅游,多拍点"全家福",可临出发,他又因工作缺席了。

国家的项目,精益求精;西藏的学生,事无巨细;繁杂的工作,事必躬亲……钟扬无数次想了又想,都心有歉疚地拉着妻子的手说:"孩子们15岁之前,你管;15岁之后,我管!"

钟扬是独子,80多岁的父母独居武汉,想见儿子一面,简直难上加难。

盼哪，盼哪，终于盼到儿子来武汉开会，"我给孙子准备了东西，你来家里拿！"老母亲为了让儿子回家，找了个"借口"。

"行，几点几分，您把东西放在门口，我拿了就走。"钟扬匆匆回复。"想见他一面这么难哪！"老母亲打电话给儿媳抱怨："有时候在门口一站，连屋子都不进。有时候干脆让学生来。我们就当为国家生了个儿子！"打电话不接，发短信不回，母亲实在无法，用了上世纪的原始手段——写信。

"扬子，再不能去拼命了，人的身体是肉长的，是铁打的，也要磨损。我和爸的意见就是，今后西藏那边都不要去了，你要下定决心不能再去了……想到你的身体，我就急，不能为你去做点什么，写信也不能多写了，头晕眼糊。太啰嗦了，耐心一点看完。"

尽管抱怨，可家里每个人都知道，钟扬是全家的精神支柱。有他在，妻子就可以"大事你安排，我负责配合"，父母就能"谢谢你的孝心，我们吃了保健品很有用"，儿子就有"安全而温暖的靠山"。

钟扬最终没能等来又一个10年。2017年9月25日凌晨5时许，内蒙古鄂尔多斯市，在为民族地区干部授课途中，钟扬遭遇车祸，生命定格在了53岁。

乍闻噩耗，妻子正准备出门上班。天塌了，当听说是车祸，张晓艳讷讷地拿着电话，"这个概率太大了"。整日奔波在外的丈夫，经常以身涉险的丈夫，长期睡眠不足的丈夫……天天担心，天天担心，这个担心终究还是发生了。

生怕父母受刺激，张晓艳托人把老家的网线拔掉，在上海滂沱的大雨中，带着儿子直奔机场。

"妈妈，到底怎么回事？为什么我们要去银川？"面对儿子的疑问，张晓艳无言以对。然而路上，孩子还是从铺天盖地的媒体上得知事实，"父亲，你敢走啊，我还没长大呢……"懂事的孩子不敢刺激妈妈，哭着在QQ空间里写道。

千瞒万瞒，一条老友"二老节哀"的短信，还是让老两口瞬间坠入冰窟。白发人送黑发人啊！80多岁的老父亲一下子仰倒在沙发上，嚎啕大哭。老母亲强忍着收拾行李,去银川,去银川看看儿子去啊!

"钟扬啊!你说话不算数,你说孩子15岁以后你管啊……"车祸现场,张晓艳瘫倒在地。她不敢相信,煤气中毒、脑溢血挺过来了,高原反应和野外涉险挺过来了,这么平坦、这么宽敞的一段柏油马路,怎么就出事了呢?

钟扬坐在疾驰的汽车上,在猝不及防中结束了宝贵的生命。在生命最后一瞬间,他在想什么?他在牵挂谁?

银川殡仪馆,700多个花圈,淹没了广场和纪念大厅。祖国各地的亲朋好友来了,世界各地的亲朋好友来了。钟扬的第一位藏族博士扎西次仁,握住钟扬父亲的手说不出话来,抱歉,他想说抱歉,钟老师是为了我们,很少顾及家里。"扎西啊,钟扬以后再也不能帮你们做事情了。"老爷子哆嗦着嘴唇开口,竟这样说。

"钟老师,您不听话啊!我们天天嘱咐您别再跑了,您不听啊……"

"钟老师,您那么大的个子,怎么躺在了那么小的水晶棺里。"

"钟老师,您说等您回来,给院系党支部上党课,学习黄大年同志的先进事迹。"

"钟老师,一路走好,我是西藏大学的学生,您撒在高原上的种子,我们负责让它发芽。"

"父亲,你终于可以休息了。可是,要问问题时,我找谁呢?"

……

当人们把车祸赔偿金拿给钟扬家人,老父亲坚决不肯收。他流着眼泪,用很重的湖南口音说:"这些钱是我儿子用生命换来的,我不能收。"最终,一家人决定,把钟扬138万元的车祸赔偿金和利息全部捐出来,发起成立"复旦大学钟扬教授基金",用于支持西部少数民族地区的人才培养工作。"这是我们家人能为钟扬未竟事业做的一点事,也是他所希望看到的",张晓艳泣不成声。

现在已是西藏大学副教授的德吉,一直想给钟老师做一身藏袍,"钟老师特别像我们藏族汉子,他已经答应了,可我再没机会了……"总爱请钟老师开导自己的硕士研究生边珍,不知道偷偷给老师发了多少条微信,她总盼望这是一场梦,"我没事啊!"那样爽朗的笑声,还会响彻耳边。而在上海海岸线,茁壮的红树林幼苗已繁衍出第三代,也许有一天会成长为上海新的生态名片,这是钟扬送给未来上海的礼物。

钟扬的骨灰被他的学生庄严地撒入奔腾不息的雅鲁藏布江,江水呜咽,寒风卷着浪花,痛悼他的离去……奔腾不息的浪花会将他的骨灰送到青藏高原的每个角落,成为祖国山河肌理的一部分,而他,永远也不会与这片深爱的土地分离。

钟扬那带着湖南味的普通话依然回荡耳边:"任何生命都有其结束的一天,但我毫不畏惧,因为我的学生会将科学探索之路延续,而我们采集的种子,也许会在几百年后的某一天生根发芽,到那时,不知会完成多少人的梦想。"

(记者　张　烁《人民日报》2018年3月26日9版)

新华社：一颗种子的答案

——雪域高原播种者钟扬的"精神珠峰"

一个人的生命，能够记录到怎样的巅峰？

在海拔6 000多米的珠穆朗玛峰北坡，他攀登到植物学家采样的最高高度。

一颗平凡的种子，可以为民族的未来带来多大的光亮？

16年间行程超过50万千米，每年100多天在最偏远、最荒凉、最艰苦的地方穿梭。

他带领团队收集4 000万颗种子，盘点了世界屋脊的生物"家底"。

2017年9月25日，著名植物学家、复旦大学生命科学学院教授钟扬在内蒙古鄂尔多斯市出差途中不幸遭遇车祸，53岁的生命戛然而止。

"任何生命都有其结束的一天，但我毫不畏惧，因为我的学生会将科学探索之路延续。"钟扬曾说过的话犹在耳边。

从藏北高原到藏南谷地，从阿里无人区到雅鲁藏布江边，我们走进钟扬精彩的一生。

"一种基因可以改变一个国家的命运，一颗种子可以改变一个民族的未来。"——登上植物学之巅，因为他有独特的"种子观""种子梦"

植物有灵。

山前山后，各一片万年不枯的草木。

一草一木，都有自己生命的高度和韧度。

青藏高原上，烈日暴雨交替侵袭，稀薄的空气睥睨着每一个野外工作者。然而，无数不知名的雪山上，成千上万的植物都有这样一个身影的"记忆"——四五十度的陡坡，一个身材壮硕的人在艰难攀爬，脸庞被晒得发紫，牛仔裤和格子衬衫上溅满泥浆。

青藏高原的山峰垂直高差至少500米，一个来回就是1 000米。高原爬山不比平地，海拔4 000多米的高山上，每走一步都好似要用尽浑身力气，可他始终走在一群年轻人前面。

他就是钟扬。

2011年6月，在海拔6 000多米的珠穆朗玛峰北坡，钟扬带领团队采到高山雪莲，攀登到中国植物学家采样的最高高度。

为了这一刻，钟扬酝酿了十年。

2001年，钟扬第一次进藏。有的人不理解：一个复旦大学的著名学者，为什么要跑到边疆搞科研？

原来，钟扬在复旦大学重建生态学科的工作中越来越意识到，许多物种在消失，保存种质资源作为一项基础性、战略性工作，对于国家发展、人类命运意义非凡。

钟扬瞄准了一个地方：西藏——这里有将近6 000个高等植物物种，却从来没有人进行过彻底盘点和种子采集。

"一种基因可以改变一个国家的命运，一颗种子可以改变一个民族的未来。"

这是钟扬的"种子观"。

"假设西藏有一种应对癌症的植物一百多年后没有了，但一百多年前我采集过5 000粒种子，并且把种子放在了一个罐子里。后人拿出来种，即使只有500粒能活、50粒能结种子，这个植物不就恢复了吗？"

这是钟扬的"种子梦。"

这个梦一追，就是16年。

钟扬说，他要在"生命禁区"找到植物界的"成功者"高山雪莲。

1938年，德国探险家在海拔6 300米左右的珠穆朗玛峰南坡采集到一种几厘米高的高山雪莲（鼠曲雪兔子），将其记载为世界上分布最高的高等植物，被国际高山植物学专著和教科书奉为经典。而此后更无人找到这种植物。

从2011年起，钟扬开始带领团队寻找高山雪莲。6月的一天，他们再度爬上了珠穆朗玛峰。

走到珠峰大本营周围，高山雪莲还未现身。

"继续向上走！"钟扬呼呼喘着粗气，脚下一瘸一拐走得不稳，表情却比任何时候都坚毅。

西藏大学理学院教授拉琼回忆："当时我觉得钟老师不是西藏山民，又不熟悉山情，可能会有危险，建议他在帐篷里等我们。谁知他一句'你能爬我也能爬'就把我顶回来了。最终拗不过他，一起再出发。"

"找到了！找到了！"

钟扬沙哑的声音透着异样的兴奋。

这是一片冰川退化后裸露的岩石。在岩石缝里，藏着这种高仅10厘米、长着灰白小绒球花朵的不起眼植物。花形宛如拇指，花瓣的形状蜿蜒着生生不息的气息。钟扬像注视一个刚出生的孩子那样，脸上挂着深深的喜悦，凝望了很久……

"这个发现使我们找到突破现有世界纪录的最高海拔分布植物的信心，进一步的分子生物学分析将为揭示其种群来源、动态及其与全球变化的关系提供科学的依据。"

钟扬说，他要在"无人区"盘点"生物家底"。

陡坡直上直下，他在跋涉。不管多远多危险、高原反应多严重，只要对研究有帮助，钟扬就带着学生，从林芝、日喀则，到那曲、阿里，一颗一颗地采集植物标本和DNA样品；

月亮弯了又圆，他的灯火不熄。西藏巨柏长在雅鲁藏布江两岸的悬崖边上，他带着学生爬上陡崖，脚下就是滚滚江水；沙棘的种子难采，钟扬采得最多，扎了满手的刺。

阿里有一片无人区,被称为"世界屋脊上的屋脊"，平均海拔4 500米以上，气候寒冷干燥，平均风速在每秒3.2米以上，是任何有氧生物都难以生存的绝境。

有人劝钟扬,别去阿里了,那里海拔太高、条件太苦,而且物种较少,辛苦一天只能采几个样,不划算。钟扬却说:"正是因为别人都不愿去,阿里地区肯定还有未被发掘的特有植物,哪怕再苦,我们也必须去!"

钟扬的人生,原本可以很从容。

15岁时,钟扬就考入中国科技大学少年班;二十几岁,就成为当时国内植物学领域的青年领军人物;33岁,从中科院武汉植物研究所辞职到复旦大学当一名普通老师时,他已是副厅级干部。

可他却选择用生命在高原行走攀登,用满腔热忱投身一线教学:"生命就这么长,要把最宝贵的时光献给祖国最需要的地方!"

有人问钟扬,一天到晚采种子,没有任何眼前的经济利益,值得吗?

"功成不必在我。"他回答:"假设一百多年之后还有癌症,又发现有一种植物可以抗癌,但也许由于气候变化,这种植物已经消失。人们会想起,一百多年前,有个姓钟的教授好像采集过。"

有人问钟扬,还要在西藏待多久,他坚定地说:"不拿到藏大的植物学博士点我绝不离开!"

"在仰望星空的同时,千万不要忘了脚踏实地,因为世界上的很多伟大都是熬出来的。"——他是熬出来的"种子猎人",随身的只有"老三样""死面饼子"

盘点"家底",需要"大海捞针"。

这是一种细长而直立的小草,花苞绽放时,开出米粒一样大的四瓣小花。在青藏高原的千沟万壑之间,这样的小草如同沧海一粟。

然而,这种看上去并不起眼的小草,却因结构简单、生长周期短和基因组小,而被广泛研究,是植物学家珍爱的"小白鼠"。

拟南芥,上世纪50年代曾被编入植物志。然而在基因技术应用之后,由于没有人在青藏高原采到过它的样品和种子,无法对高原拟南芥进行基因组测序和深入分析。谁一旦找到了这种植物,就掌握了逆境生物学研究的新材料,就能再现高原植物的起源进化过程。

西藏大学生态学博士生刘天猛,至今无法忘记钟老师带着他们寻找野生拟南芥的身影:"他大口喘着气带着我们往山上爬,不放过一个岩石间的裂缝,不放过一株峭壁旁的小草。"要知道,很多种子并非挂在树上、长在路边等着人采,而是隐没在茫茫荒原之中。

"他就是要带着我们往前走,一直往前走。"

在钟扬指导下,许敏和赵宁两位学生利用每个周末到海拔4 000多米的雅鲁藏布江流域探寻,终于在2013年找到分布在西藏的一种全新的拟南芥生态型。

"一切为了国家的科研事业。"中国科学院院士、复旦大学副校长金力至今难忘钟扬团队发现西藏高山上拟南芥时的欣喜若狂:"他身上有一种对科学纯粹的追求,超越了名利,超越了时间,超越了任何物质需求。"

钟扬将其命名为"XZ生态型拟南芥",这既是两位年轻人姓氏拼音的缩写,更是西藏首字母的组合:"这是西藏的馈赠,也是大自然的回报。"

盘点"家底",需要赶超"数字极限"。

在钟扬心目中,有这样一个"小目标":每一份种子样本,要收集5 000颗种子。

按照采集标准,要集齐这5 000颗种子,不能在一个地方收集了事,而必须再换一个直线距离50千米以外的地方采集。

拉琼算了一笔账:集齐一份种子样本的5 000颗种子大概要跑500—1 000千米。一天800千米,日夜兼程,已是极限。

"吸氧,快给他吸氧!"

2010年,一次野外考察中,由于极度劳累,钟扬出现了严重的高原反应:面色乌青,嘴唇发紫,大喘着粗气。学生朱彬见状不好,挣扎着拔掉自己的氧气管,想要换给钟老师。

谁知钟扬一把推开了他的手,无力地一笑:"别动,快点插回去……"

那一夜,没有人知道他是怎么熬过去的。等到第二天朝阳升起,钟扬又强撑着和学生们踏上了盘点"家底"的征程。

盘点"家底",更要啃下难啃的"硬骨头"。

西藏有1 000多种特有植物，光核桃就是其中一种。为了采集这种种子，钟扬和团队收集了8 000个桃子，装了两大麻袋，运回拉萨的实验室。

光核桃又酸又涩，壳又硬，怎么把桃核取出来成了大问题。

最后，钟扬愣是让所有路过的老师、学生，每个人必须尝7颗。

"为什么尝7颗呢？我研究发现，如果超过了10颗，很多同志肯定一辈子都不想再见我了。光核桃确实难啃，藏族朋友一边吃，一边呸呸呸，然后很认真地说，这个东西不能吃。可是我们必须这样把它吃完。"

光吃完还不够，钟扬和团队还需要把吃剩的核刷干净、用布擦干、晾干，才算大功告成。

无法想象的苦，却总有更惊人的毅力去克服。

无数个野外的清晨，钟扬嘴唇冻得发紫，还要忍着身体不适给学生做早饭，"你们年轻，要多睡会儿"；早晨6点出门采集种子，到了晚饭时间还没吃上饭，最后只见钟扬带头从地里刨开土，抓起萝卜混着泥巴往嘴里送，一边嚼一边说："纯天然的东西，好吃"；行程中必备的干粮是一种"死面饼子"，因为难消化，才顶饿！

太炽热的爱，往往伴随着更刻骨铭心的痛。

钟扬不是不知道高原反应的厉害。

西藏种质资源库主任扎西次仁说："钟老师当时到了藏大，什么都没说，就是带着我们一起去野外考察。他血压高，刚到西藏时高原反应特别厉害，头晕、恶心、无力、腹泻，但他从不抱怨。每天清晨出门，为了把包里的空间尽量省下来装采样，他只带最简单的东西。"

两个面包、一袋榨菜、一瓶矿泉水，就是这简陋的"老三样"伴随钟扬走过了16个年头的跋涉——

钟扬团队采集的高原香柏，已从中提取出抗癌成分，并通过美国药学会认证；

钟扬团队率先寻获的拟南芥已无偿提供给全球科研机构，为全球植物学研究提供了支持；

钟扬带着学生扎西次仁花了整整三年时间，将位于青藏高原的全世界仅存的3万多棵巨柏登记在册。

钟扬曾说:"在仰望星空的同时,千万不要忘了脚踏实地,因为世界上的很多伟大都是熬出来的。"

"在艰苦环境下生长起来的植物才有韧性,生长得慢,却刚直遒劲。"——他是西藏学科"神话"推动者,但无限拉伸的皮筋竟也有它的极限

"我开始感受到身体内密密流淌的鲜血……"

"情况突然发生了变化。不知为什么,我的右腿像灌了铅一样沉重。夹菜的右手只握住了一只筷子,而另一只筷子却掉在了地上。"

2015年5月2日晚,51岁生日这天,一向精神抖擞的钟扬倒下了,在意识模糊的瞬间,世界在周身无止境地旋转,他被紧急送往上海长海医院。

时钟回拨到2001年,雪域高原上的西藏大学。

彼时,钟扬自主来到西藏做植物学科研,却发现西藏大学的植物学专业的"三个没有":没有教授、老师没有博士学位、申请课题没有基础。

西藏大学的老师们也并不看好钟扬:他一个从上海来的"养尊处优"的教授,就能让西藏大学的科研改头换面?

但他们没想到的是,钟扬跟他们想的"不一样",他坚守下来,扎根高原,这一坚守就是整整16年。

在复旦大学,他除了担负着生命科学学院的授课任务之外,作为研究生院院长,还担负着研究生院的管理工作。院办老师说,用"车水马龙"形容钟老师的办公室一点不为过:"从早到晚不停有老师和学生找他,我们只好规定每人限时15分钟。"

就是在这样本身已经很不够用的时间里,钟扬硬是给自己安排出一份24小时的"狂人"日程表:

21:30,从上海飞往成都,住机场附近;第二天清晨6:00飞赴拉萨,直奔野外采样;结束后,17:00至19:45,审阅论文;20:00至22:00,为西藏大学理学院本科生答疑解惑;22:45至凌晨4:00,与青年学者讨论科考和论文;7:00,从西藏大学出发,再次奔赴野外……

要知道,即便是西藏当地人,由于高原缺氧,睡得不深、半夜易醒,往往要睡够八九个小时才有精神能工作，可钟扬却说："我在这里能睡四个小时，已经很奢侈了……"

他多少年如一日每天坚持工作20个小时，为了节省时间，用五分钟解决一顿盒饭，开会间隙抓紧时间打个盹，他"压榨"着自己的生命，用"负重前行"换来了无数个"第一"：

他指导西藏大学申请到历史上第一个国家自然科学基金项目、第一个生态学博士点，帮助西藏大学培养出第一位植物学博士，将西藏大学的生态学科带入了国家"双一流"建设学科行列……

拉琼知道这些成绩背后的艰辛："过去，我们大家都觉得国家项目对我们来说就是'神话'，但是钟老师这些年带领我们一步步走近'神话'，还把'神话'变成了现实。"

钟扬曾把自己比作裸子植物，像青松翠柏，因为他知道，在艰苦环境下生长起来的植物才有韧性，生长得慢，却刚直遒劲。

钟扬的身体开始发出一次又一次预警。

2015年5月2日夜，上海长海医院诊断结果出来：脑溢血。

抢救后的第三天，钟扬还没有度过危险期，仍旧在重症监护室观察，可他满脑子全是工作的事儿。正好复旦大学生命科学学院教师赵佳媛来看他，他就让她打开电脑，口述写下他对援藏的思考交给党组织。他提出对建设西藏生态安全屏障的建议，认为"建立高端人才队伍极端重要"。

赵佳媛一边记录，眼泪一边止不住地往下流。在学生们心目中，钟老师就像是一条可以无限拉伸的皮筋，然而他们绝没有想到，这条皮筋竟然也有它的极限！

2015年5月15日下午，术后不到半个月，钟扬奇迹般地重新投入工作，而此时半身不遂的他甚至连午餐盒都无法打开。医生看着他离开的背影叹了一口气：长期的高原生活、过高的工作强度、严重不足的睡眠，使钟扬出现心脏肥大、血管脆弱等种种症状，每分钟心跳只有40多下。

医生对他下了三个禁令：不再喝酒、不坐飞机、缓去西藏。

没想到，才过一年，他不顾医生告诫，再次走上高原路："我把酒戒了，就是戒不了西藏啊！"

2016年6月，拉琼在西藏大学又见到了钟扬。

拉琼眼前站着的，是一位虚弱的人，在烈日暴晒下，眉头紧锁、吃力喘息、走路缓慢，身上穿的还是29块钱买的那条牛仔裤。

这一次来，还是为了西藏大学生态学学科建设的事情。"西藏的事情总要有人去做。"

几乎所有人都认为，经过这次大病，钟扬会放慢工作的脚步。可是此时此刻人们发现，他不仅没有放慢，反而还"变本加厉"！

复旦大学生命科学学院副教授南蓬懂他："他希望老天再给他十年，让他把西藏的人才梯队真正带起来。"

"世界上有多少玲珑的花儿，出没于雕梁画栋；唯有那孤傲的藏波罗花，在高山砾石间绽放"——化作千万藏波罗花，人们读懂"钟扬精神"的永恒追求

2017年9月29日，最后送别的日子到了。

复旦大学校园里挂着怀念钟扬的横幅："留下的每一粒种子都会在未来生根发芽。"

银川的遗体告别会会场内外摆满700多个花圈，变成了花的海洋。

生前同事和合作伙伴赶来了，数十所高校的老师赶来了，还有很多中小学生和家长也赶来了，其中很多人只是听过他的一场报告。

"我突然感觉到，我对他的了解真的太少了。"复旦大学研究生院副院长杨长江发现，钟院长十几年来为援藏、为科普的太多奉献从不曾宣之于口。

和钟扬教授只有一面之缘的西藏大学财经学院副书记旺宗听到钟扬离去的消息嚎啕大哭：怎么这么好的一个人就这么走了？

钟扬的老母亲默默饮泣："他是为国家做事的人，让他去，就让他去……"

老父亲对治丧小组提出了家属唯一的"要求"："希望在悼词里写上：钟扬是优秀的共产党员！"

最让妻子张晓艳遗憾的，是家里最新的一张"全家福"，已被12年的岁月磨出泛黄的滤镜。

"钟扬追求的始终是人类、是国家、是科学、是教育。他的追求里有无数的别人,唯独没有他自己。"金力说。

"我是一个在红旗下长大、受党教育培养多年的青年科技工作者。在学生时代,我就向往加入中国共产党。今天,我对中国共产党更加坚定不移。我愿为党工作,为革命事业奋斗终生。"

20多年前,钟扬在入党志愿书上写下这样的志愿,这个庄严承诺从此伴随他一生。

20多年来,钟扬半生跋涉,半生凄苦,陪在他身边的,仍旧是背包里的"老三样",仍旧是那条沾满泥浆的牛仔裤。

为什么,他身上患有多种高原病,每分钟心跳40多下,医生严禁他坐飞机、进藏,可他却越着急、越拼命,饱尝病痛折磨之时,满腔热血奉献边疆,一颗初心仍然滚烫?

钟扬知道,再进藏可能是死路一条,但他戒不掉、放不下、忘不了,因为那是他一颗科学初心的"瘾"!

没有人能劝住他,因为他早已下定决心:"共产党员,就要敢于成为先锋者,也要甘于成为奉献者!"

为什么,他已是863生物和医药技术主题专家组的大专家,他18年前编写的教材至今仍被奉为经典,他的众多科研成果蜚声国际,而他却16年如一日投身雪域高原的苍茫天地、投身基础学科的教学与科普?

钟扬说,这是高山雪莲带给他的启示:当一个物种要拓展其疆域而必须迎接恶劣环境挑战的时候,总是需要一些先锋者牺牲个体优势,以换取整个群体新的生存和发展!

"一代人有一代人的精神和使命。"复旦大学生命科学学院教授陈家宽说,我们国家从富起来到强起来,需要有一批这样的科学家无私奉献,需要有一批这样的共产党员负重前行。

上世纪90年代初,钟扬与张晓艳分赴美国做访问学者和留学。当时选择回国的人不多,但钟扬夫妇从没纠结过这个问题。回国时,别人带回来的多是国内稀缺的彩电、冰箱等家电,钟扬却自掏腰包带回了搞科研用的电脑、打印机和复印机。

张晓艳回忆说："我们一起去提货的时候，海关都不相信，怎么可能有人用自己省吃俭用节省下来的钱给公家买设备？"但这就是钟扬，他头脑里永远想的是，我应该为组织、为国家做些什么。

刚来到西藏大学的时候，钟扬发现西藏大学教师申报国家项目没经验、不敢报、没人报，他二话不说，就拿来老师们的申请书上手修改，还提供申报补助每人2 000元，用于支付申报过程中产生的费用。

有人估算，十多年来，钟扬自掏腰包给西藏大学师生的扶持，加起来至少有几十万元。而在他去世后，同事帮他的家人一起整理遗物，发现他的衣物少得可怜，没有羊毛衫，没有羽绒衫，牛仔裤仍是那件磨得不成样子的29元地摊货！

钟扬很喜欢藏波罗花，它越是在环境恶劣的地方，生命力越强。在他培养的首位藏族植物学博士生扎西次仁完成论文时，钟扬唱了一首西藏民歌：

"世界上有多少玲珑的花儿，出没于雕梁画栋；唯有那孤傲的藏波罗花，在高山砾石间绽放……"

"我想带出一批博士生团队，让西藏形成人才培养的造血机制。100年后我肯定不在这个世界上了，但我的学生们在，他们早晚有一天会发现那颗改变我们国家命运的种子。"

钟扬走了，留给妻子张晓艳的，是4位八旬老人和一对正上中学的双胞胎儿子。还是因为对种子的爱，钟扬为双胞胎儿子取名"云杉"和"云实"，一个是裸子植物，一个是被子植物。

张晓艳和老人商量后，做了一个出乎人们意料的决定：把138万元车祸赔偿金全部捐出，发起成立"复旦大学钟扬教授基金"，用于奖励沪藏两地优秀师生。

在张晓艳眼中，设立这个基金，"也是为钟扬完成他最大的心愿……"

（记者　陈　芳　陈　聪　吴振东　新华社2018年3月26日电）

《光明日报》：播种未来的追梦人

——追记扎根大地的人民科学家钟扬

他有很多头衔和成就——复旦大学党委委员、研究生院院长，西藏大学特聘教授；教育部长江学者、国家杰出青年基金获得者；发表论文200余篇，获国家发明二等奖一次，教育部自然科学一等奖三次……但他更愿意称自己是"一名工作在青藏高原的生物学家，一名来自上海的援藏教师"。他说，人这一辈子，不在乎发了多少论文，拿了多少奖项，留下来的是故事。

他有很多传奇——15岁考入中国科技大学少年班；毕业后从无线电专业转行植物学和生物信息学，短短几年就站上这一领域的学术前沿；33岁时已是一名副局级干部，前途一片大好，却毅然放弃所有职级待遇，来到复旦大学做一名普通教授；从事研究和教学工作30余年，学术援藏16年，在雪域高原跋涉50多万千米，收集上千种植物的4 000多万颗种子，填补了世界种质资源库没有西藏种子的空白；帮助和推动了西藏大学的植物学专业从"三个没有"：没有教授，教师没有博士学位，没有申请过国家自然基金项目，到创造一个又一个"第一"，不仅填补了西藏高等教育一系列空白，更将西藏大学生物多样性研究成功推向世界。

他有许多不为人知的故事——参与SARS病毒和血吸虫基因组的进化研究，获得重大突破；科普类畅销书《大流感——最致命瘟疫的史诗》的中文版译者；2010年上海世博会英国馆种子殿堂里40%种子的提供者；义务参与上海科技馆科普工作17年，撰写大量中英文图文版，是深受青少年欢迎的明星专家和科学队长。

他叫钟扬，一位拥抱时代的先行者，一位播种未来的追梦人，他是先锋者，更是奉献者。他做的每一件事，都在追逐梦想，都在奉献祖国，他是扎根大地的人民科学家。

2017年9月25日清晨，在为民族地区干部授课的出差途中遭遇车祸，钟扬53岁的生命定格在那一刻。消息传开，网上网下，人们自发地追思他，怀念他。

他说，最好的植物学研究一定不是在办公室里做出来的，祖国那些生物资源丰富的地方才是生物学家最应该去的地方。所以，他选择了西藏，因为那里是国家生态安全战略重地。从2001年起，钟扬10年自主进藏开展科研，此后更连续成为中组部第六、七、八三批援藏干部。

16年间，他的足迹遍布西藏最偏远、最艰苦、最荒芜的地区，经历过无数生死一瞬。他一直对学生说，"只要国家需要、人类需要，再艰苦的科研也要去做""一个基因可以拯救一个国家，一粒种子可以造福万千苍生"。他深知，种质资源事关国家生态安全，事关整个人类未来。他致力于生物多样性研究和保护，他把论文书写在祖国的山川大地，他用生命在天地之间写就壮阔的时代故事。

2015年，钟扬突发脑溢血，死里逃生苏醒后，第一时间口述记录下一封给党组织的信：

"这十多年来，既有跋山涉水、冒着生命危险的艰辛，也有人才育成、一举实现零的突破的欢欣；既有组织上给予的责任和荣誉为伴，也有窦性心律过缓和高血压等疾病相随。就我个人而言，我将矢志不渝地把余生献给西藏建设事业……"

在同事的记忆里，他是与时间赛跑的人。他的衣袋装着很多小纸片，上面密密麻麻写满待办事项，每做完一项就用笔划掉。每次出差都选择最早班飞机，只为到达后就能立即开始工作；他常在办公室工作到半夜，闹钟固定设在凌晨3点，不是用来叫他起床，而是提醒他到点睡觉；突发脑溢血后，只住了十几天医院就重新投入工作,而当时的他甚至连午餐盒都无法打开;他的随身听里是请学生录的藏语听力教材,他说:"没人规定援藏干部要学藏语,但是用藏语,是表达尊重的最好方式。"

"在我的课题组里,学生才是上帝。"这不是钟扬的一句玩笑话,在他的实验室里,每个学生做的都是最适合自身的研究。在他眼里,每个学生都是一颗珍贵的种子。就像收集种子一样,他用心培养,因材施教,期待他们长成参天大树。钟扬特别喜欢招收少数民族学生,他认为少数民族地区培养人才尤其难,但培养好了,这些学生回到家乡,就能成为靠得住、留得下、用得上的生力军。十几年间,他培养的学生遍布西藏、新疆、青海、甘肃、宁夏、内蒙古、云南等西部省份。他说,"我有一个梦想,为祖国每一个民族都培养一个植物学博士"。

忙碌的科研教学之余,钟扬还以巨大的热情投入大众科普教育事业。在他看来,最应该做科普的就是一线科学家。他说,科学研究是一项艰苦的事业,而科学家的特质就是从中提取欢乐,然后把科学和欢乐一起带给大家。

历经多个领导岗位,钟扬永远严格自律、简朴廉洁。一条29元的牛仔裤陪他跋山涉水,3件短袖衬衫就可以过一个夏天。他从不对职务待遇、收入条件提任何要求,他心里想的只有做事,做对国家有用的事。

告别会上,钟扬80多岁的父亲对治丧小组提出了家属唯一的要求:"只希望在悼词里写上,'钟扬是一名优秀的中国共产党党员。'"

(记者 颜维琦 《光明日报》2018年3月26日A1版)

《经济日报》：在高原播撒"希望的种子"

——追记援藏教师、复旦大学教授钟扬（上）

他说，如果在野外，只要找到一粒或者几粒种子，很有可能把它栽培成功。这在植物学界就叫"希望的种子"。

他说，创新的心永远无法平静。只要心在不断飞翔，路就不断向前延伸。

他是钟扬，一名工作在青藏高原的生物学家，一名来自上海复旦大学的援藏教师。2017年9月25日，钟扬意外遭遇车祸，不幸辞世，年仅53岁。4 000多万颗植物种子和各种科学"奇谈"，成为钟扬留给世界的最珍贵礼物。

科学探索的冒险家——

"不是杰出者才善梦，而是善梦者才杰出"

飞机在起飞降落时为什么要打开遮光板？国外在给病人注射青霉素时为什么不做皮试？在钟扬的脑子里，时时刻刻都会冒出一些问题，充满各种好奇。这些问题钟扬会想方设法学懂弄通，然后再拿出来与人分享。

追问，是钟扬的一种习惯。正是在不断的追问中，他勤奋钻研，锐意进取，一生致力于生物多样性的保护和利用，并在生物信息学、进化生物学等生命科学前沿领域长期积累，拥有独创性的成果。

2010年，上海世博会英国馆的种子殿堂令人震撼不已。很少有人知道，这其中40%的种子都是钟扬提供的。如今，钟扬和他的团队收集了上千种植物的4 000多万颗种子，很多被存放在国家和上海种质库的冰库里，可以存放100年至400年不等。

钟扬常说:"不是杰出者才做梦,而是善梦者才杰出。"1979年,15岁的钟扬考入中国科技大学少年班。1984年从无线电专业毕业后,他进入中科院武汉植物所,开始从事植物学研究,二十几岁即成为当时国内植物学领域的青年领军人物。

成绩背后,是钟扬超乎常人的坚持和勤奋。他最初从无线电专业转向植物学研究,花了整整两年业余时间,风雨无阻,旁听了武汉大学生物系所有课程。2000年,钟扬放弃武汉植物所副所长的岗位,来到复旦大学做了一名普通教授。

钟扬曾风趣地说,自己做科研有"新四不像"精神,即像狗一样灵敏的嗅觉,把握前沿;像兔子一样迅速,立即行动;像猪一样放松的心态,不怕失败;最后也是最重要的,像牛一样勤劳,坚持不懈。

从2001年起,钟扬开始前往西藏从事高原生物多样性研究,然后又积极投身西藏大学的学科建设和人才培养。他在西藏艰苦跋涉50多万千米,最高攀登到海拔6 000多米,克服了极端严寒、高原反应等各种困难,收集高原种子,为高原种质库做准备。

从藏北高原到藏南谷地,从阿里无人区到雅鲁藏布江边,许多地方留下了钟扬忙碌的身影。不管有多危险,只要对研究有帮助,他就去。在野外考察途中,他多次看到过往车辆冲出盘旋的山路,掉下悬崖;没有水,就不洗脸;没有旅店,就裹着大衣睡在车上;大雨、冰雹从天而降,就躲在山窝子里;还有几乎所有类型的高原反应……这些钟扬几乎都经历了,但是他都顽强地克服了。

"他的团队对红景天、西藏沙棘等青藏高原特色植物资源和珍稀植物的研究,都已取得重要进展。他们不仅揭示了西藏特有植物对高原极端环境的分子适应机制,为抗旱、抗寒、抗紫外线等化合物开发利用奠定了基础,也为西藏特有植物的保护提供了保障。"复旦大学党委副书记刘承功这样评价钟扬。

1938年,德国探险家在海拔6 300米左右的珠穆朗玛峰南坡采集到一棵几厘米高的鼠曲雪兔子,将其记载为世界上分布最高的高等植物。随着全球气候变化和冰川消融,植物的分布可能有新的高度。为此,钟扬和他的团队一次又一次去珠峰考察,后来终于在海拔6 100米以上的北坡采集到了宝贵样品。这些样品使钟扬他们坚信,南坡能找到突破现有世界纪录的最高海拔分布植物。同时,进一步的分子生物学分析,将为揭示种群来源、动态及其与全球变化关系提供科学依据。

钟扬的植物情缘不仅在雪域高原,也在距离相隔4 000千米、海拔相差4 000米的上海临港。在上海浦东南汇东滩湿地附近,有一块10亩大小的地块。这里种植的是钟扬培植的红树树苗,最高的已经长出地面两米多。种植红树之前,这块地是干的,盐碱一直往外泛。种植红树后,蝌蚪、田螺都出现了,生物种类明显增多。

钟扬的愿望是,50年甚至100年以后,上海的海滩也能长满繁盛的红树,人们提起上海的时候,会毫不吝啬地称其为"美丽的海滨城市"。

"钟扬对科学的追求发自热爱,他的人生就像一颗流星,那么充分地燃烧,最后划过天际。"复旦大学生命科学学院工会主席杨亚军说。

生命高度的丈量者——

"一个基因拯救一个国家,一粒种子造福万千苍生"

2015年,钟扬突发脑溢血,幸好被及时发现送医就治,康复效果很好。他的学生朱彬回忆说,当时医生告诫钟老师两件事:一是要彻底戒掉他生活中几乎唯一的嗜好——喝酒。二是3年内不能再去西藏。钟老师非常严格地遵守了戒酒令。然而,他完全没能"戒"掉西藏。出院后仅仅几个月,钟老师又踏上去西藏教学的路。

为什么对西藏情有独钟?还得从钟扬来到复旦大学说起。

2000年,钟扬到复旦大学后,与几位老师一起承担起了重建生态学科的任务。他逐渐意识到,随着人类活动和环境变化,很多物种在消失,保存种质资源已经成为一项基础性、战略性的工作。经过大量细致的文献调研和实地野外考察,他发现西藏独有的植物资源未受足够重视,物种数量被严重低估。在全世界最大的种质资源库中,也缺少西藏地区植物的影子。

于是,钟扬把目光投向青藏高原。为国家打造生态屏障,建立青藏高原特有植物的"基因库",钟扬此后16年与西藏结下了不解之缘。

"一个基因可以拯救一个国家,一粒种子可以造福万千苍生。"钟扬用自己的生命丈量生命的高度。从只身踏上地球"第三极",盘点青藏高原的生物资源,探寻生物进化的轨迹,到2010年成为中组部选派的第六批援藏干部,钟扬将生命的高度与高原连接起来。3年后,他又申请留任第七批援藏干部。

2016年,由于西藏大学相关学科建设处在紧要关头,大病初愈的钟扬选择再次申请留任。钟妈妈在写给儿子的信中这样劝他:"扬子,你生病快一年了,我和你爸的意见是,今后西藏那边都不要去了。你要下定决心不能再去了。"老人在后面那句话上,画了重重的波浪线。

可是,钟扬毅然再次申请留任。最终凭着体检合格报告和个人反复争取,钟扬入选了第八批援藏干部。复旦大学研究生院综合办公室副主任包晓明说:"钟扬教授在科学考察的过程中多次面对死亡的挑战,在海南经历了煤气中毒,在西藏经历过多次山上落石,所幸没有被砸中,还突发脑溢血,所以他对生死看得很淡。"

培养了一批藏族科研人才,为西藏大学申请到第一个生态学博士点、第一个国家自然科学基金项目,带出了西藏自治区第一个生物学教育部创新团队,钟扬一腔热血,希望打造一种高端人才培养的援藏新模式。

在一份西藏大学理学院2011年至今的国家自然科学基金统计中,钟扬申请到280万元的项目,从2012年1月份至2015年12月份,他和团队开展了对青藏高原极端环境下的植物基因组变异及适应性进化机制研究。这个为期4年的项目是理学院迄今为止基金金额最大的一个。

如今,西藏大学与10多年前相比,已是天壤之别。钟扬工作过的理学院不仅成为西藏大学办学时间最长的学院之一,也是为西藏培养人才最多的学院之一。

"以前学校的老师还是上课为主,一直是师范化教学模式,对搞学术、写论文没有概念。钟老师来了后,经常讲课培训,帮助教师们提升科研论文写作水平,现在我们教师发表论文都很有信心。"西藏大学理学院原院长白玛多吉说。

钟扬在西藏不只是做研究、抓教育,包晓明说:"钟扬教授生前和我讲过,他要在墨脱种咖啡,并且说,大概用3年到5年时间就能请我们喝上来自青藏高原的咖啡。"

(记者 李万祥《经济日报》2018年3月26日第1版)

《经济日报》：播种梦想　延续生命
——追记援藏教师、复旦大学教授钟扬（下）

他说，任何生命都有其结束的一天，我毫不畏惧，我的学生会将科学探索之路延续，我们采集的种子，也许会在几百年后的某一天生根发芽，到那时，不知会完成多少人的梦想。

因材施教的教育工作者

"我相信，终有一天，梦想之花会在他们的脚下开放"

2017年的现代生物科学导论课期末考试试卷中，老师们设置了这样一道题："请结合生物多样性的知识，和你本人对钟扬教授先进事迹的学习，谈谈钟扬教授在青藏高原执着于此项事业的生物学意义。"

"阅卷中我们发现，每个学生的答案都写得满满的，学生们对钟扬老师的怀念感恩之情跃然纸上，读着读着就忍不住泪流。"复旦大学生命科学学院工会主席杨亚军说，钟扬是个普通实干的教授，对每个学生都真情实意，在西藏大学乐于给普通本科生上课，帮扶老师，帮助学生，这是他作为教师的良心，也是对教育的良心。

院长、校长助理、导师……从事研究教学30多年，教师是钟扬最在意的身份。当年，他"跳槽"到复旦大学，实际上是希望从科学家转型成为既搞科研又搞教学的大学教授，他一直有当教师的梦。

钟扬身兼复旦大学、西藏大学两校博士生导师，指导了藏族第一位植物学博士和哈萨克族第一位植物学博士。当地学生熟悉地形,了解当地生物分布,如果受到良好的科研训练,完全可以做出成绩。2015年6月份,西藏大学第一批7位生物学研究生毕业,他们中大部分都留在了西藏。

钟扬意识到,西藏这片神奇的土地需要的不仅仅是生物学家,更需要的是教育工作者,将科学研究的种子播撒在学生心中,也许会对未来产生更为深远的影响。高原植物学人才的培养,不仅仅在课堂,也在雪山脚下,荆棘丛中,他要让自己的学生学会克服困难、迎接挑战。

在学生眼里,钟扬充满仁爱之心,风趣幽默。所有学生都吃过他做的饭,一半以上的男同学在他的宿舍里借宿过。学生们忘不了,多少个野外考察的清晨,都是钟老师冻得嘴唇发紫、忍着身体不适,为大家生火做饭。

在阿里地区的一次野外考察中,有个学生缺氧晕倒了。钟扬一边喊着"吸氧,快给他吸氧",一边忍受着自己严重的高原反应。学生挣扎着拔掉氧气管,试图换给钟老师,结果被他阻止:"别动,都这么大的人了,这么不讲卫生,快点插回去!"那一夜,没有人知道他是怎么熬过来的。但是,等到太阳升起的时候,钟扬老师又有说有笑地与学生们踏上征程。

2017年,在上海市教卫直属机关青年工作委员会首场报告会上,钟扬寄语青年成才要有三个重要品质:人生没有绝对,不必等到临终才回首自己的人生,只要把每个年龄段该干的事都干了,就不负你的人生。珍惜自己的岗位和状态,是走向更高更远前程的重要因素。珍惜现有的环境和当下的体验,不把自我发展寄托于别人,不论终点落于何处,都会有精彩的收获。

许敏和赵宁两位学生不会忘记老师的教导和关爱。在高原,有一种植物名为拟南芥,研究价值堪比果蝇和小白鼠。寻找特殊的拟南芥材料,成为全球植物学界竞争的方向之一。在钟扬老师指导下,两人利用休息时间,每周末坐公交、爬山路,到4 000多米海拔高峰去探寻,终于找到一种全新的拟南芥生态型。钟扬将其命名为"XZ生态型",这既是两位年轻人姓氏拼音的组合,也是西藏首个字母的缩写。钟扬告诉学生,这是西藏的馈赠,也是大自然的回报。

钟扬说过,海拔越高的地方,植物的生长越艰难,但是越艰难的地方,植物的生命力就越顽强。我希望我的学生，就如这生长在世界屋脊的植物一样，坚持梦想，无畏艰险。我相信，终有一天，梦想之花会在他们的脚下开放。

"记得在2013年，我第一次跟着钟老师去珠峰采样，我们团队所有人7天靠着吃饼干、火腿肠、榨菜度过，一顿饭菜、一碗面都没吃。可是，这艰苦的条件在钟老师眼里纯属正常。"西藏大学理学院副教授德吉说："在海拔5300米的雪山上，钟老师明明有了高原反应，但却总是说'我没事''你们要注意安全''累了就休息一会儿'。"

在任职复旦大学研究生院院长期间，钟扬推动设立了研究生服务中心，全天服务12小时，一年365天无休，最大限度地方便学生办事。他还推动创立了研究生论文指导中心、研究生FIST课程等重要项目，想方设法满足研究生的学术发展需求。

钟扬认为，作为新时期的教育工作者，应当把提升青年学生的创新能力放在更为重要的地位，把培育创新人才作为高等教育改革中必须下大力气实现的目标。

"2008年，我担任学校副校长之后，生命科学学院很多老师提出应由钟扬接任院长，但却被他婉拒了。他说学院应该在全球招聘院长，这样可以提升在全球的影响力。"中国科学院院士、复旦大学副校长金力说，钟扬对职务和名利总是看得很轻。

会讲故事的科普达人

"科学研究是艰苦的事业，科学家从中提取欢乐"

工作生活中，钟扬带给身边人的都是快乐、充实和满足。每当人们问他追求科学的"初心"时，他都会扔下一句："这哪是什么'初心'啊，只是一颗肥大的跳动过缓的心脏吧！"这是一个生物学家的幽默。

科研教学闲暇之余，只要有钟扬在的场合，总是热闹非凡，那也正是他的"脱口秀"时间。他会兴奋地讲自己最近在科研、科普方面的新发现、新突破、新鲜事儿，所聊内容不仅是 *Science*、*Nature* 等杂志上的论文，还有王自健、papi酱等各类网络红人，无所不包。

"这些年,我无时无刻不受教于钟老师,也被他对科普的极大热情感染着,更佩服钟老师对于科普工作的深刻思考。"复旦大学生命科学学院教师赵佳媛从2003年就加入钟扬的课题组,参与科普工作。

在赵佳媛看来,钟扬是无私奉献的科普大师。钟扬经常受邀开设公众科普讲座,坚持为全国中小学生做形式多样的义务科普,担任学校科学顾问,指导中学生科学创新活动。近年来,他还专门组建了团队,为中学生开展系统的科学能力训练。

"作为上海科技馆学术委员会的成员,钟老师不管有多忙,几乎都是有求必应。科技馆的许多同事在工作中都或多或少得到过他的指点和帮助。"上海科技馆研究设计院展览设计部主任鲍其泂说。

上海自然博物馆是上海科技馆分馆,在建馆之初,需要一个能够承担全馆图文写作的团队。但因为学科跨度大、文字要求高,始终找不到合适的人选,先后联系过几家高校都因难度太大而被婉拒。鲍其泂找到了钟扬老师。"原本想着他实在太忙,如果能利用他在圈内的人脉帮忙牵线或引荐,就很感激了。没想到他二话不说就接下了这个要求高但回报少、时间紧却周期长的'烫手山芋'。"鲍其泂说。

如今,陈列在上海自然博物馆的每一块图文板,都有钟扬的精心付出。500多块展板涉及天文、地理、人文等丰富内容,都是钟扬与馆里工作人员一字一句地讨论编写的。每个展区门口都有钟扬参与编写的导语,展现了他极高的语言天赋和博闻强识。在完成自然博物馆的高强度工作中,他度过了自己50岁的生日。

提供极不易得到的青藏高原温泉蛇标本,帮忙征集高山蛙标本,了解兰花螳螂的生长环境……"有困难就找钟老师",这是上海自然博物馆工作人员的口头禅,而钟扬总能提供最有效的解决办法。

"看似复杂的生物信息学内容,钟老师举重若轻地在谈笑间就能解释清楚,他是那种浑身洋溢着满满才华和智慧的人,语言表达能力一流,任何事情或话题都能信手拈来,不仅言之有物,还风趣幽默之至。"上海自然博物馆展示工程建设团队成员徐蕾回忆说,只要同事听过一场钟老师的讲座,都会立刻对他"路转粉"。

钟扬是一位很爱讲故事也很会讲故事的科学家。在鲍其泂及同事眼中，钟扬是被科研工作耽误的"段子高手"，工作中，无论碰到什么困难，只要找到他，就会变成妙趣横生的段子，连折磨他许久的痛风和高原反应也成了佐餐的调料。钟扬经常要上台发言，有时候如果痛风发作，他就一瘸一瘸地走上去，自嘲地说，"痛风有两个特点，一个是痛，一个是来去如风"。

从2003年到2017年，钟扬共撰写、翻译、审校了10本科普著作。去世前，他还有一本科普书籍尚在翻译。这些著作中，《大流感》《科学编年史》《基因计算》都广受读者赞誉。

（记者　李万祥《经济日报》2018年3月27日第9版）

China Daily: Death of famed "seed man" plants new hope[*]

植物的希望,著名的"种子男人"走了

The "seed man's" mission took him to the greatest heights — that is, to the roof of the world — to lead a team collecting 40 million seeds from hundreds of thousands of species.

Zhong Yang often undertook research in harsh environments, where few biologists dared tread, especially Qomolangma, known in the West as Mount Everest.

The botanist also was celebrated as an educator and popular-science communicator, who cultivated a passion for science among the public and potential PhDs before his recent death in a car accident last September.

He was 53.

Zhong journeyed thousands of kilometers through Tibet every year during his 16 years of regularly visiting the autonomous region.

He and his team collected seeds, including those of many species not previously contained in the world's largest seed banks.

---

[*] By Erik Nilsson in Shanghai | China Daily | Updated: 2018-03-26 07:26

"We're studying the diversity and adaptation mechanisms of plants in the Qinghai-Tibet Plateau's extreme environments," Zhong's former student and Tibet University Professor Lhachun said.

"So, we frequently travel to high altitudes. Zhong told us it's not our task to work in low altitudes and comfortable places."

Their seed-collection quest on the plateau, also known as the "third pole", is a race against time, said Zhong's former student and director of the Tibet Germplasm Bank, Tashi Tsering.

"Climate change is causing the glaciers to recede," he said.

This, in turn, is drying out the world's highest elevations.

"We realized we must collect and preserve seeds to protect biodiversity. We were rushing while working in the field in Tibet. We'd sometimes travel up to 800 kilometers a day and weren't guaranteed a place to stay."

The team collected specimens during the daytime and processed them at night.

"We only slept for an hour or two after dark and stayed at high altitudes during the day," he said.

"We had to work hard. We were exhausted."

Lhachun recalled the final trip he made with Zhong to Qomolangma.

"Our goal was very clear. We were looking for seeds from plants that grow on the planet's highest altitudes," he said.

"I told Zhong we shouldn't go so high. His lips were dark. He was gasping."

The team found Gnaphalium affine D. Don plants, also known as Jersey cudweed, at an elevation of about 6,000 meters.

"Zhong was very excited," Lhachun said.

"This discovery meant a lot to him. It's a good sample for studying how plants adapt to extreme elevations."

Zhong was instrumental in developing Tibet University's ecology major, which is the only discipline recognized by the Education Ministry's Double First-Class list.

His wife, Zhang Xiaoyan, donated all the compensation money from his death to establish the Foundation of Professor Zhong Yang of Fudan University to reward outstanding teachers and students in Shanghai and Tibet.

"We sorted his desk after he passed away," she said.

"We found much of his work was half done. Our child said: 'This was my father's money. It was for his life. We should still use it for his career.'"

Zhong enrolled in the University of Science and Technology of China's School of Gifted Youth at age 15.

He started working at Shanghai's Fudan University in 2000, after leaving the Chinese Academy of Sciences' Wuhan Institute of Botany.

The scientist began visiting Tibet a year later for research and later went on to help Tibet University develop its ecology major from scratch.

The professor's youngest son is studying at a Tibetan middle school in Shanghai because the boy developed an interest in the region while traveling there with his father.

He supports his dad's wish that some of his ashes be taken to Tibet.

"Then, I'll have a reason to make pilgrimages to Tibet — to pay tribute to my father," he said.

Tashi Tsering spread Zhong's ashes in Tibet's Brahmaputra River.

"When he was recovering from a brain hemorrhage, he said his whole life was devoted to Tibet. We also felt that way," Tashi Tsering said.

"So, we felt we could honor his life's aspirations by bringing his ashes here. Part of him has returned to Lhasa."

Two greenhouses near Shanghai's coast host dozens of mangrove saplings.

The plant is often referred to as a "coast guard" because it serves as an ecological buffer along the shores.

But it was previously believed the species couldn't survive in places like

Shanghai.

Zhong and his team spent 10 years cultivating the saplings.

They'll grow during the coming half-century into large trees that benefit future generations. They bear testimony to the seed man's story — a mission to plant hope and cultivate a better future for all.

（记者　Erik Nilsson《中国日报》2018年3月26日）

《科技日报》：胸怀大爱，灌溉科学的种子

——追记我国著名植物学家、复旦大学教授钟扬

从复旦大学出来，灰暗的天空飘起小雪花，上海迎来2018年第一场雪。时隔近半年，同事和学生们还没适应离开钟老师的日子。

"有我在，你们担心什么呢？"钟老师总能让每个有困难的人定心。他那"哈哈哈"爽朗的笑声是大家缓解焦虑的必备良药。

一切在2017年9月25日戛然而止，出差途中的一场车祸带走了年仅53岁的钟老师。

猝不及防的永别和愉快的过往交织着，大家谈起钟老师，很容易突然泣不成声。睿智、风趣、热心、豁达、家国情怀……一位心有大爱的知识分子形象愈发具体：他是扎根山川大地研究植物的科学家，是春风化雨培养人才的教育家，还是为科普事业尽心尽力的社会活动家。

他用53年时间做了别人用100年才能做完的事。他是钟扬。

青藏高原，他的科研乐土

"一个基因可以为一个国家带来希望，一粒种子可以造福万千苍生。"建立青藏高原特有植物的"基因库"，是钟扬还没完成的梦。他发现，西藏独有的植物资源一直未受到足够重视，物种数量被严重低估，即使在世界最大的种子资源库，也缺少西藏地区植物的身影。

过去十几年，钟扬每年有一小半时间都在西藏工作，从藏北高原到藏南

谷地，从阿里无人区到林芝雅鲁藏布江边，行路超过10万千米，收集了上千种植物的4 000多万颗种子。他相信，现在为国家保存这些特有植物的基因，将带给未来无限可能。

钟扬常说，"不是杰出者才做梦，而是善梦者才杰出"。他的科研道路，就是在不断地做梦、圆梦中走出来的。

1984年，钟扬从中科大少年班毕业，分配到中科院武汉植物所，那时他几乎不认识什么植物，因为他是学无线电的。一年后，他背熟了所有植物的俗名和拉丁名（国际植物学界进行交流的标准用名）。"当时他有一台计算机，就琢磨怎么能利用起来研究植物。"复旦大学环境科学系副教授雷一东也曾在武汉植物所工作，他说钟扬特别喜欢大胆假设。

随着生物数据模型与信息系统的设计与实现，钟扬越来越沉迷于他的"跨界"研究。千禧年来临之际，已经是武汉植物所副所长的他毅然放弃副厅级待遇，来到上海复旦大学全心全意当教授，深耕分子进化分析方法及应用。

"西藏是每个植物学家都应该去的地方。"钟扬总是说，气候条件越恶劣环境下的植物越有研究价值。特别是在青藏高原那些植被稀疏、盖度小的地方，植物的分布规律体现了植物如何适应环境的进化过程。

"在海拔4 150米的地方，他找到了世界上海拔最高的拟南芥。"中科院昆明植物所党委书记杨永平研究员介绍，拟南芥是植物界的小白鼠，全世界有一半的植物学家都在研究它。在全基因组测序基础上检测功能基因适应性进化的结果表明，西藏拟南芥为目前世界上所发现野生拟南芥的原始群体。

援藏16年，带出生态学"地方队"

在青藏高原漫长的野外考察路上，钟扬慢慢意识到，这片神奇的土地不仅需要一位科学家，还需要一位教育工作者。"在复旦大学可以培养很多博士，但他们不一定对在高原上收集种子这种高劳动强度、低回报的工作有那么大帮助。"只有将科学研究的种子播撒在藏族学生心中，留下一支科研团队，西藏的生态研究才能走得更远。

从2001年与西藏大学开展科研合作,到2010年起连续成为中组部第六、七、八批援藏干部,钟扬奔忙于西藏的高等教育事业,乐此不疲。2015年突发脑溢血后,医生告诫他西藏不能再去了,但他不听,接着申请中组部第九批援藏干部。

"本来定在9月28日,钟老师来学校参加一流学科建设讨论会。"西藏大学理学院教授拉琼念叨着,仍然难以接受恩师的离开。钟扬带领藏大生态学拿到了第一个硕士点、第一个博士点、第一个自然科学基金,现在又入选"双一流"。发展的框架刚搭起来,他们的钟老师却突然走了……

"任何生命都有其结束的一天,但我毫不畏惧,因为我的学生会将科学探索之路延续。"钟扬曾在纪录片《播种未来》里说过这样一句话。现在,他的第一个藏族博士扎西次仁已经成为自治区科技厅西藏高原研究所种质资源库主任。

在藏大实验楼四楼的一个实验室门口,挂着教育部"青藏高原生物多样性与分子进化"创新团队的牌子。拉琼介绍,团队2010年获得支持后,又在2016年获得滚动支持。而他现在能做的,就是用好钟老师留下的资源,加倍努力搞科研。

上海自然博物馆里充满科学的欢乐

"科学研究是一项艰苦的事业,科学家的特质就是从中提取欢乐,然后把科学和欢乐一起带给大家。"钟扬是这样要求自己的。担任着上海科技馆和上海自然博物馆的顾问,17年来,无论展览工程、科普活动,还是指导科技馆员工,他几乎有求必应,把已排满的时间表再挤挤。

钟扬50岁生日是在上海自然博物馆过的。"那天是周末,他和我们讨论了一天图文版,然后晚上非要请吃东来顺,我们才知道他过生日。"上海科技馆研究设计院展览设计部主任鲍其泂说,自然博物馆建设过程中,钟扬是图文版的总负责人,反复推敲过每一个词条。现在馆里差不多一半的图文版是他亲自撰写的,包括难写的词条和"前言""后记"这种重要内容。

在自然博物馆非洲展区,对金合欢的介绍就来自钟扬的灵光一现。非洲稀树草原上的哨刺金合欢为了防止自己被动物啃食，长满10厘米的刺，但挡不住长颈鹿；刺里有蜜，吸引了蚂蚁来居住，当家园受到侵扰，倾巢而出的蚂蚁可以赶走长颈鹿。如何形容这种相生相克的关系？钟扬想到了《菊与刀》，于是有了标题"金合欢的'剑与蜜'"。

他是一个睿智的知识分子，又是一个热心肠的老大哥。得知自然博物馆展示青藏高原生物还缺高山蛙和温泉蛇标本，他马上表示出野外时可以帮忙找。现在，在青藏高原展区可以看到这两件不算起眼的标本，但钟扬作为标本贡献人并没有署名。

"8月25日，钟老师来馆里给中学生夏令营做科普讲座，当时人太多，我就没挤上前去打招呼，反正老见面。"说起这万万没想到的最后一面，鲍其洞哽咽了。面向青少年的科普讲座，钟扬每年都要做几十场，场场爆满。能把科学讲出趣味的人太稀缺，而他以一种段子手的感召力，能点燃普通人对科学的兴趣。

还没顾得上把一场场妙趣横生的科普讲座录制成系列视频，钟扬突然走了。

在银川举行的追悼会上，花圈铺满广场，人头攒动，大部分人都是自发赶来和钟老师说再见的。复旦大学生命科学学院工会主席杨亚军说，告别式前夕甚至买不到从上海去银川的机票。

有的人死了，他还活着。

在上海，在西藏，钟扬的事业还将继续。而他在青少年心中埋下的科学种子，和在青藏高原收集的种子一样，也会在将来的某一天发芽……

（记者　杨　雪　《科技日报》2018年3月26日第1版）

《中国青年报》:"探界者"钟扬

拟南芥,一种看起来细弱的草本植物,因为生长快、体型小、分布广、基因组小,常被植物学家比作"小白鼠",是进行遗传学研究的好材料,全世界几乎有一半的植物学家都在研究它。

在植物学家很少涉足的青藏高原,执着的钟扬发现了它,他把拟南芥栽种在自己位于西藏大学安置房的后院中,把它做成标本带回了复旦大学。

植物学家、科普达人、援藏干部、教育专家……哪一个身份都可以以一种完整的人生角色在他身上呈现,在生命的高度和广度上,他一直在探索自己的边界,直到他生命戛然而止的那天……

"英雄"少年

"这是我所经历的1979年高考:全省录取率不到4%,我所在班级80%的同学是农村户口,一半考上了北大、清华和科大。"钟扬曾经这样回忆自己高考的经历,他就读的是如今鼎鼎大名的黄冈中学。

1977年,学校在大操场上举行隆重的欢送仪式,庆祝恢复高考后的第一届大学生即将入学,4名考上大学的同学胸前戴着大红花,像英雄一般。

钟扬也渴望成为那样的"英雄"。父亲是当地的招办主任,为了避嫌,父亲不让他以在读生身份提前参加高考,在与父亲赌气的同时,钟扬参加了中国科技大学少年班的考试,当时的竞争非常激烈,就在钟扬差点失去信心的时候,他接到了通知——考上了!

这个15岁考入中科大无线电专业的少年,开始了他不安分的人生。

钟扬的母亲王彩艳回忆,钟扬在考上少年班以后就开始补习数学、物理,因为老师说他这两门考得不好。进入大学以后,钟扬一边忙着学生会宣传委员的事务,一边坚持每月往家里写信。

那时,学习无线电专业的他对植物学产生了浓厚的兴趣,因此转向用计算机技术研究植物学问题。1984年,钟扬被分配到中国科学院武汉植物所工作,那时,他曾用两年的业余时间,旁听了武汉大学生物系的课程。

回忆起这段往事,钟扬的妻子——一直在植物学领域深耕的张晓艳也感叹:"他在这方面的知识储备非常充足。"

和钟扬外向热情的性格相比,张晓艳就显得内向了许多。那时候,工作调动是一件非常困难的事,加上不愿和父母分居异地,张晓艳对于与钟扬的婚事一直犹豫不定。

一次,张晓艳在工作结束后回到武汉,钟扬在车站接她时突然开门见山地说,自己把证明开好了。

"什么证明?"张晓艳问。

"我们的结婚证明啊。"

"我还没同意呢,你怎么就把这个证明开了呢?"

"没有问题,大家都觉得可以了,到时间了。"

"于是我就这样有点'被胁迫'地领了结婚证。"张晓艳笑说。

结婚没几年,33岁的钟扬就成了武汉植物所副所长。后来,这位在生活和工作中都雷厉风行的年轻副局级干部干出一件让常人无法理解的事情——放弃武汉的一切,去上海当一名高校教师。

种 子 达 人

2000年,钟扬辞去武汉植物所的工作来到复旦大学,经佐琴成为他的行政秘书、后勤主管。

那年5月钟扬报到时，学校还没有过渡房。经佐琴临时给他找了一个系里别的老师提供的毛坯房，当经佐琴愧疚地和钟扬沟通此事时，没想到他毫无怨言接受了这个连煤气、热水器都没有的房子，洗着冷水澡住了半年。

十几年过去了，钟扬和家人的住房仍没有太大改善，只是从毛坯房搬进了一套仅有几十平方米的小屋。

这和光鲜亮丽的上海形成了强烈对比，和他后来担任的复旦大学生命科学学院常务副院长、研究生院院长的职位也产生了巨大反差。

为了供孩子上学，钟扬夫妻把唯一的房产卖了，如今的住所是岳父岳母的房子。这个小屋紧挨着一片工地，却住着钟扬一家四口和他的岳父岳母。

尽管钟扬对生活品质不讲究，但对于"种子"却一点也不将就。为了自己的"种子事业"，他的足迹延伸到了青藏高原上植物学家的"无人区"。

从他到复旦大学的第二年，钟扬就开始主动到西藏采集种子。2009年，钟扬正式成为中组部援藏干部。据统计，在这十几年间，他收集了上千种植物的4 000万颗种子，占到了西藏特有植物的五分之一。

很多人都有这样的疑问，为什么钟扬要收集种子？

"一个基因能够拯救一个国家，一粒种子能够造福万千苍生。青藏高原这个占我国领土面积七分之一的地区，植物种类占到了三分之一。有些地方甚至100年来无人涉足，植物资源被严重低估。"钟扬曾在一次公开演讲中这样介绍。

他深扎在此，努力为人类建一个来自世界屋脊的"种子方舟"。

对钟扬来说，采种子是一件乐事。"作为一个植物学家，我最喜欢的植物是蒲公英，如果发现它开花并且结了种子，我会用手抓一把，一摊开里面一般有200颗。我最讨厌的植物是什么呢？椰子。那么大一颗，8 000颗的样本数量，我们需要两卡车把它们拉回来。"钟扬调侃道。

然而，在西藏采集种子更多的是随时出现的高原反应和长时间的体力透支。而钟扬却背着他经典的黑色双肩包，穿着磨白了的"29块钱的牛仔裤"，戴着一顶晒变色的宽檐帽，迈着长期痛风的腿在青藏高原上刷新一个植物学家的极限，连藏族同事都称他为"钟大胆"。

对于钟扬的博士生、西藏大学理学院教授拉琼来说："每次和钟老师采种子都是惊险和惊喜并存。"

"那次,我和扎西次仁(钟扬在西藏的首位植物学博士——记者注)跟着钟老师去采集高山雪莲。我们从海拔5 200米的珠峰大本营出发向更高的山地挺进时,钟老师出现了严重的高原反应,头痛欲裂、呼吸急促、全身无力,随时都会有生命危险。"拉琼回忆。

大家都建议钟扬待在帐篷里,而他却说:"我最清楚植物的情况,我不去的话,你们更难找。你们能爬,我也能爬。"最终,钟扬带着学生在海拔6 000多米的珠峰北坡采集到了,被认为是世界上生长在海拔最高处的种子植物——鼠曲雪兔子,也攀登到了中国植物学家采样的最高点。

如今,这些种子静静地沉睡在一个又一个玻璃罐头里,等待着有一天,改变人类的命运。按钟扬的话说,也许那个时候,胖胖的钟教授已经不在了,但是他期待着它们可以派上用场。

科 学 队 长

"生命诞生以来,从原核到真核,从单细胞到多细胞,从海洋到陆地,简单与复杂并存,繁盛与灭绝交替,走向了一篇篇跌宕起伏的演化乐章,其间洋溢着生命诞生与繁盛的欢颂,伴随着物种灭绝与衰落的悲怆。"

这是钟扬为2016年刚刚竣工的上海市自然博物馆(以下简称"自博馆")参与写作的500多块图文展板之一,很少有人知道,这细腻而又富有文采的文字,竟出自这位看起来五大三粗的理工男之手。

如果说,"采种子"是钟扬的"主业",那么科普则是他最爱的"副业"。

在自博馆建设期间,该馆图文项目负责人之一、自博馆研究设计院展览设计部主任鲍其泂为寻找图文写作顾问"操碎了心"。因为学科跨度大、文字要求高,她先后联系的几家高校都因这个项目难度太大而婉拒。

鲍其泂知道钟扬太忙了,因此想拜托他帮忙牵线或引荐一些专家。令她没想到的是,钟扬二话不说就接下了这个没什么回报、时间紧的"烫手山芋"。

"我们会毫不客气地把最难的部分留给他。在半年多的时间里,每次听说钟老师从西藏回上海了,我们都会立刻和他预约时间,他总是爽快答应。"鲍其泂告诉《中国青年报·中青在线》记者。

从2001年起开始和上海科技馆合作,他使用过很多身份,有时是评审专家,有时是科学顾问,有时是科普活动主讲人,有时是标本捐赠人,有时甚至是供应商。他时不时会出现在科技馆或者自然博物馆的各个角落,每一次,都带着特定的任务过来。

复旦大学生命科学学院教师赵佳媛是钟扬的学生,她见证了导师这些年在这条"不归路"上越走越远。

2003—2017年,钟扬共撰写、翻译、审校了10本科普著作,其中不乏《大流感》这样的"网红书"。"《大流感》这本书,内容包罗万象,语言风格多变,钟老师对推敲文字乐在其中,他会忽然在吃饭时得意洋洋告诉大家他的译法,当然偶尔会被我们反驳,他也会欣然接受。"赵佳媛回忆。

对中小学生来说,钟扬可以称作"科学队长"了。他连续7年多次为全国中小学生义务进行形式多样的科普,任学校科学顾问。来自上海实验中学的朱薪宇就深受他的感染。

"当时去听教授讲座,一下子就被钟教授生动的演讲吸引住了,从此我就成了教授年龄最小的学生,并开始跟随他学习科学……听他的课,你永远都不会感到无聊,在钟老师的指引下我慢慢爱上了科学。"朱薪宇说。

"做科学传播是件好事情,我当然支持啊!"在钟扬的鼓励下,朱薪宇和同学们在学校开设了"学与做科学社"。另外,钟扬还帮这个社团撰写舞台剧脚本,并利用零碎时间帮助同学们排练。

钟扬为什么要用这么大的精力做科普?赵佳媛认为,与其说科普,不如简单地说是他愿意教人。

"钟老师对'批判性思维'念念不忘。他觉得对中小学生的科学教育乃至思维教育非常重要,他还想着要把大学专业教材改成适合小朋友的音频故事,想着要为孩子们写一本科学故事书,想着去中学给科学社的孩子们上课,还想着开设更系统化的科学营……"赵佳媛说。

"接盘"导师

复旦大学生命科学学院开设的现代生物科学导论,几乎可以算是全校体量最大的选修课。今年这门课的期末考试试卷上出现了这样一道题:"请结合生物多样性的知识,和你本人对钟扬教授先进事迹的学习,谈谈钟扬教授在青藏高原执着于此项事业的生物学意义。"

复旦大学生命科学学院教授杨亚军和院里所有的老师一致决定在今年这门课的最后一节上播放钟扬的微电影《播种未来》,并在学期末的考试中加上这道题。他知道,这些学生本身,也是钟扬执着的事业之一。

"他是少有的敢收转导师学生的人,我想每个学生的家庭都会感谢他。"杨亚军说。

复旦大学生命科学学院副院长卢大儒分管研究生的培养工作,目睹了不少钟扬在收学生时的"奇葩事"。

"我们每个人招研究生有一个数量限制,但是他招得特别多,后来我就去了解,才发现事情的真相。"卢大儒说。

卢大儒发现,当学生和老师进行双向选择时,较差的学生,或者不太好调教的学生,老师不喜欢,就会"流落街头"。还有学生跟导师相处以后有一些矛盾,提出转导师。这样,问题来了,谁来接盘?

这时,身为研究生院院长的钟扬总是负责解决最后的兜底问题。"他总说'有问题我来',这是他的一种责任与担当。他说以后在他的位置上,必须承担这个责任,这个位置必须要有这种担当。"

钟扬的"暖"是有目共睹的,这更体现在他对学生的关爱上。他从不抛弃、不放弃任何一个学生,更会根据每个学生的特点为他们量身订制一套个性化的发展规划,不让一个人掉队。

钟扬曾说:"培养学生就像我们采集种子,每一颗种子都很宝贵,你不能因为他外表看上去不好看就不要对吧,说不定这种子以后能长得很好。"

经佐琴回忆,曾经有一个学生,考了3年,钟扬每一年都答应收,但是一直没考上。有教授问他,总是考不上可能是说明他不适合做科研,就别答应人家了。但钟扬一脸纠结地说:"总不能断了别人的梦想啊。"

而当钟扬的工作重心转到西藏时,他承认,自己的招生名额渐渐倾向这所他心目中的"世界最高学府"。

钟扬的学生、复旦大学生命科学学院博士生徐翌钦回忆道,实验室里有很多学生是钟老师从少数民族地区招进来的。"这些同学由于底子薄,知识基础与上海本地学生有一定的差距,刚开始都是抱着试一试的想法联系了钟老师,钟老师总是鼓励他们报考自己的研究生,他说,'读我的研究生基础差一点没关系,我帮你补,你只需要有一颗热爱植物学的心'。"

于是,钟扬的学生就像古代的门客一样"各显神通",有做科学研究的,有做科普的,有从事创新创业的。钟扬停不下来的点子和"脑洞",就这样在他每个学生中生根发芽,变为现实。

生 命 延 续

2017年5月的一场讲座中,钟扬曾介绍自己实验室里研究过一种"长寿基因"。他们使用生命期5—7天的线虫作为实验对象,当某种基因被敲除后,线虫寿命可增加5—7倍。

有人问,只要敲除一个基因,人是否可以更长寿。钟扬回答:"这个基因主管生殖,要想长寿必须在一出生就去除掉,意味着你将终生无法生育。"对于钟扬这样的植物学家来说,生命的长短成为藏在基因里的密码。

但对于他个人来讲,生命的意义是什么?或许在与千千万万种生命打交道的过程中,钟扬已经有了答案。

"在一个适宜生物生存与发展的良好环境中,不乏各种各样的成功者,它们造就了生命的辉煌。然而,生命的高度绝不只是一种形式。当一个物种要拓展其疆域而必须迎接恶劣环境挑战的时候,总是需要一些先锋者牺牲个体的优势,以换取整个群体乃至物种新的生存空间和发展机遇。换言之,先锋者为成功者奠定了基础,它们在生命的高度上应该是一致的。"在2012年7月6日复旦大学的校刊上,钟扬发表的《生命的高度》一文这样写道。

在探寻生命的边界时,他甘愿成为一个先锋者。

钟扬的身体条件是不适合长期在高原工作的。2015年，钟扬突发脑溢血，对常人来说，这应是一次生命的警告，钟扬却把它理解成工作倒计时的闹钟。

"他有一种想把时间抢回来的劲头。"拉琼回忆道，病好以后，大家都以为原本忙碌的钟老师可以调整一下超负荷的生活节奏，"收敛一点"。没想到的是，他变得更加拼命了。

拉琼展示了钟扬2017年6月24日的行程安排：上午到拉萨贡嘎机场，下午3点半参加西藏大学博士生答辩会，5点跟藏大同事和研究生处理各种学科建设和研究生论文等事情，晚11点回到宿舍网上评阅国家基金委各申请书，凌晨1点开始处理邮件，凌晨两点上床睡觉，清晨4点起床，4点半赶往墨脱进行野外科学考察。

钟扬未完成的愿望很多，他希望继续收集青藏高原的种子资料，希望帮助西藏大学学科建设不断提高，希望培养出更多扎根高原的植物学人才……

脑溢血之后，医生、亲友、同事都劝钟扬不要再去西藏，说他简直是拿自己的生命做赌注，而他第三次向组织递交了继续担任援藏干部的申请书，成为第八批援藏干部。

"再次进藏时，我明显感觉到他的身体大不如前，连上车和下车都特别吃力。但他总说'没事，我很好'。他对我说，自己的时间太短了，必须这样。"拉琼说。

2017年9月25日，钟扬忙碌的行程在"出差赴内蒙古城川民族干部学院作报告'干部创新能力与思维的培养'"之后戛然而止。

而在他双肩背包的很多张小纸条中，他的工作依然很满——

9月26日，他将回到复旦大学上党课，带大家学习科学家黄大年的先进事迹；

9月28日，他将来到拉萨，参加29日的西藏大学生态学一流学科建设推进会；

之后，他将完成和拉琼参与创办的西藏植物学期刊的创刊文章；和杨亚军一起完成关于"生物样本库的伦理问题和管理政策研究"的国家社科基金项目的招标；继续英文科普书籍《不凡的物种》的翻译工作……

未来，他还希望在成都或上海建立青藏高原研究院，让上海的红树林实现自由生长，让更多的中小学生通过科学课程提高科学思维，让更多的学生致力于青藏高原的种子事业……

"任何生命都有结束的一天，但我毫不畏惧，因为我的学生会将科学探索之路延续，而我们采集的种子，也许会在几百年后的某一天生根发芽，到那时，不知会完成多少人的梦想。"对于生命的意义，钟扬这样说。

（记者　叶雨婷《中国青年报》2018年3月26日第4版）

中国新闻社：一位奔走在青藏高原的"追梦者"

"我独自远航，为了那些梦想。我坚信，一个基因可以为一个国家带来希望，一粒种子可以造福万千苍生。"

距离复旦大学援藏教授钟扬车祸逝世已经过去数月，但是他的音容却永远留在了世人的心中。

对于钟扬，其实他还有很多称号："种子猎人""植物学家""援藏教授""科普工作者""复旦博导"。在西藏奔走的16年间，钟扬为国家和上海的种子库收集了上千种植物的4 000万颗种子，储存下了绵延后世的丰富"基因"宝藏；为西藏大学申请到第一个生态学博士点，培养出西藏大学第一位植物学博士；攀上了珠峰北坡，采集到了世界上分布海拔最高的植物——雪莲，这也是中国植物学家采样的最高点。

家人：他把一生都奉献给了科学事业

在去钟扬发生车祸的银川路上，他的儿子反复问母亲，"到底怎么回事？为什么我们要去银川？"他很快从铺天盖地的媒体报道中得知事实，在QQ空间悄悄写下："父亲，我们还没有长大，你怎么敢走！"

钟扬之妻张晓艳教授在追忆钟扬时说，"钟扬的一生都奉献给了科学事业。我们家人商量准备捐出全部车祸赔偿金，用于西部教育和少数民族人才培养上"。

关于孩子的培养，钟扬夫妻曾有一个约定。钟扬对张晓艳说："我确实不是很擅长带孩子，孩子15岁以前，你就多管一点；15岁以后交给我来管。"

随着钟扬成为援藏干部，自己孩子的照顾却常常缺席。每一期援藏结束，钟扬都有无可辩驳的理由继续——第一次是要盘点青藏高原的植物家底；第二次是要把西藏当地的人才培养起来；第三次是要把学科带到一个新的高度。

张晓艳说，"虽然钟扬陪伴我们的时间很少，但是我们全家人的心始终是紧靠在一起的。每年我生日的时候，他总会记得给两个孩子一些钱，让他们去给我准备礼物。他也会在孩子很多关键的问题上进行引导。出意外的前两天，他还在微信里指导大毛科创活动的申请书。而那也是他发给儿子的最后一条信息"。

学生：钟扬是慈父与良师

钟扬的学生扎西次仁是首位藏族植物学博士。他回忆初次见到钟扬的场景说，"当时他就是穿着一件很破的牛仔裤，办公室也很普通，我就想怎么一个上海来的大教授是这个样子的。后来，他拿自己的工资给我们垫付很多方面的花销，我才知道他总是考虑到我们，而对自己没有那么讲究"。

扎西次仁说，钟扬血压高，身材又胖，刚到西藏时高原反应厉害，头晕、恶心、无力、腹泻。但钟扬从不抱怨，为装更多采样，出门只带两个面包、一袋榨菜、一瓶矿泉水，几乎天天如此。

钟扬学生、复旦生命科学学院博士生徐翌钦回忆说，"作为钟老师的学生，去西藏采样的路途，比寻常采样更加充满着艰辛与疲惫。有时一天就要奔赴七八个采样点，很多时候要坐夜车。因为高原反应，钟老师连呼吸都很困难，但他为了防止司机睡着发生危险，就上气不接下气地坚持和司机说话。有师兄提出要换他休息一会儿，他却让我们抓紧时间休息"。

2015年，钟扬因长期工作劳累而突发脑溢血，徐翌钦和同学们在医院陪护。凌晨三点，徐翌钦被钟扬的闹钟叫醒，后来他才明白这个闹钟是钟扬每天用来提醒自己睡觉而设置的,"在我心里,钟老师不仅仅是一位慈父与良师,他更是一位具有家国情怀、埋头苦干的科学家与教育家"。

脑溢血抢救醒来后,钟扬在ICU病床上口述了一封给党组织的信:"这十多年来,既有跋山涉水、冒着生命危险的艰辛,也有人才育成、一举实现零的突破的欢欣;既有组织上给予的责任和荣誉为伴,也有窦性心律过缓和高血压等疾病相随。就我个人而言,我将矢志不渝地把余生献给西藏建设事业……"

就这样,钟扬和学生们在雅鲁藏布江两岸,花了整整3年时间,给每一棵巨柏树进行登记,直到将世上仅存的3万多棵巨柏都登记在册;采集的高原香柏已提取出抗癌成分;在雪域高原追踪数年,最终寻获了"植物界小白鼠"——拟南芥;西藏大学成功申请生态学硕士点、博士点,生态学科入选国家"双一流"建设一流学科名单。

同事:"追梦者"钟扬达到了令人仰望的生命高度

上海自然博物馆建设期间,需要寻找一个能够承担全馆图文写作的团队,但因学科跨度大、文字要求高,始终找不到合适的人选,先后联系的几家高校都因这个项目难度太大而婉拒。

作为自博馆图文项目负责人之一,鲍其泂找到钟扬,原本希望他能帮忙牵线或引荐人选,没想到他二话不说就接下了这个要求高但回报少、时间紧却周期长的"烫手山芋"。

自博馆图文文稿的内容涵盖了天文、地质、生物、人文等学科,文字要求兼顾准确性、前沿性、可读性,可以想见其创作过程必然漫长而痛苦,一天的时间通常只能讨论十几二十块图文的内容,而整个自然博物馆有将近五百块知识图文。

鲍其泂回忆:"即便很忙,钟老师却依旧和我们坐在一起字斟句酌地讨论每一段内容,我们也很不客气地把最难的部分都留给他。在半年多的时间里,每次听说钟老师从西藏回上海了,我们都会立刻去预约时间,他也总是爽快地答应,哪怕只有半天的时间,也会赶过来和我们一起讨论。"

此外，钟扬还为自博馆提供了极不易得的青藏高原温泉蛇标本，还帮忙征集了八个高山蛙标本。这些标本的获得，为青藏高原的形成和隆起学说提供了展示的标本物证。

在复旦大学举行的钟扬事迹报告会上，复旦大学党委常委、副校长金力用一个关键词"追梦"凝练钟扬的一生。

"他的头脑里，考虑更多的是社会、是国家，关注的不仅是当下，还有长远的未来。那么多的艰苦，那么多的危险，也只有他，说起这些能云淡风轻，也只有他，扎根进去，就毫不犹豫，绝不回头……"金力介绍，在共事的五年里，钟扬提出了很多战略考虑和创新举措，眼光长远而不在意眼前的名利。

回忆起钟扬在痛风发作、腿痛难忍的时候，依然坚持带大家上山采集种子，而不让学生独自冒险上山，金力表示："我想，他那个胖胖的背影，在学生心中，已经不只是一个影像、一段记忆，更会成为照亮他们一生的一盏明灯……在我眼中，钟扬就是这样一个极其坚强、心怀大爱、纯粹无私的人。他敢于有梦、勤于追梦、善于圆梦，一旦树立目标，就咬定青山不放松。"

"不是杰出者才善梦，而是善梦者才杰出。钟扬是这么说的，也是这么做的。所以，他最终达到了令人仰望的生命高度。"金力说。

(记者 马化宇 陈 静 郭 容 中国新闻网2018年3月26日)

《南方人物周刊》：钟扬：种子的意义

中央宣传部今日向全社会宣传发布钟扬的先进事迹，追授他"时代楷模"称号。2017年9月25日，钟扬在赴内蒙古为民族干部授课途中遭遇车祸，不幸逝世，年仅53岁。

钟扬生前是复旦大学生命科学学院教授、博士生导师，长期从事植物学、生物信息学研究和教学工作，取得一系列重要创新成果。

"任何生命都有结束的一天，但我毫不畏惧，因为我的学生会将科学探索之路延续，而我们采集的种子也会在几百年后的某一天生根发芽。到那时，不知会完成多少人的梦想"

2017年9月25日，对西藏大学理学院教授拉琼来说，是个刻骨铭心的日子。

那天他刚刚结束在阿里地区的植物学野外考察，回到西藏大学跟工人谈论新实验室装修的事情，完事之后，他很自然地走到科学家钟扬在西藏的宿舍。钟扬老师三天后就要进藏，参加生态学一流学科建设会，拉琼想着，得去帮老师把房间通通风，整理一下。

中组部援藏干部、复旦大学生命科学学院教授钟扬在藏大的宿舍是中坤专家楼中的一座，说起来是他个人的宿舍，其实很多人都有钥匙。楼前面的小院已经被改造成了实验田，种着拟南芥和抗寒水稻，两层小楼的每个房间里都放了很多藏式卡垫床——白天当藏式沙发坐，晚上可以当床睡。钟扬认识的人，只要是来拉萨考察、做科研工作的，不论是同事、朋友、学生，为了给他们的高原工作提供便利，钟扬都会接待他们住在这里。

拉琼就是在这时接到的电话，钟扬的博士后在电话里问拉琼：你知不知道钟老师在银川出车祸了？

"噩耗出来以后我脑子一片空白，特别震惊，全身颤抖。这个场景我永远不会忘记，因为我本身在他的宿舍里，房间里挂着全是他的衣服，那些东西还在呢，每一个角落都有他的影子，简直难以置信……那天也是很奇怪，不知什么原因，手机碰了一下，正好手机里面放一个钟老师做科普的视频，整个房间里面都回荡着他的声音……"

先锋者和基因库

"任何生命都有结束的一天，但我毫不畏惧，因为我的学生会将科学探索之路延续，而我们采集的种子也会在几百年后的某一天生根发芽。到那时，不知会完成多少人的梦想。"认识钟扬的人都会引述他生前常说的这句话，这句话也已成为他53岁生命的一个注脚。

在去世前两年，钟扬已经经历了一次脑溢血，医生知道他是援藏干部，对他说，以你现在的身体条件，绝对不能再去高原了，必须马上中止援藏的工作。可已经担任过中组部第六批、第七批援藏干部的钟扬还是递交了第八批援藏干部的申请书。"我戒酒可以，但是戒不掉西藏。"他对他的学生拉琼说，"拉琼，我还要在西藏干十年，你至少要干二十年"。

世界屋脊丰富的生物多样性，对全世界的生物学家都充满吸引力，但是艰苦的条件和难以到达的地域特征也让这块宝地的科研长期处在一个相对滞后的状态。从2001年起，钟扬每年在西藏进行野外科学考察，开展基于基因组信息的生物多样性与分子进化研究，工作内容涉及十几个物种的遗传多样性、保护生物学、谱系地理、化学成分、民族植物学、分子进化、植物解剖学、植物生理学、植物资源学等学科领域；初步了解了西藏生物资源的分布特点，对垫状植物如点地梅和药用植物如红景天、独一味等的遗传多样性和化学多样性研究已取得重要进展。他的论文在国际权威期刊 *Genetica* 和 *Biochemical Systematics and Ecology* 发表后，引起很高的关注。

"钟扬老师是用最现代的分子生物学的方法研究青藏高原上的植物，比如基因测序、做DNA各种标记，研究它的生物多样性。他带领他的博士学生，通过一系列的研究，得出一些很有创见的结论。比如青藏高原到底是一次性隆起还是二次隆起？从不同的地方采集来的种子，提取DNA之后，通过分子生态学的分析方法，就可以看到它们之间相互的关系，现在得出的结论是青藏高原经过了四次隆起，包括雅鲁藏布江在基因交流当中所起的作用。"钟扬的第一个藏族博士扎西次仁说道。

钟扬在西藏前后耕耘探索的16年中，长时间的野外科考让他意识到，随着人类活动和环境变化，很多物种正在消失，保存种质资源已经成为一项基础性、战略性的工作。西藏独有的植物资源一直未获足够重视，物种数量被严重低估，即使在全世界最大的种子资源库中，也缺少西藏地区植物的影子。为国家打造生态屏障，建立起青藏高原特有植物的"基因库"，这不仅是应对当下科研工作的需要，也是这一代生物学家留给未来的一份礼物。在16年里，他带着学生走遍藏北高原和藏南谷地，多次深入阿里无人区和雅鲁藏布江流域，收集了一千余个物种，四千多个标本，四千多万颗种子，占到西藏物种总数的五分之一。

"老师常说，先锋者为成功者奠定了基础，但他们在生命的高度上是一样的。钟老师做的这些工作，一般来说，高校的一个教师，采集种子、采集标本，是一个老掉牙的事情，很不高大上，大家都想做高大上的科研，做基因组学，做全基因组测序，多在国际核心学术期刊发论文，采种子既不可能产生高影响因子的论文，做标本也无法作为学术成果去报，有时候连学生都有怨言，采集种子很累，费时间、费体力，非常辛苦，靠采集种子也出不了文章毕不了业。但是钟老师在尖端的科研工作之余，还一直亲力亲为，坚持这些踏踏实实的最基础性的工作，因为这些工作跟国家的需要有关。"拉琼说，他和德吉至今还记得钟扬多次带他们野外采集的音容。在高原多年，17种高原反应，钟扬一个不落地全部出现过，但是他从来不说，永远是"我没事"，然后把氧气袋让给比他更年轻的学生。

"我第一次跟着钟老师去珠峰采样，海拔5 300米的雪山上，我们团队所有人，七天吃着干饼、火腿肠、榨菜度过，七天里面没有吃过一顿热饭，这些在老师眼里都是正常。"德吉说，为了包里能多装一些装备和种子，钟老师总是把尽量把食物简化，一路上，他喘气非常严重，很疲惫，学生劝他多休息，他说，"你们爬得动，我就爬得动"。德吉是在钟扬的感召下决心报考博士的，见到钟老师的时候，她初为人母，在藏区女孩子里面已经算是高学历了。钟扬问她想不想继续考博士，她当场就愣住了，在此之前，她从未动过这个念头。

钟扬在培养民族学生

在钟扬眼里，藏族学生所起的作用，是其他人所达不到的。因为藏族学生，无论在哪里学习、深造，大多数都将回到西藏。他们必将成为科学研究中靠得住、留得下、用得上的生力军。因此，他每年都要问理学院推荐免试研究生的学生当中，有没有藏族学生，鼓励这些学生来读他的研究生。

钟老师几句点拨就激发起德吉继续学术深造的渴望，虽然嘴上说还要跟家人商量，但是德吉是非常有韧劲的藏族姑娘，自己心里已经打定了主意，"家里其实不同意，因为当时孩子还太小，需要照顾。只是我比较固执，硬着头皮也要去读。"现在她已经从复旦大学博士毕业，成为西藏大学理学院的副教授，肚子里怀上了老二，还在为藏大的实验室建设忙碌着，家里人禁止她使用电脑，她偷偷反锁上房门拿出藏着的电脑工作。因为钟老师对采样工作的重视，她在科研之余也常常自己去采样，拉萨、林芝、昌都、山南、日喀则……2014年一年里，珠穆朗玛峰她就去了四次。

高 原 之 子

最初来到西藏，作为科学家的钟扬只是单纯地对青藏高原的生物多样性产生了兴趣，"但是在科研的过程中，他发现，一个人做不下来，西藏这个地方人才太缺少,这么丰富的研究资源,没有人去研究"。钟扬的生前好友、西藏大学研究生处原处长欧珠罗布说。"他想做的事情跟西藏大学需要做的事情,契合度很高,可以说,西藏大学的硕士学位点也好,博士学位点也好,长江学者也好,还是教育部创新团队、西藏自治区的重点学科,包括我们一流学科、国家的科研项目,都是在钟老师的领导和带领下取得的。他既是收集种子的人,也是撒播种子的人。"

西藏大学文学院党委书记徐宝慧最早认识钟扬是在2009年,在被聘为西藏大学长江学者的聘任仪式上,钟扬在四百多人的会议室里面,当着全场师生,说了一句拍胸脯的话。"我印象非常深,他说,'西藏大学的博士生学位点,如果拿不下来,我绝不离开西藏大学'。"

很少人会这样表态,当时在场的老师和学校领导都很激动。事实证明,钟扬是个言出必行的人,他想了很多办法,切实地提高了西藏大学的科研能力和多学科之间的联动,在西藏大学硕士学位点和博士学位点报批下来之后,为了优化招生,他还鼓励自己在复旦大学的生源到藏大报考他的研究生。"他多次邀请理学院的教师,去复旦大学考察学习,都是他出的经费。他甚至自费出资,鼓励藏大理学院的老师申报科研项目,因为我们理学院有一些老师科研意识不强,他就鼓励老师们写项目申报书,不但亲自传授申报经验,凡是写了申报书的,交给他审,他还会帮助修改,提交之后,他给每个老师补助两千块钱。他这个举措,使得我们理学院科研项目申报工作,一下子积极性调动起来了,科研项目的经费,也得到翻倍的增长。"

援藏16年,钟扬培养了六名博士、八名硕士,并帮助藏大建立了植物学研究"地方队",在进化生物学领域形成了与日本、欧美三足鼎立的格局,西藏大学也拿到了第一个生物学自然科学基金。"过去,我们大家都觉得国家项目对我们来说就是神话,和我们不可能有任何关系。但是钟扬老师来了这些年,带领我们一步步走近神话,还把神话变成了现实。"拉琼说。

在学生和同事们眼中,钟老师待人慷慨,但是待己甚为简薄。对钟扬来说,此生拥有自己热爱的事物是一件幸福和值得投入的事情,相形之下,吃穿用住,皆为琐事。"大多数人都用上智能手机了,他仍旧用着一款诺基亚的直板的老式机。我们都说你换一下吧，那个直板机没有微信。他都说，只要能够通话就行，可以了，够用了。"西藏大学给他分配了专家宿舍，他一直不肯搬，嫌搬家太耽误时间，总是推辞说，"现在的过渡房已经够住了，比我上海的房子大多了"。最后还是趁钟老师不在拉萨的时候，几个学生帮他把东西搬进了专家宿舍。他的学生拉琼曾经去过他在上海的家，"真的是令我特别心寒，他的那个房子，包括房间里面的设施，就还停留在70年代的水平，一个复旦大学教授，又是在上海那么发达的一个地方，不是说钟老师没钱，但他的钱都没有花在自己身上"。拉琼说，平时他们常常看见钟扬为了学生和科研上的事情自掏腰包，这么多年，"贴了几十万是最起码的"。

"钟老师对于职务待遇这些，没有任何要求。对于饮食、穿戴、生活用品，也没有什么追求。我觉得他只有一个愿望：做事——做有意义、有价值的事情。"徐宝慧说，只有一次，钟扬很得意地指着自己身上的新衣服问他好不好，那是他的小儿子花了120元压岁钱，在上海的五角场替爸爸买的。这也是徐宝慧第一次和唯一的一次，看到钟扬穿新衣服，大多数时候，他都是几件洗得褪了色的衣服来回穿，脚上是一双已经磨平了鞋底的运动鞋。唯一的一套西装挂在办公室里，方便参加重要会议的时候可以随时换上，以示礼节。

在钟扬的宿舍里，可以看到衣柜里挂着的几条牛仔裤，已经裂开了口子的黑色登山鞋。他生前用过的背包里是零星的方便食品、酒店里带回来的小肥皂，他舍不得扔，这些在野外正好可以用，一个便携药盒里装着他需要吃的药，药盒上标着星期几，防止忘记服用。拉琼把老师的牛仔裤摊在床上，他盯着这几条裤子，忍住眼泪。那几乎是送给拾荒者都会遭到嫌弃的牛仔裤，其中有一条裤子是钟扬花29元在地摊上买来的，一直在穿。裤裆处补缀着密密麻麻的补丁，而且都经过了不止一次的缝补，两腿中间磨出了泛白的布料经纬，膝盖处是彻底撕裂的大洞。这些裤子诚实地记录了它们主人生前的辛苦和美德，记录了他的行动和体征——长时间地走着、蹲着、跪着或者坐着，在高原嶙峋的岩石上，在支离的浅草和荒滩上。

他也喜欢穿藏袍，穿上藏袍，戴上藏帽，脸在高原上晒得发黑发红，身材高大的他很像一个真正的藏民。毡帽是学生扎西次仁给他买的，戴了好多年，那么多次野外考察，帽子都没有丢。扎西次仁说，西藏人绝不会去捡别人失落的毡帽，西藏人也绝不会戴黑色的帽子，因为他们认为黑色的帽子是魔鬼的饰物。钟扬很喜欢听藏族学生讲这些藏区的习俗典故，尤其感叹藏人对死生的豁达，他甚至让小儿子在上海的西藏班读书，学习藏语，希望有一天儿子能继承他的事业，继承他对高原土地的热诚。扎西次仁给老师挑选的藏式呢毡帽，是青豆灰色，帽檐上点缀着两根微微翘起的鸟儿羽毛，漂亮又斑驳，像在致敬那些自由的灵魂。

"世上多少玲珑的花儿，出没于画栋雕梁；唯有孤傲的藏波罗花，在高山砾石间绽放。"这是钟扬很喜欢的一首藏族民谚。藏波罗花几乎是藏地植物精神气质的集中体现：在自然环境越恶劣的地方，生命力就越顽强。藏波罗花是生长在青藏高原海拔4 000到5 000米的沙石地上的一种高山植物，喜光、耐寒、耐贫瘠。为了适应高原，藏波罗花的植株在进化过程中逐渐矮化，最后几乎贴地而生，从远处看，这些漂亮的粉色和紫红色花朵仿佛是直接从地里开出来的，它们一钻出地面，就全情投入，迫不及待地盛放了。在西藏，藏波罗花的花期只有短短的七天，强韧扎根的根茎可以入药，滋补强身。西藏的很多植物都是如此，即使是严寒冬天里的一片贫瘠的山坡，依然密密麻麻铺满了低矮的植被，跟石头同色，它们非常弱小，但竟不可战胜。

少年大学生的教育梦

"100年以后，我肯定不在这个世界上了，但是我们的种子还在，它会告诉我们后代今天有关生命的故事。"

1979年，15岁的钟扬考入中科大少年班，很早就实现了他的大学梦。生前某次受访，钟扬曾回忆过自己在少年班的学习生涯。"有人讲过：少年班可能是全中国最能让你知道自己还不够聪明的地方——人要去错了地方就以为自己特聪明。少年班每个人似乎都有一招，很邪门，现在的教育很难筛选出来。"

从无线电专业毕业后，钟扬进入中科院武汉植物所工作，开始从事植物学研究，天资聪颖的他很快成为当时国内植物学界的青年领军人物，但这些成绩背后，有他超乎常人的勤奋。学生及好友、上海科技馆自然史研究中心副主任张云飞回忆："1996年我们在武汉植物所认识，他曾给我讲过一个故事，因为钟老师本科学电子，去北京植物所时，那边植物学专家开他玩笑，这是什么？那是什么？作为一个无线电毕业生，他什么都不知道。结果，他拿着植物志和检索表，一种植物一种植物地认，一年以后去植物所，他说的植物名全是拉丁语，他按分类学的标准要求自己，最后比受过正规分类学教育的人还正规。"

"像狗一样灵敏的嗅觉，把握前沿；像兔子一样迅速，立即行动；像猪一样放松的心态，不怕失败；像牛一样的勤劳，坚持不懈。"这是钟扬自己定义的"新四不像"精神，他曾以自己的经历劝勉后辈，做科研要立定心志、肯下苦功夫。"我为什么跟其他植物学家不一样？也许是我从生物信息学做到进化分析，有些统计学和信息学知识背景，而且在植物所呆了15年。现在的孩子一听15年就摇头。其实，很多研究生听几年音乐、复习几年外语、学几年计算机，再搞几年金融，合起来15年，也许一事无成。"

在武汉植物所，钟扬的实验室曾是年轻人的聚集地，无线电专业出身的他当时负责所里唯一的计算机，他也把当时国外最前沿的科研文章找来和大家分享。上世纪90年代初，钟扬夫妇先后到美国做访问学者，回国时，连海关都难以相信，别人带些彩电冰箱，他们却把攒下的生活费买了计算机设备捐给单位。

在植物所工作的15年间，钟扬不断把数量分类学、生物信息学等国际最新的科研方法引入中国，他传播的科学技术信息对我国植物学的发展起到了重要的推动作用，可以说，他一起步就走到时代前列。复旦大学生命科学学院的赵斌曾和钟扬在同一办公室工作，在他眼中，钟扬的思维非常超前。"在植物所工作时，他曾出国交流了一段时间，回国后兴奋地向我介绍他在美国新接触的生物信息学，还说要写本相关教材。这不是空话，他来复旦一年后，《简明生物信息学》就出版了。要知道，该学科当时在国际上也刚刚起步，全球还没有一本成体系的教材！多年后，生物信息学才如火如荼地发展。"

"作为植物学家,我们经常在讲,一个基因可以拯救一个国家,一粒种子可以造福万千苍生。"这是钟扬"一席"演讲的开篇,所谓"十年树木,百年树人",他可能是这一理想的真正践行者,不仅收集植物种子,也在播撒人才的种子。

2000年5月,钟扬放弃了武汉植物所副所长的职位,选择到复旦做一名普通教授。当年邀请他的陈家宽教授至今清楚记得,"我明确跟他讲,你在武汉是副局级干部,父母又在武汉,你下决心跟我来吗?他毅然回答:我绝不后悔"。

事实上,钟扬刚到上海时条件非常艰苦,据张云飞回忆:"因为来得比较急,给他找了个临时宿舍,会议室找两个长条凳,中间摆个床板垫些棉絮就把钟老师接过来了,他一点都不介意:晚上我有住的地方了!接着就跟太太说,屋子你打扫吧,我还要和学生讨论文章,我们一拨人就跑去实验室,别人根本想不到钟老师刚来住的房间是这个样子。"

对于钟扬的选择,妻子张晓艳全力支持。"当时他虽30刚出头,但在武汉已是副所长,往后前景也是看得见的。但他一直有个教师梦,常开玩笑说,自己在妈妈肚子里就注定要成为老师,因为出生前一小时,他妈妈还在给学生上课。那晚回家他很激动,觉得自己这个梦想终于要实现了,毫不犹豫就接受了来复旦的邀请。"

生前受访时,钟扬还曾描绘过心中更远大的教育蓝图。"我还有个梦想,办一所私立大学。美国最好和最差的大学都是私立大学,全凭你办。我国现在的民办大学很多还处于补习班水平,我跟很多人说过,只要有一天全面开放私立大学,我一定辞职去办。"

2012年9月,钟扬正式到研究生院任职,至其去世时正好五年。尽管每日工作量惊人,但指导研究生他却从不含糊,他把每个学生都当作一颗充满希望的种子,坚信"有教无类""因材施教"。

为了熟悉每个学生的特点,他会跟不同学生吃午饭,那些基础薄弱、研究没方向的学生,他最后都会收到自己名下,一个个谈心、指导,这些学生后来都能顺利毕业。曾有一名患有肌肉萎缩症的学生被多所院校拒绝,钟扬鼓励他报考自己的研究生，最终这名学生以优异成绩毕业，成为中科院的科研人员。

研究生院同事楚永全回忆，"钟院长总是把最大的责任扛在自己肩上，有人说：他用53岁的人生做了一般人100岁都做不完的事，他的时间表排得非常满，每天只休息三四个小时。他脑溢血住院时，轮班陪护的研究生凌晨3点被他的手机吵醒，后来才知道这是平常提醒他上床休息的闹钟。他常在办公室工作到深夜，为了不影响物业师傅休息，我们就在办公楼里装了个门禁，只给他一个人办了门禁卡，整个楼里只有他才会这么晚离开。他走后，每晚离开办公楼，我们仍会习惯性地抬头看看他那扇窗，感叹那盏灯再也没亮过"。

在复旦任教17年，钟扬总共培养了八十多位研究生，"这么多人，像他这样认真的人，对每个学生都付出非常多精力。他任何一件事都非常负责任"。原校长杨玉良在追思会上回忆感慨，"2014年起我们办中华古籍保护研究院，一开始他就对这个研究院注入很多心血，几乎每次开会他都到。他的思维效率很高，一下就能抓住问题本质，提出来的建议非常到位，而且他并不在乎我开始的意见，现在很多人在领导面前说奉承话，他直截了当就事论事，像他这样的人很少。接触过钟扬的人就知道，他心底无私，极其透明，开朗到了极点。他做事跟他外表极其不像，他实际上很细，想得周全，你没想到的因素他都想到了，然后亲力亲为，他是个极其优秀的管理人才"。

尽管做过多个领导岗位，但钟扬严格自律、简朴廉洁的作风却从未改变。同事包晓明回忆，"钟院长对个人生活要求极低，他没有羊毛衫、羽绒服，他的办公室有个纸箱，里面放着已经破洞的牛仔裤、住院时用的拖鞋等，他不舍得扔，觉得在办公室偶尔还能穿。他连张纸都特别珍惜，双面打印还不算，还会把空白处剪下来记录待办事项"。

缺席的"全家福"

因为科考工作的需要，钟扬常年奔波在路上，多年来，家人无时无刻不为他提心吊胆。

"从高原到平原的不停切换,伴随的是17种高原反应和醉氧,这些都需要极强的意志力来克服。他的心脏跳动已经到了临界值,对身体伤害很大,我们也一直跟他说,必须要考虑健康问题。他说我知道,我想让西藏的事业有个可持续的发展,那时候我会考虑留在内地帮助西藏。"钟扬的妻子张晓艳说。

钟扬与妻子

事实上,钟扬的追梦之旅中伴随着大大小小的危险。早年在海南出差考察红树林时,他曾在住宿地煤气中毒,后被急救过来;2015年生日那天,钟扬和第二军医大学的老师们吃饭,筷子掉了下来,当时他都没意识到中风,所幸与医生们在一起,立马送去抢救,逃过一劫。

提及那次脑溢血,张晓艳说,几乎所有人都认为经过这次大病,钟扬会放慢工作脚步,但后来,他不仅没有放慢,反而变本加厉地透支自己的生命。"他说有一种紧迫感,希望老天再给他十年,让他把这个人才梯队真正带起来。"钟扬去世之后,张晓艳见到了钟扬在西藏的学生扎西次仁,她对扎西次仁说,"扎西,钟扬以为他还有机会(再工作十年)的啊"。

扎西次仁说,钟老师出事后第二天他就赶到银川,见到师母,第一句话就是向师母道歉,"我说'张老师,对不起,这几年(钟老师)都是在外面,家里照顾不上',张老师一句埋怨的话也没有说,她说,'我知道,扎西,钟扬再也不能跟你一起工作了,但是我谢谢你,钟扬在西藏的时候,你照顾得很好'。"

钟扬和家人合影

张晓艳心里有个巨大遗憾,家中的"全家福"已是12年前的了。一年前,在儿子多次恳求下,钟扬终于答应挤出时间陪全家一起旅游,多拍点全家福,但临到出发前,他又因为工作安排缺席了。

对于自己的家庭,钟扬常说他是愧疚的,据他课题组成员、多年好友南蓬追忆，当年他几乎错过了孩子出生的重要时刻。"记得2002年9月9日下午3点左右，钟老师因为参加973项目申请讨论会出差了，我接到晓艳父亲的电话，说她在医院里早产了，我和实验室的老师一起赶到红房子医院，第一个看到了大毛、小毛这对双胞胎从手术室中被抱出来。直到半夜两点多，钟老师才回到上海来到医院，陪在妻子身边。"

复旦学生悼念钟扬教授

早在孩子出生前，钟扬就想好了名字：一个叫"云杉"，一个叫"云实"，一个裸子植物，一个被子植物。他曾说过，如果用植物给孩子命名能够蔚然成风，这将会给分类学在社会上带来大影响。为此，复旦学生当年还在学校论坛贴出告示："钟扬教授和张晓艳博士的遗传学实验取得巨大成功。结果为两新种：钟云杉、钟云实。"

2017年9月9日是钟扬两个孩子的15岁生日，他曾和张晓艳立下"分工"约定，自己工作太忙，也不擅长带孩子，孩子15岁前由妻子带管，15岁后交由他来教育，但这场飞来横祸让他无法践诺。

"我和钟扬一起走过了33年，共同经历过很多风雨，唯独没有考虑过生离死别。"张晓艳似乎都来不及悲伤，"在去银川的路上，儿子反复问我，到底怎么回事？为什么我们要去银川。他们很快从铺天盖地的媒体上得知事实，然后在QQ空间悄悄写下：'父亲，我们还没有长大，你怎么敢走！'我想，钟扬离开我们唯一的理由就是他太累了，就像儿子在网上发的话所说的，'爸爸，你终于可以好好休息了！'"

红树林，送给未来的礼物

"《播种未来》，什么意思呢？就是当下没什么收获嘛，所以我们只好播种未来。"钟扬曾风趣地调侃自己那部获奖短片。

这部名为《播种未来》的微电影记录了钟扬浪漫而艰辛的工作，导演本打算拍个30分钟的纪录片，但到西藏后高原反应，没能如愿。细心的摄像独自完成了计划,钟扬还亲自为这部缺乏制作经费的五分钟微电影配了音,作品最后在上海国际电影节上拿到了纪录片金奖,对此他颇为得意,"我是植物学家里最好的演员,演员里最懂得植物的,我既是科学家,也是一个演员"。他调侃道。

在南蓬的印象中,钟扬是个思维非常活跃、超前的人,他总是迸出些别人想不到的念头。"比如他超前意识到,随着全球气候变暖,许多植物也会随着温度上升出现北移。随即想到,长在南方的红树是不是也可以在上海生长?当时学界都认为钟老师太异想天开了。"

然而,钟扬播种未来的"红树林之梦"真的在生长了。在上海浦东临港南汇东滩一片十多亩的湿地上,种植着钟扬精心培植的红树苗。这片红树,最早一批是十多年前种下的,最高的树苗已有两米多了。潮起潮落间,它们的呼吸涵养着这片海域,起到防浪护坡、净化水质的作用。

"这些小苗至少要50年后才能长大,长成红树林则需要上百年甚至更久。这是为50年后的上海准备的礼物,也是为我们的子孙准备的礼物。"两年前的冬天,钟扬曾在此欣然受访,向不少记者朋友介绍他的"红树林之梦"。

红树是生长于南北纬25度之间的热带、亚热带海岸和河口潮间带的木本植物,因长于海陆交界处,海水盐分高,红树为了自我保护会分泌出单宁酸,被砍伐后氧化成红色,于是得名"红树"。红树林是陆地过渡到海洋的特殊森林,因随潮水涨落而若隐若现,是陆地生态系统向海洋生态系统过渡的最后一道"生态屏障",素有"海岸卫士"之称。

屹立东海之滨,上海却很少被描述为"美丽的海滨城市"。钟扬认为,没有美丽的沙滩和茂密的树林,缺少植被覆盖,上海的海滩显得"光秃秃"的。由于上海纬度高,栽种红树实为科学难题。但钟扬却有个执念,上世纪90年代,还在中科院武汉植物所工作时,他就发现上海历史上曾有过红树,"20万年前的红树化石说明,红树也许能在上海扎根。既然没人尝试过,怎么知道在上海种不活呢?创新就是捅破窗户纸的勇气,我愿意做第一个捅窗户纸的人"。

自2005年起,钟扬开始向上海科学技术委员会申报在上海种植红树林的课题，其他植物学专家均持否定态度，认为在上海种红树林根本不可能。钟扬一再坚持，总共申报了三次，直到2007年终于获批，得到启动资金。

熟悉钟扬的人都知道，这是他的科研风格——不论是在青藏高原盘点高原植物资源，还是建起中华植物种子资源库，都经历了十年乃至更长时间的积累。"和自然打交道急不得，为上海栽一片红树林，多辛苦几年都没关系。"

2007年，钟扬带领的课题组从珠海等地购买了秋茄、桐花树、无瓣海桑等七种真红树和黄槿、海杧果、银叶树等三种半红树的植物实生苗12 000株，植于上海临港新城，比原有红树分布界限北移了近三度。

然而，第一批红树种下不久就遭遇"天灾"。2008年年初，罕见的强降雪及冰冻灾害席卷整个南方，这批树苗全都冻死了。但钟扬没有放弃，他带领课题组通过引种试验、低温驯化、抗寒性研究，以及对比不同红树植物的抗寒力，对各种树种进行耐寒筛选。尽管第一年冰冻灾害让红树林遭遇了灭顶之灾，但第二、第三年，奇迹发生了，不仅新种的红树全部存活，令人欣喜的是，有些叶子都掉光的"貌似"已死的红树竟"复活"了，虽只剩下光秃秃的杆子，但它们的根却在吸收养分，继续生长。"这是个很好的寓意，人和树都要坚持下去。"

在上海种植红树林的另一大困难在于盐度，过高或过低的盐度都会抑制红树生长。作为长江入海口，上海海岸的地下水盐度不够，为此，钟扬带着团队从海里引水，使红树林的幼苗能够吸收到适量盐分。久而久之，送来的盐分渐被吸收，小红树为了生长，开始不断适应周围环境，最后终于成功"入乡随俗"。"在种植红树之前，这块地是干的，盐碱都往外泛"，钟扬解释说，"有了红树，蝌蚪、田螺都出现了，生物明显多了起来"。

钟扬带领他的团队引种红树，真心希望美丽的红树林能成为上海未来新的生态名片。他更希望，以红树种植为契机，宣传和提高公众的环保意识和生态意识。

科普义工大明星

钟扬生前曾提过,他在写一个关于"全球变化"的寓言小说,暂名《蜗牛,快跑!》。"我没有写'全球变暖',什么北极熊热得受不了了,你一猜就猜出来要写啥了。我写的是'蜗牛历险记'。蜗牛怕什么,全球变咸。你看小孩折腾土蜗牛(鼻涕虫)就给它撒把盐。对蜗牛来说,全球变暖一点问题都没有,打仗也跟它没关。它一直过着和平美好的生活。突然全球变咸了,它身体一点点地缩小。当然,我的小说有一个极光明的尾巴,因为蜗牛特聪明,海蜗牛居然进化成了第一个光合作用动物。我拐了一道弯来写全球变化。其实,写科普也得要创新,这跟搞科研一模一样。"

忙碌的科研教学之余,钟扬以巨大的热情投入大众科普教育事业,先后出版了《基因计算》等科普著作三部,《大流感》等科普译著六部,录制了《植物家族历险记》《种子方舟》等科普教育节目。

作为上海科技馆学术委员会成员,钟扬为之义务服务了17年,先后参与上海科技馆、自然博物馆(上海科技馆的分馆)的筹建,并承担了科技馆英文图文翻译和自博馆近500块中英文图文的编写工作。无论有多忙,他几乎都有求必应。据自博馆教育部门负责人顾洁燕介绍,"他做我们学术委员会专家,我们的项目评审有时安排在上午,前一天晚上他可能刚从西藏回来,据说在机场凌晨两三点飞机才到,然后第二天早上9点拖着拉杆箱风尘仆仆地准时出现在我们的会议室里,对于科普工作的支持,他真是无所不在"。

对于自博馆的标本征集,钟扬亦贡献良多。顾洁燕回忆:"之前博物馆知道他在西藏做研究,一直托他帮忙采集温泉蛇,没想到2011年圣诞节前夕,钟老师真的采集到了。你别看他整日乐呵呵的,他真是非常严谨、细致的一位专家,为了安全保存、顺利运送温泉蛇,他还特意写邮件来询问对温泉蛇标本制作的要求,了解动物标本运输过程的保存方法。次年4月,钟老师历经艰辛征集到的温泉蛇终于运抵上海。"

在钟扬的帮助下,自博馆后来又成功征集到八个高山蛙标本。馆内工作人员常互相调侃,有困难就找钟老师,他都能解决,即使自己解决不了,他也会帮忙联系合适的人或机构。

"'5·18博物馆日'那天他是来救场的,原来的专家来不了,我们临时去找他,说了个主题,他就答应了,他不会问你这个活动观众水平怎样、小学生还是大学生、20人还是200人,这些他都不在意。"展览设计部主任鲍其洞接受本刊记者专访时回忆,"之前暑假一个夏令营,只有30个学生,他也来讲,他不但讲红树林,还讲科学方法,很能启发人。我们说'科学知识、科学精神、科学思想',这些东西放他身上感觉一点儿都不虚"。

在众多资料中,有张钟扬给中小学生做科普宣传的照片:大夏天他穿件印花衬衫,很投入地在给一名小学生讲解着什么。在科普教育领域,钟扬一直是最受青少年欢迎的明星专家,他常常挤出时间办公益科普讲座,自己的实验室也一直对中小学生开放。他给孩子们录制科普音频节目,就因为自己的湘音普通话不够完美,一条十分钟的音频,他却较真地前后录了四五个小时。有人问钟扬,"你堂堂一个大教授,干嘛花这么多时间来给小朋友科普?"钟扬却回答,"科学知识、科学精神和科学思维是要从小培养的,现在让他们多一点兴趣,说不定今后就多出几个科学家"。

关于科普教育,钟扬曾分享过自己的解读。"第一,科普一定要姓'科',你的科学素养要高。如果你很久不在科学一线工作,思想就脱离主流了。现在一流的科学家都不写科普,许多写的人科学思想又比较老旧。第二,科普的载体属于文学范畴,你的文学素养也要高。现在好多科学家写科普太直白了。我大学时候写诗,感觉助学金不够,就写首诗去发表,一首两块钱。写得好一点有十块钱,可以请三个朋友喝酒。我知道做人要直,但写诗要'曲'。天上管写作的叫'文曲星',不叫'文直星'。"

自博馆建设期间,需要寻找一个能够承担全馆图文写作的团队,这个项目学科跨度大,文字要求高但回报少、时间紧、周期长,受邀者基本都婉拒了,当时负责图文项目的鲍其洞只好找钟扬求助。"原本想他实在太忙,如果能利用圈内人脉帮忙牵线就很感激了,没想他二话不说就接下了这个'烫手山芋'。那半年里,每次听说钟老师从西藏回上海,我们都会立刻去约时间,他总是爽快地答应,哪怕只有半天时间,也会赶来一起字斟句酌地讨论每段内容,大家也很不客气地把最难的部分都留给他。"

带领本刊记者参观自博馆时,鲍其泂想起"中华智慧"展板文字的创作过程,"如果我们来写,可能讲到那段风土人情的介绍就好了,但钟老师觉得不够,他要往上再拔高一下。我记得最后一段就是他加上的:'民族的,才是世界的,中华智慧是中国屹立于世界民族之林的基石;继承和发扬是我们义不容辞的责任。'他本人的这种责任意识是非常强的"。

自博馆图文内容涵盖天文、地质、生物、人文等学科,文字要求兼顾准确性、前沿性和可读性,创作过程漫长而痛苦,一天通常只能讨论十几块内容,而整个博物馆有近500块知识图文,可以说,这里处处都有钟扬的辛勤付出。

"有次五一小长假,钟老师又被请来自博馆'加班'(因为他平时太忙太难约了),他二话不说就答应了。经过一上午高强度会议,临到中午他执意要请我们去吃'东来顺',后来才知道那天是他50岁生日!"

那次"庆生"之后,吃顿"东来顺"就成了钟扬每次到自博馆的保留节目。席间,总能听到他的"脱口秀":青藏高原、红树林、他的学生和孩子……在鲍其泂及同事眼中,钟扬是"被科研工作耽误的段子手",工作中碰到的各种困难到他这里都成了妙趣横生的段子,连折磨他许久的痛风和高反也成了佐饭调料。

"从来没听他有过任何抱怨,他身上丝毫没有负能量。在这个浮躁焦虑的时代,他的乐观与豁达也许比他的学识更难得。工作中,每当遇到难题,最常听到他说的一句话是'没关系,我们一起想办法嘛!'"

种子和时间的隐喻

西藏大学理学院原副院长白玲说起钟扬的时候,依然难过得哽咽了,在她的记忆里,身边的藏族老师、学生,无论有什么烦心的事情跟钟扬说,他都会记在心里,尽力去帮,甚至有些不是他分内的工作,他也积极促成。他在藏地发现西藏妇女的健康问题一直没有得到很好的关注,还专门邀请了诺贝尔奖获得者、专门研究HPV检测的专家来西藏做讲座,并且积极推动为西藏妇女进行免费HPV检测，提前介入疾病控制，"按照道理，这并不是他工作分内的事情，但是他真的是动用一切资源在帮助西藏，他有这个家国情怀"。

白玲当时在西藏大学理学院分管科研，还兼着那曲生态环境观测研究站的站长，那曲站2011年才建起来，科研人员很匮乏，"那个时候是8月份，钟老师穿着短袖到了拉萨，下了飞机马上换火车赶到那曲，那曲观测站的海拔是4 300多米，他到的时候是晚上9点多钟，气温接近零度，钟扬老师没有衣服，不知道跟哪位同事借了一件衣服。他身材很高大，借来的衣服袖子只到半截，前面扣子根本没有办法扣上。大家害怕他感冒，在西藏一个感冒，很可能变成肺水肿，夺去你的生命。我们都很担心他，可他觉得时间太紧，马上就到野外台站去了。当地人都觉得脚像踩在棉花上一样，但是钟老师完全不管"。在野外科考的时候，钟扬常常跟周围人开玩笑，"你很怕死吗？"于是大家一起给钟老师送外号，"钟大胆""拼命三郎"，说他干活不要命。

在所有人眼中，钟扬都是一个跟时间赛跑的人，他每天只睡三个小时，常说能睡四个小时就是一种奢侈。时间对他来说，总是紧张的，他每天列出一张长长的清单。每天要做什么事情，做完一件，划去一条，做不完的，再誊到第二天的清单上。"有一些时间他是以分钟为单位来安排的，比如说两点三十几分，还是五点四十几分要干什么，他都划分到分钟了，每分钟都是满满的。"徐宝慧多次见他在飞机和出租车上打开笔记本电脑做功课，凌晨两点还在回复各种工作邮件，早上起来冲个澡，又开始了一天的忙碌。他的学生德吉说，如果老师回到学校，他的办公室门前会像医院的专家门诊一样排起了长队，各种各样的事情都来等他给予指点和解决。学生们经常收到老师对他们科研工作的书面回复的修改意见，这些电子邮件通常都是半夜里发出的。在他中风后，负责陪床的学生也常常凌晨3点被他设定的提醒自己睡觉的闹钟惊醒。

扎西次仁现在是西藏自治区科技厅西藏高原生物研究所种质资源库主任，种质资源库背靠高山，冬天暂时没有取暖设备，工作人员就追逐着太阳办公，"因为这座楼是南北走向的，所以我们办公室是左边一个右边一个，上午这边热一些，就在这边办公，下午太阳移到对面去了，就去对面办公。这里作为住的地方很冷，但是作为种子库的话，还是比较好的。而且西藏有一个特点就是干燥，种子干燥的最佳环境是15%以下的湿度，你看湿度表，现在自然条件下就是10.6%，所以种子在这里自然干燥就可以了，不需要额外除湿和降温，有利于种子的保存"。走廊的尽头还有一个冷库，成千上万的种子在零下18度的环境中被封存冷藏。留给未来的种子正在休眠，等待有朝一日被唤醒。

扎西次仁如数家珍地展示着他们收集来的种子，讲述这些高原作物的根茎叶花和前世今生：这是藏杏，被当地人叫作"阿里桃子"，个头虽小，但是甜得不得了。几百年前，达赖五世阿旺罗桑嘉措跟拉达克王朝打仗，就是为了抢夺这种"桃子"，因为这种桃子不但口感甜蜜，而且可以酿酒，是巨大的利益来源。那是上世纪80年代从玻利维亚农业部长手中获赠的藜麦种子，在西藏也种植成功了。藜麦是号称去火星唯一需要带的食物，它比肉和牛奶都珍贵……

植物中有无穷的秘密，那些解密的人是幸福的。钟扬和上海医科大学的团队，从西藏香柏中成功地分离出了抗癌成分。而扎西次仁也在研究中发现，西藏有一种普通的柏木，可以提炼出跟西藏巨柏相似的香料成分，这就为保护因世代采制藏香而导致濒危的西藏巨柏提供了解决方案。

"任何生命都有结束的一天，但我毫不畏惧，因为我的学生会将科学探索之路延续，而我们采集的种子也会在几百年后的某一天生根发芽。到那时，不知会完成多少人的梦想。"

钟扬去世之后，他的这些学生才深刻地意识到，原来自己就是老师采集并留存下来的种子。扎西次仁说，他把完成老师的遗愿作为自己退休之前必须完成的计划："我们和钟老师有一个关于全球气候变化与西藏生物多样性保护的科研计划，为了这个目标，我要一直干到退休，把西藏的种子库完善，把青藏高原整个高原面上的植物，我想把它弄全了。"

已经成为西藏大学理学院教授的拉琼承担起了兴建生物学实验室、继续教学与科研的重担，他的师妹、另一位钟扬老师的博士生德吉老师也加入了这个队伍。

"我博士毕业之后,总想着慢慢来,不懂的可以问老师,老师永远是我的老师。可是自从老师走了之后,我告诉自己,我不能再放松了,不能让老师失望了。钟扬老师已经成为我们共同的一种精神支柱。以前我每次上理学院的三教楼梯的时候,都不敢抬头看墙上,因为墙上挂着老师的照片,总会看着老师的照片掉眼泪。但是现在,每次上那个楼梯,我就告诉自己,我今天干了什么,我下一步要干什么,也是在跟老师说话。老师永远在那里,看着我们完成他的心愿。"

(记者 李乃清 蒯乐昊 实习记者倪源蔚对本文亦有贡献《南方人物周刊》2018年3月28日)

《中国教育报》：为使命而生

——追记复旦大学教授钟扬

【钟扬语录】

□ 不是杰出者才做梦，而是善梦者才杰出。

□ 教师是我最在意的身份。

□ 我有一个梦想，为祖国每一个民族都培养一个植物学博士。

□ 任何生命都有结束的一天，但我毫不畏惧。因为我的学生，会将科学探索之路延续；而我们采集的种子，也许在几百年后的某一天生根发芽，到那时，不知会完成多少人的梦想……

□ 一天到晚采种子，眼前没有任何经济效益，一辈子也不一定能看到它的用途。但一百年后可能会对人类有用，如果一旦消失，就再也挽救不回来。现在许多植物都濒临灭绝了，人们还叫不出它们的名字，真的是很遗憾。

□ 人这一辈子是为了一件大事而来！

复旦大学教授、植物学家钟扬入藏工作数年后，对"世界屋脊"上矮小而顽强的生命更加敬佩。

一次，他克服重重困难，终于在海拔6 100米的珠峰北坡，采到了喜马拉雅山雪莲的一个品种、世界上分布最高的高等植物——鼠曲雪兔子。

相较其他环境优越地区的种群，鼠曲雪兔子的生长明显要差得多，但这些矮小的植株，竟能耐受干旱、狂风、贫瘠的土壤以及45℃的昼夜温差，在蓝天白云下悄然生长。

这一小簇不起眼却鲜明的绿色，让他心潮澎湃——

"它之所以能成为世界上分布最高的植物，就是靠一群又一群不起眼的小草，向新的高地一代又一代地缓慢推进……当一个物种要拓展其疆域而必须迎接恶劣环境挑战的时候，总需要一些先锋者牺牲个体优势，以换取整个群体乃至物种新的生存空间和发展机遇。先锋者为成功者奠定了基础，它们在生命的高度上应该是一致的。"

钟扬，就是这样一位先锋者。

从2001年开始，他频繁地往返于上海、西藏和其他西部地区。他的身影，在蓝天白云间隐现，在悬崖峭壁间穿梭。

熟悉钟扬的人说，他一年的奔波，能超过一般人10年甚至20年走过的路。

熟悉钟扬的人更说，他定格在53岁的生命，干了人家三辈子做的事。

科研、教学、管理、科普……他涉足的每一项工作，都作出了卓越业绩。

由于多次患病和常年奔波造成的疲累，钟扬的心跳每分钟只有40多下，这已是人体生理的极限。

但在他灵魂中跳动的那颗赤子之心，没有极限。

初　心

钟扬的追求始终是人类、是国家、是科研、是教育。

——中科院院士、复旦大学副校长金力

2000年的一天，著名生态学家陈家宽问钟扬："我受命在复旦大学重建生态学科，你想不想来？"

钟扬很快答复："来！"

这让陈家宽既惊喜又意外。惊喜的是自己没有看错人，意外的是钟扬答应得那么爽快。为此，陈家宽还特意强调了一下："你在武汉可是副局级干部，你放得下？"

钟扬回答："我绝不后悔。"

彼时的钟扬在学界已经小有名气，同时还担任中科院武汉植物所常务副所长，前途可谓一片光明。

然而，他心中一直有一个梦想，希望从科学家转型为既搞科研又搞教学的大学教授。刚满36岁的他，年富力强、意气风发，一心想发挥最大的能量，做出更大的事业。

钟扬来到复旦大学担任生命科学学院常务副院长后，行政级别也就定了个正处，但他毫不在意，全身心投入工作中。

复旦大学生命科学学院原党委书记叶敬仲感慨："在他心中只有科研和教学，根本没有名利的位置。"

追求，对事业永恒的追求，这样的信念，在钟扬早期的人生中，便已成形。

上世纪80年代，张晓艳和钟扬从各自大学毕业，同时分配进中科院武汉植物所。钟扬毕业于中国科学技术大学少年班无线电电子专业，负责建设和维护机房，在植物所，他的工作属于辅助性质。

但是他没有乐得享受清闲的时光。看到科班出身的张晓艳每天研究荷花，钟扬冒出了想法："能否把计算机知识应用到植物研究中？"

张晓艳给出建议："你得学点生物学，你得了解数据背后的生物学意义，不然，你处理不好数据的权重关系，对这些数据也不会有感情。"

自称在中科大花了1万小时去学习无线电的钟扬，听到张晓艳的话，没有犹豫，一头扎进生物学的世界。

回忆起钟扬当年的选择，张晓艳说："那时大学生很少，国家百废待兴，他看到了计算机和生物学结合的广阔前景，觉得将来对国家有用处，便做了决定。"

觉得对国家有用处，就去做。这就是钟扬的行事逻辑。

转向生物学不久，因为了解到生物学中数量分类学的巨大意义，他萌生了把数量分类学介绍到国内的想法。

从收集资料到完全成稿，一年半的时间，钟扬全身心投入这项工作中。几平方米的小屋里，稿纸堆成了山，连下脚的地方都没有。在爬格子的年代，修改文稿远没有现在方便。如果改动少，张晓艳就用剪刀剪一个方格，帮钟扬贴在需要修改的地方，如果改动稍微多一点，便只能全部重新手抄。就是在这样的条件下，他不断把国际上最新的研究方法介绍到中国。

"当时我国正处在改革开放初期，国门一打开，他就赶紧把西方最重要的科学技术信息传播进来。他是一个传播者，他传播的科学技术信息对我国植物学的发展起到了重要的推动作用。他一起步就走到时代的前列。"许多年后，陈家宽这样评价。

后来，钟扬和张晓艳喜结连理。上世纪90年代初，夫妻二人共赴美国做访问学者，回国时，别人往往带生活中稀缺的彩电、冰箱等家用电器，钟扬却买了计算机、复印机。

两人一起去海关提货时，海关的工作人员无论如何都不相信，怎么可能有人用自己省吃俭用节省下来的钱给公家买设备？为此，钟扬还来回奔波了好几天。

1999年，两人第二次出国，这次，钟扬心里想着的还是多给单位买设备。他拉着张晓艳一起送过报纸，张晓艳自己还去中餐馆端过盘子。钟扬还挺乐呵："积少成多，说不定回去时又多买一台打印机。"

到复旦工作后，钟扬通过几年扎实的文献研究和野外考察，发现在国家种质库中，西部地区的标本和种子少得可怜，特别是植物资源非常丰富的青藏高原，几乎没有植物样本的收入。

钟扬说："现在许多植物都濒临灭绝，可人们还叫不出它的名字，真可惜。"

从此，他就踏上了采集植物标本和收集植物种质资源的道路。

身边的同事都说钟扬疯了。他选择的是一条既艰苦危险，又没有足够科研经费支持，更不可能发表高大上论文的科研道路。

面对众人的不解，钟扬把自己的"小九九"和盘托出——

"这些种子可能几十年甚至几百年后才能发挥作用、造福人类。生物学就是这样的学科，我们所做的可能就是一天到晚采种子，眼前没有任何经济效益，一辈子也不一定能看到光明。但是一旦我们的工作起作用了，那对整个人类来说，都是意义非凡的事。"

于是，16年间，他在雪域高原艰苦跋涉50多万千米，收集上千种植物的4 000多万颗种子。其中，大部分种子都是首次采集到的，多是青藏高原特有的珍稀植物，填补了世界种质资源库没有西藏种子的空白。

他和团队在海拔4 000米以上的山峰收集到的香柏和杜鹃，被发现含有抗癌成分，已经通过美国药学会认证。

有种植物名为拟南芥，实验价值堪比果蝇和小白鼠。寻找特殊的拟南芥材料，是全球植物学界竞争的方向之一。钟扬带着团队在雪域高原追踪数年，最终寻获全新的拟南芥生态型。钟扬将其命名为"XZ生态型"，那既是团队两位年轻人姓的缩写，更是西藏首字母组合。

为了收集西藏巨柏的种子，钟扬和藏族博士生扎西次仁涉险行走在雅鲁藏布江两岸，花了整整3年时间，给每一棵巨柏树进行登记，直到将仅存的3万多棵巨柏都登记在册。

钟扬说："这辈子，一个人留下的不在于多少论文、奖项，而在于做了多少实实在在的事。"

"钟扬的追求里始终是人类、是国家、是科学、是教育。他的追求里有无数的别人，唯独没有他自己。"复旦大学副校长、中国科学院院士金力说。

使 命

"一名党员，要敢于成为先锋者，也要甘于成为奉献者。"

——钟扬

钟扬在雪域高原的故事，和"种子"紧密相连。

这"种子"，是植物的种子。

青藏高原是植物物种的巨大宝库，由于恶劣的自然环境和高原反应，甚少有植物学家在那里长期工作。

全球环境的破坏和人类的剧烈活动，令钟扬很是担忧。他担心，在人类对生物多样性深入了解并且加以利用之前，有的植物就已经永远消失了。

怀着时不我待的迫切感，钟扬在青藏高原的种子搜集之旅，几乎到了"疯狂"的地步。

按照严格的科学标准，他一年至少要收集600种植物种子，而且每一种的种子要收集至少5 000颗，同时，不同样本种群所在地相隔的直线距离还不能少于50千米。

野外工作苦，在西藏的野外工作，更苦。钟扬血压高，身材又胖，刚到西藏时高原反应厉害，但他为装更多采样，出门只带两个面包、一袋榨菜、一瓶矿泉水，几乎次次如此。

高速公路到了尽头，他们就走"搓板路"，没地住宿就睡在牦牛皮搭建的帐篷里。每个人盖着三床被子仍然冻得瑟瑟发抖。一次，钟扬和一位博士生住进一家简陋旅馆，半夜想开窗透气，没想到却一下把年久失修的窗户推掉了。就这样，他们在零下十几度的房间挨到天亮。

有的种子，好摘，不好取。

西藏有一种光核桃。普通桃子的核（种子）都有褶皱，而这种桃子的核却滑溜溜的。大家采集了8 000颗光核桃，装在两个麻袋里拉回西藏大学，却对怎么把核取出来犯了难。

钟扬说："我有办法！"他把桃子摆在实验室门口，所有路过的老师和学生，每个人必须尝一尝，把核啃出来。光核桃异常难吃，大家一边吃一边"呸呸"往外吐，就这样，8 000颗光核桃的种子被清理了出来。

有了这次经历，钟扬逢人便说，他最喜欢的是蒲公英种子，因为随手抓一把蒲公英，就有大约200颗种子。大家一了解原委，无不哈哈大笑。

那个时候的钟扬，沉浸在一门心思做事业的快乐中。他说过："你说那个光核桃有啥作用呢？其实没什么用。但它或许有潜在意义，如果哪天它和水蜜桃杂交出了很好吃的新品种呢？在潜在意义兑现之前，我们必须把它搜集起来。"

这"种子"，更是西藏本土人才队伍的"种子"。

来了西藏，钟扬才知道，坐拥世界植物资源宝库的西藏，本土的科研力量是多么薄弱。

那时的西藏大学植物学专业，号称"三个没有"：专业没有教授，老师没有博士学位，申请课题没有基础。

这一事实深深刺痛了钟扬。他暗下决心，一定要为西藏的教育事业做点实质性的工作。

他对自己的选择，有一个浪漫的解读："中国最长的国道，是318国道。国道零千米处是上海人民广场，到西藏的终点，要绵延五千多千米。西藏人说，沿着这条路，就可以走到上海。这就是上海和西藏的缘分，也是我作为一个上海援藏教授冥冥中的使命。"

面对西藏大学教师申报国家级项目没经验、不敢报、没人报的情况，钟扬不仅帮他们义务修改项目申请书，还提供申报补助。只要是藏大老师申报项目，无论是否成功，他都个人出资补助2 000元，用于支付申报过程中产生的费用。

2002年，钟扬帮助西藏大学教师琼次仁申报国家自然科学基金，当时他常常一边插着氧气管，一边连夜修改申请报告。后来，这个项目成为西藏大学拿到的首个国家自然科学基金项目，极大地增强了老师们的科研信心。

对西藏的学生们，钟扬更是给予无微不至的关怀。

2012年，西藏大学招收了首届理科硕士生，却面临学校办学经验不足和基础课开得不全的双重困境，钟扬得知情况后，亲自跑到武汉大学生命科学学院，落实了这批学生1+2的学习模式，让他们第一年在武汉就读，第二、三年再回拉萨。

这还不算完。钟扬的父母都在武汉居住，他又特意把这9名学生带回父母家，请父母多加照顾。从此，每个周末，老母亲都要把9名学生叫来，炖一大锅香喷喷的红烧肉，给学生们改善生活。钟扬又自掏腰包，给他们每人发了1 000块钱的生活补助。

对教育援藏，钟扬有着深深的思考。他认为，最重要的是要让藏族的高端人才留在西藏。

为了培养好在藏大招收的硕士和博士研究生，钟扬几乎停招了他在复旦的研究生。他曾说："少数民族地区培养人才尤其难，但培养好了，这些学生回到家乡，就能成为靠得住、留得下、用得上的生力军。"

在钟扬带领下，西藏大学实现了多项"零"的突破：2011年获批生物学一级学科硕士点，为该校首个理科硕士点；创建"西藏生物多样性与可持续利用"科研创新团队，2012年成为西藏第一个生物学教育部创新团队；2013年获批生态学博士点，为该校首批三个博士点之一；2017年更是带领西藏大学生态学入选"双一流"建设学科。

十几年间，钟扬培养的学生已遍布西部各省份，藏族首位植物学博士扎西次仁已成为西藏种质资源库主任，博士生拉琼已成为西藏大学生命科学系第一位生态学博士生导师，哈萨克族首位植物学博士吾买尔夏提也回到新疆农业大学任教，成为民族地区急需的科研教学骨干……

"我是学生物的，生物讲究群体效应。就拿高原生态学这个领域来说，再用10年，培养10名博士生，聚集起20个人，肯定能做出有世界影响的成果。"钟扬说，"没有持久的热情和长期的投入是做不成事情的"。

2015年，钟扬突发脑溢血，醒来后做的第一件事便是口述了一封给党组织的信。在信中，他谈到自己多年在西藏的工作，他意识到在西藏建立高端人才队伍的极端重要性，立志将余生献给西藏建设事业。

责　任

"钟扬是一个心里装满了单位和国家的人。他头脑里经常想的是，我应该为这个单位，为这个国家做些什么事？"

（钟扬妻子张晓艳）

"妈妈，听说爸爸是劳模？劳模是什么意思？"有一次，小儿子突然问张晓艳。

张晓艳说，劳模就是劳动模范，这个人要很厉害，要比常人付出很多，要牺牲很多自己的东西，你想爸爸是不是那样？

小儿子听了，沉默半晌，说："妈妈，那你不要当劳模啊。"

张晓艳一阵心酸。

这些年，钟扬每年有三分之一甚至一半的时间都在出差。2016年，钟扬坐了157次飞机，其中38次是凌晨才抵达航站楼。

西藏大学理学院原党委书记徐宝慧陪钟扬回过一趟上海，深为钟扬的工作节奏震惊。

飞机上，钟扬就没有停下过工作，只在飞机临降落的半个小时，他才关上电脑休息一会儿。下了飞机，钟扬又在出租车上打开电脑，处理文件。到了学校，他直奔教室，研究生们已经在等着他上课。课上完后，他又回到生命科学学院，讨论学院的工作，其间，还热情地领着徐宝慧参观。

后来徐宝慧与钟扬共事的机会越来越多，他发现，这样的工作节奏，是钟扬的常态。有一次他跟钟扬到浙江大学出差，连续两天，钟扬都是工作到凌晨两点，然后睡4个小时，起来冲个澡，又开始了新一天的忙碌。

有次，钟扬因病住院，学生徐翌钦负责第一天的陪护。半夜3点，钟扬的手机突然响了，徐翌钦拿起来一看，是闹钟。

徐翌钦还以为这是钟扬为赶飞机而设的闹钟。第二天问了钟扬才知道，闹钟是为了提醒他该睡觉了。

很多人都知道，发给钟扬的邮件，24小时之内一定会得到回复。只不过，回复的时间常常是凌晨两点。

负责复旦大学研究生院工作期间，他常常在办公室工作到半夜。一开始，物业师傅不知道，还是到点下班，把大门用铁链拴上。等到身高1米8、近100公斤的钟扬下楼，便只能跨过链条，再吸肚子，一点点从狭窄的缝隙中挤出去。后来，因为整个楼里面只有钟扬才会经常很晚离开，研究生院单独为钟扬设置了门禁。

这是身为研究生院院长的钟扬，唯一的"特权"。

后来，钟扬频繁往来于西藏和上海之间。按照一般的进藏规律，大家总以为，他每次进藏，总要在拉萨适应一两天，再开展下一步的工作。

然而，钟扬的节奏又一次次震惊着人们。

西藏大学理学院教授拉琼曾是钟扬的博士研究生。他印象最深的，是钟扬的一份飞行计划表。

因为工作需要兼顾上海和西藏，钟扬专门整理了这份计划表。比如，上海到成都最晚的航班是凌晨2时到达，在机场休息室眯2个小时就到凌晨4时，正好成都飞拉萨的第一班飞机可以安检了，早上7时起飞，9时30分到达，直接开始工作，一点不耽误事儿。

这份表排好之后，钟扬特别得意，经常跟人炫耀。然而他的每一次炫耀，都让拉琼心头一痛，"哪有这么逼自己的啊！"

与钟扬多次共事的西藏大学理学院原院长白玛多吉，回忆起钟扬在西藏的工作节奏，心情沉痛。

白玛多吉来自西藏那曲，那里有一个钟扬负责指导的观测站。有一天，钟扬从上海飞抵拉萨，又立刻赶上开往那曲的火车，在晚上9点抵达那曲。

十几个小时，从海拔只有4米多的上海一下子上到海拔4 500米以上的那曲，白玛多吉当时就激动难抑："钟老师，您再忙也不能这样搞，您这样是在玩命！"

可是又有什么用呢？类似的话，谁没有对钟扬说过？每次钟扬都是大手一挥："不碍事，工作要紧！"

甚至，2015年他因脑溢血紧急入院后，几乎所有人都认为经过这次大病，他会放慢工作的脚步。可是出院后，他不仅没有放慢工作节奏，反而还加快了，西藏也是照去不误。

复旦大学生命科学学院、研究生院、西藏大学、中国科学院、上海科技馆……钟扬的工作涉及多个单位和部门。很难有人一下子能说清他到底承担了多少项工作，人们只知道，他如同陀螺一样，没日没夜地连轴转。

他为什么要这么拼？

他希望，为复旦，为西藏，为国家培养更多的人才——身为一名教师，这是他的理想。

他希望，在10年时间内，收集到占西藏植物比例40%的物种样本——身为一名科学家，这是他的追求。

他希望，推动复旦大学研究生院不断发展，在各方面都达到世界一流水平——身为一名管理者，这是他的责任。

大病之后，他说，他有一种紧迫感，希望老天再给他十年，让他把未竟的事业完成。

"钟扬是一个心里装满了单位和国家的人。他头脑里经常想的是，我应该为这个单位,为这个国家做些什么事?"张晓艳含着热泪追忆丈夫。

钟扬去世后,张晓艳独自在家整理旧照片,她发现,全家最近的一张全家福,竟然拍摄于12年前。

不是没有全家一起拍照的机会,但每一次,钟扬都因为工作临时缺席。

这些日子,张晓艳彻夜难眠。有时到了凌晨两三点,她会条件反射般想起,钟扬该回家了吧?

她常幻想,他工作太忙了,是不是现在还在某个遥远的地方忙碌着呢?

情　怀

"他留下的每一粒种子,都会在未来生根发芽!"

（钟扬的学生）

在浦东临港的一块试验田里,种着一片上海唯一的红树林。这是钟扬"要送给未来上海的礼物"。

此前,红树林在中国最北也就长到温州。当钟扬提出这个想法的时候,几乎没人相信,纬度更高的上海可以成功种植。2005年,钟扬第一次向上海科学技术委员会申报种植红树林的课题遭到失败,他不服气,又接连申报了两次,才获得通过。

红树林在上海的生长异常艰辛。第一年,种下去的红树纷纷死掉,只剩光秃秃的杆子,叶子全部掉光。

经过艰苦的筛选、摸索种植方法以及和吃树苗的野兔的"斗法",如今,一些红树品种已繁衍至第二代、第三代,耐寒性大大提高。

更让钟扬惊喜的是,第一年"死去"的红树,竟然又"复活"了,它们的根仍在生长,仍在吸收着养分。

那天的钟扬很高兴,他对同伴说:"这是一个很好的寓意,人和树都要坚持下去。"

2001年,复旦大学征集选派援藏干部,钟扬第一个报名。后来复旦大学对口支援地区改为甘肃,钟扬就自己联系西藏大学自费援藏,这一去就是16年。

"光这一点，我就佩服他。"复旦大学生命科学学院工会主席杨亚军说，"他不是为了镀金，不是为了让自己履历表好看，他是真心实意去做事情"。

这是怎样的一种"真心实意"！

上海科技馆的分馆——上海自然博物馆建设期间，需要寻找一个能够承担全馆图文写作的团队，但因为学科跨度大、文字要求高，始终找不到合适的人选，先后联系的几家高校都因这个项目难度太大而婉拒。

钟扬得知后，毫不犹豫地揽下。

自然博物馆图文文稿的内容涵盖了天文、地质、生物、人文等学科，文字要求兼顾准确性、前沿性、可读性，其创作过程漫长而痛苦，一天的时间通常只能讨论十几二十块图文的内容，而整个自然博物馆有将近五百块知识图文。

不论多忙，钟扬始终和工作人员坐在一起字斟句酌地讨论每一段内容。在半年多的时间里，每次听说钟扬从西藏回到上海，博物馆都会立刻去预约时间，他也总是爽快地答应，哪怕只有半天的时间，也会赶过来和大家一起讨论。

"做科普没有利，更没有名。五百块图文，又不署名，观众谁知道是他做的呢？"博物馆展览设计部主任鲍其泂说。

但是钟扬乐意，看到孩子们在博物馆里流连忘返，看着科学的种子就这样悄悄埋下，他便感受到巨大的快乐。

高原反应有近二十种，每一次上高原，钟扬都会有那么一两种。但无论是出野外，还是上课，作报告，他从来没有耽误过。

他对张晓艳说，他心里有一个很大的梦想，而梦想都是需要付出心血，付出牺牲的。

2017年9月25日，钟扬又是在凌晨起床，准备出发。

他原本是受邀讲课，完全可以要求主办方安排一辆车送他到机场。但他担心麻烦别人，自己联系了一辆网约车，趁夜悄悄离开。

凌晨5时左右，他乘坐的车辆与一辆铲车相撞，钟扬被甩出车外，因地处偏僻，直到天亮才被人发现、报警。

噩耗传来,好友杨亚军连声哀叹:"钟扬啊钟扬,你为什么不让当地学校送你,为什么自己找了一辆廉价车,为什么不等到天亮再出发!"

已经没有如果,一颗纯粹的心脏,已经停止跳动。

人们在西藏大学钟扬的住处收拾遗物,翻出来一双沾满泥浆、开了口、鞋底花纹都快磨平的运动鞋。有学生当场痛哭失声:"老师,您给我们买的都是最好的运动鞋,说我们常爬山,要穿好鞋……"

钟扬八十多岁的父亲几近昏厥,悲痛之余,他向治丧小组提出唯一的要求:"我们只希望在悼词里写上,钟扬是优秀的中国共产党党员。"

……

经常有人问金力,你眼里的钟扬是什么样的?金力说,他就像一个战士,冲锋在最前线,他一心只想着前方的高地,忘记了喘息,也忘记了自己。

这样一位忘记了自己的男人,把大半生融入植物的世界,也把自己活成植物的样子。

千万种植物中,钟扬最喜欢的是裸子植物。因为只有在艰苦环境中生长起来的植物才有韧性,生长得慢却刚直遒劲。他常说,自己最希望成为松柏,在艰苦中以挺拔的身姿矗立,纯粹地生长。

在他离去后,他的故事不断被人传颂。至今,讲起他的故事,念起他的人格,同事们、学生们依然会泪流满面,泪水中,一句话被反复提起——

"他留下的每一粒种子,都会在未来生根发芽!"

(记者 高毅哲 董少校《中国教育报》2018年3月26日第1版)

《解放日报》：种子，西藏，和一个善梦者

——记复旦大学教授钟扬

9月25日，如果不是出差时清晨赶赴机场途中的车祸，53岁的复旦大学生命科学学院教授钟扬，将在三天后再次踏上西藏的土地，与同事、学生一起，继续收集种子，为那里的植物学学科发展做事。

生命戛然而止。留下的，是许多人脑海里他始终爽朗大笑的黑红脸庞，是他16年间西藏行路50万公里，是他与团队在高原上收集到的4 000万颗种子——我国生物学研究和基因资源的宝贵财富。

在他生前，不止一人曾好奇，实验室攻坚，多出论文，同样可以攀登科学之巅，何以选择这半生跋涉？他却说起了最近采集到的高山雪莲种子，位于珠穆朗玛峰北坡，海拔5 000米之上。

"雪莲的青藏高原种群相较其他环境优越地区的种群，明显要差得多，但这些矮小的植株竟能耐受干旱、狂风、贫瘠的土壤以及45℃的昼夜温差——它之所以能成为世界上分布最高的植物，就是靠一群又一群不起眼的小草，向新的高地一代又一代缓慢推进……当一个物种要拓展其疆域而必须迎接恶劣环境挑战的时候，总需要一些先锋者牺牲个体优势，以换取整个群体乃至物种新的生存空间和发展机遇。"

他一生追梦，不曾稍停。

他的故事里，主角是种子

"疯子"，曾与他共事多年的复旦大学副校长金力用这两个字描述他，因为钟扬看待世界的角度异于常人。这个"异"，在于他更愿意追逐人类的真理，以无用为大用。钟扬曾对他说过，"这辈子，一个人留下的不在于文章、奖项，而是故事"。

钟扬的故事里，主角是种子。"一个基因可以为一个国家带来希望，一颗种子可以造福万千苍生。"很多次他在科普活动中说的话，道出根由。1984年，他被分到中科院武汉植物研究所，所里的一个重头研究对象是猕猴桃。那时他知道了，如今名满世界的奇异果，其种子的母体，来自中国宜昌农村的20根无人关注的野生猕猴桃枝条。

2000年，钟扬接受复旦生命科学学院的元老级人物陈家宽教授邀请，从武汉来到了上海，与同事们一起确定了生命科学学院将要突破的方向，其中之一是种质资源的研究。科学家们相信，种质资源几乎是所有重大研究成果的基础，它可以被看作是物种遗传信息的一种载体，也是未来科技较量必争之地。而钟扬，将目光投向了西藏。

"西藏的植物资源从来没有进行过彻底盘点，即使在全世界最大的种子资源库中，也没有西藏地区的植物种子。"2001年，钟扬主动请缨来到这片土地，寻找青藏高原上生物进化的轨迹。然而，要盘点清楚这些生物"家底"却并非易事，仅收集种子样本一项，一年就至少要收集600个，而且每一个样本都要收集5 000颗种子，不同的样本种群所在地相隔的直线距离还不能少于50公里。按此计算，钟扬一年至少要行走3万公里。

如何收集种子？钟扬曾开玩笑说，最简单的是蒲公英，"随手抓一颗蒲公英，就有大约200颗种子。最麻烦的是椰子，8 000颗种子的话，需要数辆卡车才能拖回来，这才算收集了一种植物的种子。"

而这个过程，在海拔最高的地方，又是怎样？从藏北到藏南，从阿里无人区到雅鲁藏布江，在林芝、日喀则，在那曲、阿里，哪里有需要寻找的种子，哪里就有他带队的身影。医学上常见的18种高原反应，每次上西藏，他都会碰上一两种，心跳甚至慢至每分钟44跳。

学生朱彬记忆犹新，去阿里地区的路上，自己因为缺氧快昏倒了，当时钟扬也有严重高原反应，却急着招呼给他吸氧。小朱担心老师，拔掉氧气管往他眼前送，钟扬一把抓住他的手，笑着说："别动，怎么这么不讲卫生，快点插回去！"

他的藏族学生，如今的西藏大学副教授拉琼，忘不了跟着钟扬登珠峰采集高山雪莲的那一次。2011年，为了一个课题，他们开始寻找一种叫鼠麹雪兔子（高山雪莲）的植物。"我们在珠峰大本营周围没有找到，准备继续向上。当时我觉得钟老师不是藏族，又不熟悉山情，可能还有危险，建议他待在帐篷里等着我们，"拉琼说，"谁知被他一句'你能进我也能进，你能爬我也能爬'顶了回来。"最终，他们在一处5 400米海拔的冰川退化后裸露的岩石缝里看到了高仅10厘米、长着灰白小绒球花朵的不起眼植物。抚着花形宛如拇指的高山雪莲，钟扬开怀大笑，所有辛劳，化为心头激荡。

藏北的窗，那一束晨光

"那年8月，我们的考察队沿着泥泞小道穿越羌塘草原……半夜，一阵胸闷将我从睡梦中惊醒。我急忙唤醒同屋的博士生老王，说'开点窗吧'。他应声起床。黑暗中，却听'哐当'一声巨响，一股寒风扑面而来——糟糕，老王把整面窗户从二楼推了下去……第二天清晨，队伍重新启程，车开了回头看，熟悉的土墙，挂满经幡的玛尼旗杆，旅馆老板一家子挥舞告别的手臂。那后面，一缕晨光正巧投进洞开的窗口，心头顿时涌起暖意。"

一篇蓝色圆珠笔手写的小文——《藏北的窗》，是钟扬对工作日常的记录。16年前，他独自踏上这地球"第三极"，也爱上了这篇土地。他有了自己的藏文名字"索朗·顿珠"，口袋里时常放一个MP3播放器，循环藏语教学音频，渐渐地，能听懂三分之一。两年前，因为脑溢血住院治疗后，仅仅9个月，他又飞到西藏工作，与之前不同的是，原先酒量不错的他，滴酒不沾了，身边多了个透明塑料小药盒子，每天三顿，特别认真地数药、放药、吃药。出院时医生叮嘱过三条，一不能再喝酒，二要按时吃药，三不能再去高原了。

他戒得了酒,戒不了西藏。

在探寻西藏生物多样性的过程中,他认识到,这里不仅需要植物学家,更需要教育发力。在这片土地上,收集种子的同时,传递力量,播种未来——16年间,他为西藏大学争取到了历史上第一个国家自然科学基金项目,成为西藏自治区第一位长江特聘教授,帮助西藏大学培养出第一位植物学博士,带出西藏自治区第一个生物学教育部创新团队。而今,这支"地方队"的研究力量已经开始参与国际竞争。

当他初到西藏大学,提出"以项目来带学科带队伍"的方向时,琼次仁副教授和不少老师一样,不相信能做得成。因为此前,那里还没人申请到一个国家自然科学基金项目。屡败屡战,2002年,他和朝夕相处的同事琼次仁联合申请国家自然科学基金,因为种种原因失败了。第二年再次出发,"西藏大花红景天的居群分布、化学成分变化及地理信息系统研究"项目申报成功,整个西藏大学沸腾了。

"中国56个民族,我想为每个民族,都培养一个植物学博士,"钟扬曾跟同事这么说。扎西次仁是他在复旦指导的一个藏族植物学博士生,在确定了"西藏巨柏保护的遗传学研究"博士论文课题后,师徒俩用三年时间在藏东南地区沿雅鲁藏布江两岸调查巨柏的分布与生存状况。当年的学生已投身西藏种质资源库建设。

2015年,武汉大学生命科学学院教授、西藏大学理学院副院长刘星,因为钟扬的一句话,下定决心延长自己的援藏时间。"这里的博士点要评估了,需要多一些懂专业的人一起推动,你能不能留下来?"深夜恳谈之际,钟扬被来自母亲的电话打断,刘星隐约听到,"……你身体不好,别又上(西藏)去了。"他答着"放心、放心。"放下电话,钟扬告诉他,自己也会继续参加第八批援藏。

从2001年第一次踏上青藏高原,跋山涉水寻草访树,到2010年起成为中组部第六批、第七批、第八批援藏干部,复旦大学教授钟扬,已经在沪藏之间"飞行工作"了整整16年。

"不是杰出者爱做梦,而是善梦者杰出"

"不是杰出者爱做梦,而是善梦者杰出",徐汇区建襄小学张歆老师依然记得听钟老师讲座时,留在心底的一句话。

许多人说,他用53岁人生,做完了100岁都做不完的事。这本以生命书写的大书里,他几乎奔跑着追逐自己的梦想。

梦想,又何止于西藏?作为国际大都市的上海,海边多为滩涂,一直是这位植物学家心头憾事。一次,他从全球变暖造成澳洲冰酒热销的新闻里得到启示:地球变暖,植物北移是大势所趋,那么常识中只适合在南北纬25度之间生长的海滨理想植被红树,能否常驻申城海边,形成一道风景线?如今,当初的梦想逐渐成真,红树林已经在上海临港海滨扎根。

为钟扬订过机票的经佐琴老师记得,他的行程会密集到7天要坐10趟飞机;每当他回上海,就抓紧与学生见面,要么就是拎上破旧的帆布袋,和学生一起采标本,要么就在办公室"坐诊",直到深夜;有时待到凌晨一两点,实验楼的大门早已用铁链拴上。但推一推,人还能从缝隙中挤出。为了不吵醒门卫,身高1.8米、110公斤的钟扬,要先跨过链条、再吸肚子,一点点从狭窄的缝隙中挤出,还不忘朝旁边的弟子得意一笑。老同学黄梵有一次和他共进早餐,钟扬吃了7个包子、3碗粥、4碟小菜。他说没办法,在西藏习惯了,一定要一顿吃很多才能保存体力。长时间下来,胃都被撑大了。

这样一位充满理想、活力和热情的植物学家突然离去,周围的人都是惋惜和不舍。妻子张晓艳声声呼唤:"钟扬,从我认识你的那天起,就知道你是为科研而生,为事业而生,为理想而生。"很多人知道,钟扬与张晓艳的约定——"孩子15岁以前,你管。15岁以后,我来。"如今双胞胎孩子15岁刚满,钟扬却失约了。同样有很多人知道,孩子名字的由来。2002年他们出生时,钟扬正在研究红树植物。两个娃娃便一个叫云杉,一个叫云实。

网上一篇纪念钟扬的文章下,跟着许多评论,其中一条静静地发问:爸爸你也敢走,我还没长大呢!

(作者 彭德倩 王潇《解放日报》2017年11月7日)

《文汇报》：他在无数人心中播下种子

——追忆复旦大学教授钟扬

在这位深谙进化生物学的学者眼中，万物起灭常常以亿年为单位，一个个体的生死算不上什么。更何况，这位有着深刻而有趣的灵魂的科学家，心中从来就厌恶平庸。从这个角度来说，他也许"如愿"了。复旦大学教授钟扬离世已经半年，但他在无数人心中播下的种子、留下的温暖，至今仍无法让人忘怀。

"未来，终有一天，我们谈到科学和人文的时候，我们都不会忘记曾经有他——钟扬，他当年用理想和坚持，跨过了诸多艰难的时刻，留下了宝贵的科学财富和精神财富，然后挥袖而去。"熟识他的人谈起他时，表达着同样的感受——钟扬是一位科学家，但又不止于是一位科学家。

一个天才却做"最笨"的事，只因为他想做得更多。

也许是年少成名，钟扬在后来的研究生涯中很少留恋任何学术头衔，而为未来留存一份希望则成了他最看重的事情。"一个天才在做'最笨'的事，钟扬有着大智慧。"记者走访钟扬曾经生活过的地方，听到不止一个人如是评价他。

的确，钟扬对科学有着超越一般人的思考。

2001年以来，钟扬一直致力于青藏高原植物遗传多样性与分子适应进化研究，并利用多种手段揭示其适应极端环境的分子机制。

在钟扬的研究生涯中,青藏高原是一个非常重要的科研舞台。十几年来,他不间断地深入雪域高原开展野外科学考察,初步摸清了西藏生物资源的分布特点,用有限的经费,带着研究生开展了卓有成效的研究,工作内容涉及多个物种的遗传多样性、保护生物学、谱系地理、化学成分、民族植物学、分子进化、植物解剖学、植物生理学、植物资源学等诸多领域。

他为人类未来采集了数千万颗种子。他花费十多年时间帮助西藏大学创造了一个又一个"第一":申请到了西藏第一个理学博士点,为藏族培养了第一个植物学博士,带出了西藏第一个生物学教育部创新团队,带领西藏大学生态学科入选国家"双一流"学科建设名单,为西藏生态学未来发展奠定了坚实基础。

近年来,在国家科技基础性工作专项和国家自然科学基金重大研究计划项目支持下,钟扬团队采用新一代高通量测序技术,研究不同尺度下青藏高原特有植物的居群遗传结构、进化起源和基因组适应性进化机制。

特别值得一提的是,钟扬及其培养的西藏大学研究生踏遍青藏高原,历时十余年,终于在2013年首次发现了重要模式植物拟南芥高海拔生态型群体(海拔4 000米以上),并在全基因组测序基础上检测了功能基因的适应性进化,结果表明,西藏拟南芥为目前世界上所发现野生拟南芥的基部(原始)群体。青藏高原高海拔拟南芥群体的发现对于研究植物对极端环境的适应具有重要意义,也引起国内外植物学界的高度关注。

在西藏,钟扬除了采种子、给学生上课,与藏民也结下了深厚的友谊,他们同吃同住、同喜同乐。凡是钟扬走过的地方,几乎每个藏民都会由衷地说一句——"钟教授,我的朋友!"

对孩子深深的爱,让他愿为每个年轻人的成长付出

和众多普通人一样,钟扬也会为孩子的成绩担忧;会在重病初愈时,因想起自己对家庭照顾太少而流泪……每次谈到工作和生活,无论什么事情,他都能一笑而过。唯有谈到自己孩子时,他几次痛哭流涕,因为感到太对不起孩子和家庭,感到给孩子的时间太少了。

但是，这一切都不足以使他放弃为更多年轻人的成长而付出。

对于钟扬的课题组，他的学生曾戏称其为"收容所"。确实，在这里，任何类型的人你都能找到：患抑郁症的、和领导闹矛盾的、肌无力患者……无论是谁，是否曾误入歧途，在钟扬的实验室中，学生都能重新找到人生的方向，并且还能将实验做得不错。

"钟老师一个特点，就是他不管跟谁交流，都能够挖掘别人的亮点。"中科院昆明植物研究所副研究员张体操曾是钟扬的博士后，当年他与夫人、云南大学农学院讲师乔琴一起投到钟扬门下，从事青藏高原高等植物研究。张体操告诉记者，钟扬爱说鼓励的话，学生们在科研上任何天马行空的想法，他都能理解。

几年前，针对青藏高原极端环境下植物基因组适应性进化的研究几乎没有，张体操有这方面的意向，当他向钟扬传达此意后，钟扬立即同意。"钟老师就说'对对对'，这个是以后发展的趋势，一定要做。"后来张体操成功申请到了国家自然科学基金委的重大研究计划。

"钟老师是我的知音。"这种感觉在钟扬的众多朋友、学生、同事身上都曾出现过。乔琴告诉记者，钟扬去世后，即使是与他分开多年、不常联系的学生都难以抑制悲伤的情绪，"对于学生来说，他就是精神支柱。他明白每个人的'软肋'，并且能与你心灵交流"。

钟扬自己生活很节俭，但对学生却特别大方。有好几次外出见到学生鞋子旧了、坏了，就给学生买鞋，还是名牌运动鞋。而他自己经常是鞋子穿到鞋底脱胶，走起路来有很明显的裂缝，还不舍得买新鞋。

为了帮助西藏大学学生开拓视野，他个人出资发起"西藏大学学生走出雪域看内地"活动，组织了80多名西藏大学学生赴上海学习。

带领学生野外科考时，白天坐小巴，钟扬总是把前排留给学生，自己坐在最后面、最颠簸的位子，他说"已经习惯了，多颠都可以睡着"。但是一到赶夜路的时候，他又会坐到副驾驶位置上，他说"我要醒着，保证全车人的安全"。

钟扬把每一个学生都当作宝贵的种子，他以渊博的知识和丰富的经验，为同学们指引人生方向，十余年如一日的援藏经历和科学探索之路，也给予学生无穷的精神力量。钟扬培养的学生，如今已遍布西部省份，不少已成长为少数民族地区急需的科研骨干。

对任何事都满怀热情，给每个地方带来无限可能

记者来到中国科学院武汉植物研究所——钟扬曾经工作过的地方，办公室已不复当年模样，但钟扬在这里所做的一点一滴，却又被人深深铭记。

武汉植物所原所长胡鸿钧虽已过耄耋之年，却仍记得1984年初来乍到的"毛头小子"钟扬是怎样的干劲十足与脚踏实地。胡鸿钧很喜欢这个年轻人，他告诉钟扬，想长期待下去就要好好补一补生物学、植物学知识。就此，钟扬静下心来，"啃"起了专业书。

钟扬曾经担任湖北省植物学会的秘书，那也是省植物学会活动最为丰富的几年。当年武汉植物研究所承办的植物系统与进化青年研讨会至今仍为圈里人津津乐道，有些参与者甚至还保留着当时钟扬设计的印有银杏叶的文化衫。

钟扬将采集的种子存放于中国西南野生生物种质资源和西藏种质资源库。在中国西南野生生物种质资源库，第一份种子采于2008年7月26日的西藏雅鲁藏布江边，最后一份种子采于2017年8月31日，是上海浦东新区野生大豆种子。而在西藏种质资源库，钟扬培养出的第一位藏族博士扎西次仁已经成了这里的主任。"作为钟扬老师的学生，要完成他未完成的事。"扎西次仁告诉记者，钟扬生前时常对他说"人生最大的乐趣是做自己喜欢的事情"，而这如今也成了他的人生目标。

钟扬能让人真正明白何谓"桃李满天下"。除了自己的学生，其他课题组乃至其他专业的学生，来自西部的学生或教师，外国留学生，科学爱好者，中小学生……跨专业、跨年龄、跨职业的人群，在各种意义上，都成了他的学生。

他还以巨大的热情投入大众科普教育事业。他曾参与上海科技馆、上海自然博物馆的筹建，并作为学术委员会成员，义务服务长达17年。他承担

了上海科技馆英文图文翻译和上海自然博物馆近500块中英文图示的编写工作。连他的50岁生日都是在上海自然博物馆加班编辑词条当中度过的。

"钟老师对科普有着一种情结，与其说科普，不如说是他愿意教人，只要你求教，总能从他这里得到启迪。"复旦大学生命科学学院教师赵佳媛向记者缓缓说道："回顾跟着钟老师做科普的点点滴滴，我很想总结说，科普的初心永远跳动。但如果钟老师还在世，他一定会笑着调侃：哪算得上什么初心，只是一颗肥大的跳动缓慢的不亚于运动员的心脏。"

提起钟扬的过往，受访者都陷入了快乐的回忆；想到他的离去，大家又都陷入了深深的沉默。钟扬跨界极广，对任何事都满怀热情，答应纷繁杂乱的邀约，做很多耗费时间极多回报却极少的事……钟扬就是这样——既顾全大局又细致入微，他将每个人记在心中，也让每个人感到温暖。

（见习记者　李晨琰　记者　姜　澎《文汇报》2018年3月27日第1版）

《新民晚报》:"他用半辈子干了别人三辈子的事"

——记燃尽生命之光的钟扬

他真有过不少豪言壮语,但有时又是一个风趣的"段子手";他爱美食爱烹饪,却又常常以方便面果腹;有同事和学生说,如果他不搞科研,或许能去当喜剧演员。这就是钟扬——复旦大学党委委员、研究生院院长、生命科学学院教授、博士生导师。2017年9月25日,他在去内蒙古城川民族干部学院为民族地区干部讲课的途中遭遇车祸,不幸逝世,年仅53岁。

"从来雪域少人行,只手却将桃李擎。"扎根西藏16年,留下了4 000万颗种子、一片红树林的科学家,冥冥之中,他生前还真的常把一句可叹的话挂在嘴边:"假如再给我十年,再给我二十年,我还要当教授……"

要有"新四不像"精神

"一名党员,要敢于成为先锋者,也要甘于成为奉献者。""组织的需要第一。""功成不必在我。""干事比名分重要。""有责任,我担着。"……这些都是印在同事和学生心间的钟扬说过的豪言,也被看作是他的一种人生信条。

10月16日,教育部发布通知,追授钟扬"全国优秀教师"荣誉称号。中共上海市委昨天印发《关于追授钟扬同志"上海市优秀共产党员"称号的决定》。斯人已逝,风骨犹存。在他身上集中体现了一名优秀共产党员"不忘初心、牢记使命"的精神品质。作为扎根中国大地成长起来的一名科学家和人民教师，他是绝对忠诚的优秀共产党员，是教书育人好老师的杰出代表，是无私奉献的党员领导干部，是上海市"两学一做"学习教育中涌现出来的先进典型。

熟悉他的人评价说，钟扬之所以让人感动，就在于他的真实。复旦生命科学学院院长助理赵斌说，称钟教授是个"段子手"，一点不假。比如，他会把很深奥的科研项目，用近乎段子的方式说给同事们听，既通俗易懂，也深入浅出。还比如，就拿夺走他生命的车祸来说，其实在西藏期间，钟教授已多次遭遇车祸，但每次都幸运地躲过了，而且事后他还每每像讲段子般讲述自己的历险过程。

钟扬能说会道、诙谐睿智，这是众人皆知的。有人说，只要与他相处超过一个小时，脑海中便会永远地记着这个人。同事小如老师说："钟扬的幽默早已植入他身体的每一个细胞，任何情况下的表达他都别有趣味。有一次，他不仅给双胞胎孩子用植物命名，还别致地解释这种命名的意义，一来花花草草多，植物志那么厚，想重名都难；二来不用动脑；再者，如果植物取名蔚然成风，会给分类学在社会上带来很大影响。我忽发奇想，如果让钟扬做一个脱口秀主持人，他的收视率一定会很高。"

任文伟老师回忆起十多年前的一幕。那天，钟扬带大家去校门口的一家小饭馆吃火锅，饭桌上，他故事不断、段子不绝。有学生问如何做科研，他却先让大家猜一个谜语，说做科研要具备哪四种动物的品质。钟教授当时说，第一要有狗一样的嗅觉，必须知道哪些是科学前沿的问题，哪些是有价值的研究方向；二是要有兔子一样的敏捷，想到了好的问题就要马上动手去做，因为一个好的科学问题，可能全球有上百个实验室都在研究它，如果慢了的话，就是有再好的想法也会被淘汰，是没有竞争力的；三是要有牛一样的勤奋；第四点最重要，就是还要有猪一样的心态，因为在科学研究的道路上，失败一直会如影相随，如果没有猪一样的超脱心态，放下包袱轻装前进的话，那么科学家多半会郁闷死的。

钟扬认为，这种集狗、兔、牛和猪于一体的"新四不像精神"，或许正是每一个科研人员必须孜孜以求的一种探究精神。

奇思妙想探索未知

"酒可以戒，但去西藏却戒不掉。""援藏时，每天清晨出门采集种子样本，他总是只带两个面包、一小包榨菜和一瓶矿泉水，说这样包里就可以腾出地方多放点样品。"复旦生命科学学院党委书记陈浩明说，钟扬是用生命在诠释一个共产党员究竟该如何不忘初心、牢记使命。

王光明是钟扬的中学校友，他说，读到过钟扬写的一篇文章《在我失联的日子里》。钟扬以细腻的笔触记录了他51岁生日那天发生的事情：几块饼干充早餐、自主招生面试、给小儿子送钱、修改校际合作协议、参加朋友的生日宴、脑出血中风急救……王光明说："这就是一个卓有成就的科学家的生日啊。"

学生顾卓雅说："最佩服钟老师的地方，不仅仅是他在学术和人生上的丰富知识和经验，还有他对自己的严格要求和对他人的理解包容。钟老师在学术上有着很远大的追求和独特的洞察力。他远赴西藏十多年，忍受着高原反应和病痛，为西藏大学培养人才，并研究西藏的独特生物。在学术上，他的思想很开放，绝不拘泥于现有的研究和既定的思维，不怕研究的课题不保险，而是勇于探索未知。他对学生的学术指导不仅有知识传授，更有研究方法的启蒙，他总是以培养学生自己的能力为出发点，进行合理的、积极的引导，让学生得到最好的锻炼。除了是学术上的导师，钟老师对学生更是人生的领路人，他愿意在百忙中抽时间倾听学生的想法，认真的和你讨论，也很尊重你的想法和选择。平时，他也从不吝啬和学生分享自己的人生经验。许多他的学生都很爱和他聊天。"

在茫茫荒原上风餐露宿，只为寻找到一颗野生的种子；在浦东荒芜的海边，种植了一片红树，也许要到100年后才能成林……顾卓雅说："钟老师对很多事情很坚持，比如收集种子给种子库，和制作植物标本给标本库。有时候，对于他拿出宝贵的时间在那么多地方奔波，做这些短期里不会有科研产出，也没有经济回报的事情，周围的人不是那么理解，但是他一直在坚持，希望把科学的种子、把珍贵的生物多样性保存下来，默默地为世界留下更多宝贵的标本,也许在未来的某一天就可以造福人类。"

给陈浩明印象深刻的是,钟扬在科研工作时思维相当活跃,不时会迸出一些奇思妙想。"有一次,他问我们大熊猫为什么喜欢吃竹子。他说这其实跟老虎爱吃肉是一个道理。为什么吃竹子,因为竹子里面含有抗抑郁的成分,大熊猫得了抑郁症,整天拉着个脸。"陈浩明说,怎么验证这个猜想呢?当钟扬得知大熊猫全基因组的序列测出来以后,便马上组织大家研究,能不能在大熊猫的基因组里面发现可能导致抑郁症的基因突变,结果,经过一百多个日日夜夜的奋战,终于验证了这个猜想。

淡泊名利透支生命

不求功名的钟扬,对待学生却是充满了挚爱。有位学生患了肌无力,走路都很吃力。一个偶然的机会,这名学生听了钟教授的植物学讲座,一下子被吸引了,便抱着试试看的心态,给钟老师写了一封电子邮件,没想到很快就收到了回话:"你来试试"。面谈之后,钟教授鼓励他勇敢地报考,不要因为自己的身体状况而放弃求学。如今,这名学生已成为中科院的一名研究人员。钟扬常对同事们说:"每个学生都有自己的价值,我们不能让任何人掉队。"

钟扬对烹调也很拿手,但他的办公室里一直存着一箱方便面,工作一忙错过了吃饭时间,他就冲包方便面。有时一清早约见学生,他总会备好早餐,让匆忙赶来的学生先吃完点心再谈学习和工作,每当此时,他总是乐呵呵地安慰学生:"年轻人嘛,是要多睡点觉。"

复旦研究生院综合办副主任包晓明说:"我印象里,钟教授缺少常人必备的衣服,他没有羊毛衣,更没羊绒衫,冬天都是穿衬衫加一件厚外套。有一次去北京接受领导人接见,他的着装不符合要求,便到地摊上买了一条深色的裤子。平日里他喜欢穿牛仔裤,他曾经开玩笑地说,一条牛仔裤,可以在零下十几度的拉萨穿,也可以在温暖的广州穿。后来我了解到,他的牛仔裤都是几十元钱买来的。我后来帮他整理遗物,牛仔裤都破洞了,还不舍得扔掉。"包晓明还说,钟教授的一对双胞胎儿子平时也是基本上穿校服,两个孩子非常乖,也非常朴素,大儿子喜欢吃牛排,钟教授常常就用猪排做成牛排的样子给他吃,因为猪排更便宜些。但"吝啬"的科学家在献爱心方面却十分慷慨,每逢救灾捐款,他总是带头认捐,有时一出手就是上万元。

"他的生命肯定是透支的,几乎每天都要忙到很晚才睡。他说没有办法,就有这么多的事情等着,而且还全都是紧急的事情,因此,他经常半夜一两点钟还在回邮件。所以,当钟扬去世的事情传出后,大家把他做过的工作一罗列,惊讶地发现,他这半辈子足足干了人家三辈子的事情啊。"妻子张晓艳说。

此外,人们在颂扬钟扬时,几乎都会提及他身上的一个特别之处——他从事的科研工作,从不追逐功利,更无利益纠结。他永远扎根在科研一线,直至燃尽自己的生命之光。正如钟扬自己所说:"一个人的成长不是两点之间直线最短","在一个适宜生物生存与发展的良好环境中,不乏各种各样的成功者,它们造就了生命的辉煌。然而,生命的高度绝不只是一种形式。当一个物种要拓展其疆域而必须迎接恶劣环境挑战的时候,总是需要一些先锋者牺牲个体的优势,以换取整个群体乃至物种新的生存空间和发展机遇。……这就是生长于珠穆朗玛峰的高山雪莲给我的人生启示,它将激励我毕生在青藏高原研究之路上攀登。"

(记者 张炯强 王 蔚《新民晚报》2017年12月13日第6版)

澎湃新闻：追梦人钟扬

16年时间，从藏北高原到藏南谷地，从阿里无人区到波涛汹涌的雅鲁藏布江江畔，复旦大学教授、植物学家钟扬每年跋山涉水数万公里，收集了1 000余个物种，4 000多个样本，4 000多万颗种子，占西藏物种总数的1/5。

2017年9月25日，钟扬在为民族地区干部讲课的出差途中遭遇车祸，不幸逝世，时年53岁。

种 子 方 舟

"一个基因可以拯救一个国家，一粒种子可以造福万千苍生。"作为植物学家，钟扬在做公众科普时常会说起这句话。

种子资源为什么重要？"新西兰的第一大经济作物奇异果是培育于中国湖北的一种猕猴桃基因；袁隆平先生利用在海南岛上发现的野生稻子资源'野稗'，通过反复选育得到了杂交水稻；上海农业基因中心去云、贵、湘山区收集产量并不高的旱稻种子，杂交后得出新品种杂交旱稻，"钟扬在"一席"讲座上时曾举了上述几个案例。

"如果能获得种子，对人类的未来是非常有好处的。种子能为我们提供水果、花卉，更重要的是可以培育出粮食作物。还有更重要的一种作用是医药，很多医药来源于天然作物，比如青蒿素，就提取于一种叫黄花蒿的植物。"

然而糟糕的是，在生物多样性被了解利用之前，由于全球环境的破坏、人类活动的剧烈，某些植物就已经灭绝了。植物学家们对种子和基因的研究速度远远赶不上物种灭绝的速度。

成立种子方舟，也被称为末日种子库，是很多植物学家们维护生物多样性而采取的重要举措，比如坐落于北极圈的斯瓦尔巴全球种子库；广泛收集全球种子的英国皇家植物园"邱园"千年种子库、美国NPGS的种子库。

2005年，由中国科学院主导，在昆明建立中国西南野生生物种质资源库，这是目前亚洲最大、世界前三大的种子库。钟扬也为此做出了巨大贡献。2010年，令人震撼的上海世博会英国馆的种子殿堂，其中40%的种子由钟扬提供。

追 梦 人

1984年，钟扬从中科大少年班毕业，被分配到中科院武汉植物所，担任助理研究员一职。

"追梦人"和"践行者"，这是钟扬妻子、同济大学生命科学技术学院教授张晓艳对他的评价。两人相识于武汉，张晓艳回忆："我们第一次合作是做一个荷花项目研究，他经常有很超前的想法，那个时候就把计算生物学的一些方法运用起来了。他脑子里充满了梦想，又不断去践行这些在我们看来不可能的想法。"

复旦大学生命科学学院副教授南蓬回忆起30年前与钟扬的相识，"他总有奇思妙想，又能敏锐地洞察事物关联性，幽默又干练，所以他的实验室也成了武汉植物所年轻人经常聚集的场所。钟老师负责所里唯一的一台计算机，他把当时国外最前沿的科研文章都找来和大家分享。"

这台唯一的计算机，还是钟扬自费所购。上个世纪90年代初，钟扬和张晓艳先后到美国做访问学者，回国时，别人都会带一些彩电、冰箱，而钟扬把他们攒的生活费都买了计算机设备，回来捐给了单位。"我们一起去提货的时候，海关都不相信，怎么可能有人用自己省吃俭用节约下来的钱给公家买设备？还有买原版书很贵，那时候大家都没有条件，他就自费买了后，再把重要章节复印给同事朋友们浏览。"

从1984年到2000年在武汉植物所的16年间，钟扬不断地把国际上最新的研究方法介绍到中国，如数量分类学、生物信息学等。改革开放初期，国门一打开，他就赶紧把西方最重要的科学技术信息传播进来。

2000年，彼时已经是武汉植物研究所副所长的钟扬，收到了复旦生命科学院教授陈家宽伸出的橄榄枝。陈家宽一共引进了包括钟扬在内的三名学者，希望彼此一同承担起重建复旦大学生态学科的重任。当时，教师待遇普遍低，科研经费少，很难留住人才。陈家宽问钟扬："你在武汉已经是副局级干部，父母又在武汉，你下决心跟我来吗？"钟扬毅然回答，绝不后悔。

钟扬一直有着教师梦，他打趣说过，因为自己的母亲也是教师，母亲在分娩前一个小时还在给学生上课，所以他注定也会是一名教师。

从武汉到复旦，钟扬从科学家转型成既搞科研又搞教学的大学教授，他敏锐地捕捉到，生态学是上海、国家更急需的。在复旦，钟扬与同事们一道实现了生态学博士点、教育部重点实验室和生态学重点学科等从无到有的跨越和迅速发展。

教书育人方面，钟扬还指导培养了一批少数民族博士。相比其他老师，他创造了复旦培养少数民族学生最多的纪录；指导过很多各种困难转来的学生顺利毕业。他无论上什么课，都深受学生欢迎，甚至很多外校的学生大老远跑来蹭课。

对于自己的家庭，钟扬常和朋友说他是愧疚的。张晓艳向记者回忆起他的"求婚"，"我那时候还在外读书，回武汉他来火车站接我。一接上我他就说证明都已经开好了。我还纳闷了一下什么证明啊？他哈哈一笑说结婚证明呀，双方单位的介绍信都搞定了。就这么有点被'胁迫'地和他组成了家庭。"

"他对名利看得很轻，自己生活上是很简单的。"张晓艳说，"我们在一起也没什么浪漫的举动，现在都回忆不起来了。就是那时候物质不丰富，但有点水果橙子之类的，他都要留给我，水果放干掉了他也不吃。"

对比两人性格，张晓艳说钟扬更主动热情，自己则偏被动一些。"后来想要孩子,他还保证说自己会改变,多花点时间在家里。"张晓艳苦笑说,"都是被他'忽悠的'。"

2002年9月9日,钟扬因项目申请讨论会出差在外。南蓬副教授接到了张晓艳父亲的电话得知,张晓艳因早产被送往医院。南蓬和另一名生命科学院老师一起赶到了红房子医院,第一个看到了一对双胞胎男孩从手术室被抱出来。南蓬回忆,"到了夜里半夜2点多,钟老师才赶回上海,陪在妻子身边。"

早在孩子还没有出生时,钟老师就给孩子想好了名字:一个叫"云杉",一个叫"云实"。一个是裸子植物,一个是被子植物。他曾说,花花草草多,孩子不容易重名,而且如果用植物给孩子命名能够蔚然成风,会给分类学在社会上带来多大的影响啊。为此,他的学生在复旦大学BBS上贴上了一条告示:"钟扬教授和张晓艳博士的遗传学实验取得巨大成功,结果为两新种:钟云杉、钟云实。"

钟扬和张晓艳约定,两个孩子15岁前归张晓艳管,15岁后钟扬管。张晓艳告诉记者:"他工作确实太忙了,没有办法分心,带小毛头他也不大擅长,所以就有了这么个约定。"

钟扬车祸离世时,两个孩子刚满15岁。

去青藏高原吧

早在2001年,钟扬开始帮助西藏大学进行学科建设和人才培养,带领学生一次次深入藏区,收集种子。他越来越意识到,随着人类活动和环境变化,很多物种在消失,保存种质资源已经成为一项基础性、战略性的工作。为国家打造生态屏障,建立起青藏高原特有植物的"基因库",成了他心中又一个梦。

青藏高原是国际生物多样性的热点地区,到这样的地方去收集种子有特殊意义。从"科"的等级来看,青藏高原有212个科植物,占我国的32.9%。在"属"的等级,占全国38%。青藏高原有将近6 000个高等植物(能结种,也被称为"特有种"),占全国18%,更为重要的是其中1 000个高等植物只在西藏才有，不仅数量大且质量好。

钟扬认为，以上数字还被人们严重低估了。因为像墨脱这样交通不便的地区，近50年来少有植物学家涉足，而这样的地方在藏南地区大约有7万平方公里。即使在珠峰下，在日喀则地区有个嘎玛沟，钟扬说第一次去的时候，单程骑马用了7天时间，100年来更是没有植物学家到访。因此，钟扬断定，这么多地方存在着大量的奇花异草还没有被人们发现。

钟扬鼓励年轻学生报考植物学时诙谐地说过，"这一专业是八项规定后比较少有的可以公费旅游的专业，能和我们专业媲美的大概只有烹饪系。"收集种子、播种未来，听起来很浪漫，却不能掩盖这一工作的艰苦。

2003年，西藏大学理学院成立，钟扬更是频繁往返于上海—西藏两地。与自然极限抗争，人体是脆弱的，每个月2、3次的高原—平原切换，给钟扬的身体造成了巨大影响。他心脏肥大并伴有痛风，17种高原反应都轮番体验过。即使如此，钟扬依然每年都克服常人难以想象的身体负荷，跋山涉水数万公里，坚持开展高原野外科考和生物多样性研究。

做遗传资源收集要考虑遗传之间的杂交问题，所以采集两个样本之间的空间直线距离不得少于50公里，这样一天下来钟扬和团队成员要前进800公里。偏远、荒凉、艰苦的地方，车开不进去，就全靠走。艰险的盘山公路上，钟扬不止遇到过一次事故；夜宿郊外、山林间躲雨躲冰雹也不少见。钟扬和他的第一个博士学生扎西次仁一起，花了整整3年时间，将全世界仅存的这3万多棵在西藏的巨柏都登记在册；屡次爬上珠峰，寻找到一种全球植物学界竞争方向之一的全新拟南芥生态型……

扎西次仁向记者回忆，几次在珠峰上的采集，钟扬和学生们都有着强烈的高原反应，"带的氧气罐不够，学生们想让给钟老师吸一会氧，但他不肯说不卫生，其实就是想留着给学生。又冷又缺氧，整夜不眠，这样的日子，在钟老师那里是家常便饭。"

扎西次仁如今已经是西藏种质资源库主任，回忆起恩师，他反复说："钟老师这样品格的人真是少有。他太累了，我们去野外考察，只要是白天开车，他一坐上车就能睡着。但只要是开夜路，他就坚持坐到副驾驶的位置，保证大家的行车安全。"

西藏大学理学院原院长白吉多玛告诉记者："带学科、野外考察，钟老师两头都兼顾着。有一次我们请他到那曲指导一个生物观测站，他早上直接从上海飞拉萨，再铁路到了海拔五千多米的那曲，中间没有耽搁。他有高血压，还有严重的高原反应，发作起来上车这一个动作都很痛苦，我们当时都很担心他的状况，但他自己完全不在乎。"

十余年时间，钟扬带领团队收集了1 000余个植物物种，4 000多个样本，4 000多万颗种子，占西藏植物物种总数的1/5，这是他为国家储存下绵延后世的战略基因宝藏。

2009年，钟扬被聘任为教育部长江学者西藏大学特聘教授，2010年成为中组部第六批援藏干部。3年援藏结束后，他又申请继续留任，成为第七、第八批援藏干部，先后担任西藏大学理学院副院长、校长助理。

白吉多玛介绍："国家对西藏大学的支持力度很大，但是一些硬指标没有达到，西藏大学进不了211，钟老师来了就告诉我们，要怎么建立人才队伍、要怎么成立项目、怎么开展科研和课题。2003年，在他的带领下，理学院生命科学系获得建校以来第一个国家自然科学基金项目。2011年，在他的主持下西藏大学生物学一级学科硕士学位授予点获得批准。"

西藏大学没有博士点一直是钟扬记挂的一件大事。他曾在西藏大学的全校大会上说，"如果西藏大学拿不到博士学位点，我绝不离开西藏。"终于在2013年，西藏大学生态学一级学科博士学位授予点获得批准，填补了西藏高等教育史的空白。钟扬还为西藏大学生态学入选世界"一流学科"做出了巨大的贡献。2016年1月，在他的主持下，西藏大学首次一流学科建设筹备会在上海召开，此后，他全程组织、指导和参与西藏大学一流学科建设工作。

"再给我10年时间"

2015年钟扬生日那天，他与几位好友聚会顺便庆生。酒席途中，钟扬手上的筷子握不住掉了下来，幸好同桌的朋友是医生，意识到可能是中风，立马送医抢救，逃过一劫。

家人最担心的就是钟扬的身体，张晓艳说："他心脏不好，已经到了临界值，每分钟心跳只有42、43下。这次突发脑溢血，我们以为他可以稍微重视下，放慢一点脚步。可是恰恰相反，他不仅没有慢下来，还加快了，他觉得时间宝贵，还有很多事情要做。"

钟扬不止一次对张晓艳说，"再给我10年时间，等我把各方面对接的事情都安顿好，把人才梯队建立起来，让西藏的事业能够可持续发展，我可以留在内地帮助西藏。"

每一期援藏结束，钟扬都有无可辩驳的理由继续——第一次是要盘点青藏高原的植物家底；第二次是要把西藏当地的人才培养起来；第三次是要把学科带到一个新的高度。

"一个人总要有走的那一天，不知道哪一天走。像我们这样搞科学研究的人，生死来去都是想得非常透的。我的学生能把科学探索的路走下去，薪火相传就可以了。"这是钟扬曾和同事们交代的话。

建立一支带不走的团队，是钟扬一开始就设定好的目标。由于藏区的自然条件，内地学生即便培养出来了，很大几率还是会回到内地。而藏族学生留得住、用得上，还会回到西藏。在西藏大学，钟扬就不断鼓励藏族学生报考他的专业，为藏族学生争取更好的入学资格。

在西藏工作16年，钟扬已经为西藏大学培养了8名硕士研究生，获博士学位的教师3名，其中2人已成为生态学教授、1人为副教授，在读博士6名；并与武汉大学合作开创了西藏大学本科生"1+2+1"联合培养模式，他探索的高端人才培养造血模式还成功复制到了其他西部少数民族地区。

钟扬在西藏大学的宿舍楼还保留着原样，客厅里依然挂着他的衣帽。一顶帽子用了十余年，颜色都不复从前。卧室一条牛仔裤，是在拉萨八角街花25元买下的，只要没破他就一直用着。除了卧室，其他房间都用来做客房，摆放着藏式沙发，藏式沙发可以当床，常有学生、朋友来借宿。房子里最有人气的就是厨房，灶台上摆满了油盐酱醋瓶瓶罐罐。扎西次仁说，"钟老师爱做饭，只要他得空，就烧饭给大家吃。"

钟扬对西藏的爱是深入骨髓的,他说过"我戒酒可以,但我戒不掉西藏"。钟扬的小儿子在上海的西藏班读书,学习藏语,他希望有一天儿子能继承这个事业。

"小儿子第一次用藏语写自己名字的时候,他好高兴。"张晓艳沉默了一会儿,喃喃叹道,"这些片段好像离得很近又很远,至今都还没有完全接受他已经走了的这个事实。"

在上海,钟扬也留下了一份大礼。

作为国际大都市的上海,只有光秃秃的海岸线,不像国外一些著名的海滨城市,拥有美丽的红树林。红树林,是陆地过渡到海洋的森林类型,以红树科植物为主,大部分富含单宁酸,割开树皮后,会被氧化而呈红色。

钟扬决定"南树北移",2007年钟扬课题组购买了10种红树苗12 000株,种植在了上海临港地区一块荒凉的滩涂上。但由于人工栽种的红树林最北不过北纬27度,而上海地处北纬31度。温度和盐分,是两大考验,这批红树林全军覆没。一些行业专业人士也劝钟扬谨慎而为,不要"瞎搞"。

而钟扬认为,只要不断通过保温抗寒驯化,增强红树在临港地区的适应性,上海气温外的其余自然条件都符合红树的生长条件。

钟扬团队就在温室中逐步对红树苗进行抗寒训练,并从海里引水,使红树林的幼苗能够吸收到适量的盐分。

经历了近10年的千锤百炼,新一批千余株红树苗安然度过了上海2015年的冬天。团队引种的12种红树中,无瓣海桑、秋茄、桐花树等基本适应了上海的气候。

钟扬在2016年的开春曾这样说道:"我的愿望是,50年甚至100年以后,上海的海滩也能长满繁盛的红树,人们提起上海的时候,会毫不吝啬地称其为'美丽的海滨城市'。虽然我看不到这一幕,但上海的红树林将造福子子孙孙,成为巨大的宝藏——这是我们献给未来上海的礼物。"

钟扬的家,是一套老式公房。房子不大,客厅的墙面上贴满了两个孩子的奖状。张晓艳说:"他出事前我们还聊了孩子的教育,孩子大了,他说轮到他多照顾下孩子的学业。现在,我和孩子们都觉得,他是不是又去西藏出差了，或者又在哪里忙着。"

钟扬逝世后，张晓艳捐出赔偿金138万元，成立"复旦大学钟扬教授基金"。随后，近5 000位复旦校友筹集到逾200万元和同济大学教育发展基金会捐赠的50万元，共同注入"复旦大学钟扬教授基金"，为钟扬未竟的梦想与事业种下希望。"只要希望还在，他的牵挂就在，他爱的人和爱他的人会一起继续完成他的梦想，"张晓艳说。

复旦校园内，钟扬的学生们拉起了这样一条横幅："您留下的每一粒种子都会在未来生根发芽。"

（记者　徐明徽　澎湃新闻2018年3月27日）

附录

钟扬先生年表

曾 艺　董少校

1964年　出生

5月2日，出生于湖北黄冈县黄州镇。取名钟扬，乳名扬子。祖籍湖南省新宁县丰田乡故里坪。父亲钟美鸣，生于1937年1月；母亲王彩燕，生于1937年2月。

1967年　3岁

9月，进入湖北省黄冈地区第一幼儿园上学。

1970年　6岁

3月，由于幼儿园搬家，作为插班生进入湖北省黄冈县八一学校读小学，至1975年8月毕业。

1971年　7岁

1月，第一次随父母回到祖籍地湖南省新宁县丰田乡故里坪。

1974年　10岁

3月，在《黄冈报》刊发处女作《电影"闪闪的红星"观后感》。

1975年   11岁

9月，进入湖北省黄冈中学初中部。

1978年   14岁

4月，在黄冈中学读初三时，加入中国共产主义青年团，介绍人唐英。担任团支部宣传委员。

6月，获黄冈中学初三数学竞赛第1名，颁奖单位为：湖北省黄冈中学革命委员会。

9月，考入湖北省黄冈中学，读高中。进入为提前两年参加高考而组建的高一（2）班。

1979年   15岁

1月，祖母去世，随父母第二次回祖籍地新宁县丰田乡故里坪。

高考季，由于钟扬父亲时任黄冈地区教育局高等院校招生办公室副主任，出于避嫌，钟扬放弃提前高考，选择报考中国科学技术大学少年班。湖北约有60名学生报考，钟扬初试总分排名第2，复试成绩第5。

9月，进入中国科学技术大学少年班，为少年班第三期学生。当时少年班本科学制为五年，前两年进行数理知识通识教育，后三年进行专业学习。

1980年   16岁

是年，与另一位少年班同学合写15 000字的美学论文。

1981年   17岁

4月，任中国科学技术大学团委第五届委员会委员，至1984年7月。

是年，大二时在中国科学技术大学校报发表诗歌，每篇稿费2元至4元，平生开始拿稿费。

1982年　18岁

是年，从少年班转到六系（无线电电子学系）信息与系统专业。

1983年　19岁

是年，兼任无线电电子学系（7961）团支部副书记，至1984年7月。

1984年　20岁

上半年，临近毕业时，钟扬在中科大校报连载数篇文章，拿到10元的高额稿费。钟扬笑称："比照当年校内食堂菜梗肉片的价格，还算一笔不错的进项，至少几位好兄弟都曾分过一杯羹"。

7月7日，从中国科学技术大学毕业，获无线电电子学工学学士学位。毕业文凭：学生钟扬系湖南省新宁人，现年20岁，于1994年9月入本校无线电电子学系，学习五年。按教学计划完成全部学业，成绩及格，准予毕业。校长：严济慈。一九八四年七月七日。文凭登记第790016号。

8月，进入中国科学院武汉植物研究所工作，起步阶段为研究实习员，时任所长胡鸿钧。至2000年调离该单位。

11月，担任中国科学院武汉植物研究所团总支宣传委员，至次年12月。

12月，许春耘著《少年大学生谈学习》由安徽少年儿童出版社出版，收入钟扬撰写的《要做时间的主人》。

1985年　21岁

9月，投稿《荷花品种的数量分类研究》，这是钟扬撰写的第一篇科研论文，张晓艳为第二作者。

是年，担任湖北省植物学会秘书。湖北省植物学会召开代表大会暨学术会议，钟扬作为青年代表之一作大会报告，被推荐参加全国植物学代表大会。

9月，钟扬、刘家清撰《人才管理的系统分析——兼论滚动的作用》在昆明中国科学院第5次科研管理学术讨论会上宣读。

11月，钟扬、刘家清撰《浅析青年科技人才的流动问题》在广州中国科学院首届青年工作研讨会交流。

1986年　22岁

5月，钟扬撰《协同理论及其在生态学中的应用》在武汉全国首届数理生态学学术讨论会上交流。

是年，钟扬、何芳良撰《植物群落演替过程的预测模型》刊登于《预测》1986年第6期。

是年，钟扬、陈学良撰《湖北油橄榄适生气候的主要成分分析》发表于《湖北农业科学》第7期。

是年，钟扬、张晓艳撰《荷花品种的模糊聚类分析》刊登于《华中农业大学学报》第5卷第4期。

是年，钟扬撰《电子计算机在植物学中的应用》发表于《武汉植物学研究》第4卷第3期。该文曾在1986年召开的湖北省暨武汉市植物学会学术年会上宣读。

1987年　23岁

12月30日，在中国科学院武汉植物研究所破格获批助理研究员职称。

12月，钟扬撰《计算机辅助三维重建技术及其应用》（摘要）入编中国科学院武汉分院首届青年生物学工作者学术讨论会《论文摘要汇编》。

是年，黄德世、钟扬、马建新撰《研究所效益及若干环境因素的数量分析》在武汉中国科学院第7次科研管理学术讨论会上交流，并入编讨论会论文集。

是年，钟扬撰《相聚在武汉》发表于《中国科大校友通讯》1987年第4期第2版。

是年，钟扬、张晓艳撰《荷花品种的数量分类研究》刊登于《武汉植物学研究》1987年第5卷第1期。该文获1988年湖北省优秀论文奖。

1987年参加湖北植物学会、中国植物学会。

1988年　24岁

2月，钟扬撰《缩短无成果的学习阶段——介绍〈科学研究的艺术〉和〈发现的种子〉》发表于《书刊导报》1988年2月25日第2版。

3月，与张晓艳在武汉登记结婚。

5月，何芳良、钟扬撰《生态系统演替过程的数学模型》发表于《武汉植物学研究》1988年第6卷第2期。

6月，黄德世、钟扬、陈家宽撰《图论中国慈姑属数量在分类研究中的应用》发表于《武汉植物学研究》1988年第6卷第4期。

6月，钟扬、陈卓良、柯善强、莫雅澜撰《植物栽培区划的模糊数学模型——以油橄榄为例》发表于《武汉植物学研究》1988年第6卷第3期。

7月，赴日本京都出席IOPB会议。这是钟扬第一次出国。

7月，钟扬、柯善强、张晓艳撰《植物生殖的定量细胞学研究进展》发表于《大自然探索》1988年第7卷第3期。

10月，张晓艳、黄国振、钟扬撰《荷花品种综合评选的数学模型》发表于《北京林业大学学报》1988年第10卷第2期。

是年，陶光复、钟扬撰《湖北樟属的数量化学分类研究》发表于《植物分类学报》1988年第26卷第6期。

是年，钟扬撰《国内植物数量生态学研究概况》发表于《武汉植物学研究》1988年第6卷第1期。该文后编入论文集，由武汉大学出版社出版。

是年，陈家宽、孙祥钟、王薇勤、钟扬、黄德世撰《中国慈姑的数量分类研究》发表于《武汉大学学报》（自然科学版）发表于1988年第1期。

是年，钟扬、陈家宽撰《居群间性状受异的谱分析模型》入编《国际生物数学会议论文集·数学生物学》（英文版），西安交通大学出版社出版。

是年，钟扬撰《计算机辅助三维重建技术及其应用》发表于《生物科学动态》1988年第6期。

是年，担任湖北植物学会常务副理事长。

是年，与合作者何芳良出席沈阳应用生态所组织的"青年生物数学"会议。

1989年　25岁

4月8日，武汉市植物学会1989年学术年会在中国科学院武汉植物研究所召开，钟扬出席。

10月，钟扬、陈家宽、邬洪才、李伟撰《中国慈姑属系统发育的研究（英文摘要）》入编日本京都第4届国际植物物种生物学术讨论会论文集。

是年，H.T. Clifford、钟扬撰《浸水条件下禾本科种子发芽力的分类学意义》发表于《种子》杂志1989年第5期。

是年，获湖北省"新长征突击手标兵"称号。

1990年　26岁

4月26日，递交入党申请书。

9月，赴苏联科学院遗传研究所访问。

10月，钟扬、陈家宽、黄德世编著《数量分类的方法与程序》由武汉大学出版社出版发行。该书系介绍数量分类学方法的入门书，主要内容为数量分类的基本概念和常用方法，如系统聚类、图论聚类、主要成分分析等，以及一些正在发展中的方法，如模糊聚类和数量分支分析等。

是年，钟扬、张晓艳撰《睡莲目的数量分支分类学研究》发表于《生物数学学报》1990年第五卷第2期。

李伟、陈家宽、钟扬、黄德世撰《世界慈姑属植物的数量分类研究》刊登于《武汉大学学报（自然科学版）》1990年第3期。

是年，被中国植物学会授予"优秀青年植物学工作者"称号。

是年，钟扬、黄德世撰《计算机辅助分支分析：方法和程序》发表于《武汉植物学研究》第8卷第2期。

1991年　27岁

5月，何景彪、孙祥钟、钟扬、黄德世撰《海菜花属的分支学研究》发表于第9卷第2期。该课题后被列入国家自然科学基金资助项目。

6月，加入中国共产党。

是年，与同事李伟到湖北省第三大湖斧头湖开展水生植被调查。

是年，李伟、钟扬撰《我国内陆水生植被研究概况》发表于《武汉植物学研究》第9卷第3期。

是年，钟扬、陈家宽撰《矮慈姑居群的数量分类研究》发表于《广西植物》第11卷第4期。

1992年　28岁

1月，在中国科学院武汉植物研究所获副研究员职称。

2月，李伟、钟扬编译《水生植被研究的理论与方法》由华中师范大学出版社出版发行，陈家宽作序。本书编译了有关水生植被研究理论与方法的综述与专论10篇，系统介绍了该领域的研究进展和发展趋势，附录有关我国内陆水生植被研究概况的专题综述。

同月，接受时任美国密歇根州立大学标本馆主任John Beaman的邀请，初次赴美国任访问学者，至次年10月。

11月，以92—93届联谊会干事的身份，参与编辑《MSU中国学生学者联谊会通讯录》(英文)，收录会员近500名；负责编辑MSU留学生月刊《密友》。

是年，钟扬撰《深深的遗憾——惊闻克朗奎斯特先生逝世》刊登于《武汉植物学研究》第10卷第2期。

1993年　29岁

10月，钟扬赴美完成了美国国家自然科学基金会(NSF)资助课题"等级分类学数据库设计"。但却谢绝了美方一再挽留，用节省下来的生活费购买计算机、打印机等设备捐献给中国科学院武汉植物研究所。

1994年　30岁

1月16日，新闻联播《中华学人》播报钟扬事迹。

2月，任中国科学院武汉植物研究所植物园主任，促使植物园成为青少年科普基地。

6月，赴印度尼西亚参加亚洲植物园会议。

10月1日，开始享受国务院政府特殊津贴，获颁证书。

12月，钟扬、李伟、黄德世编著《分支分类的理论与方法》由科学出版社出版，钟扬作前言。本书概述分支分类学的主要原理与方法，详细介绍分支分类的操作步骤与算法。全书分为引论、分支分类学原理、分支分析、分支树的优化与分支分类、分支分类学的若干应用共5章，附录700多篇参考文献和拉丁名索引、英汉词汇索引。该书出版简装本与精装本。

是年，钟扬、李伟撰《斧头湖水生植物考察》刊登于《植物杂志》1994年第1期。

是年，创建中科院武汉分院第一个计算生物学青年实验室，被任命为主任。实验室共有5名研究人员和3名硕士研究生，平均年龄30岁。

是年，担任湖北省青年科协常务理事，成为国际植物学分类学学会会员。

是年，任中国植物学会数量分类学专业委员会副主任委员。

1995年　31岁

4月，任中国科学院武汉植物研究所所长助理。

5月，赴美国加州大学、密歇根州立大学任高级访问学者，至1996年5月。

10月，戴思兰、钟扬、张晓艳撰《中国菊属植物部分种的数量分类研究》发表于《北京林业大学学报》第17卷第4期。

是年，钟扬撰《植物分类信息系统概述》刊登于《植物学通报》1995年第A01期。

是年，李伟、钟扬撰《湖北斧头湖湖滨湿地水田碎米荠群落的定量分析》刊登于《水生生物学报》1995年第3期。

1996年　32岁

7月，出任全国第四届系统与进化植物学青年学术研讨会暨第二届分类学原理讨论会《论文摘要汇编》（中国植物学会主办）两会组委会成员。

11月27日，国家专利局《发明专利申请公开说明书》（申请号：95105900.9），专利申请人：张晓艳、钟扬，发明名称：《比萨饼乳酪添加剂及其配置方法》。

12月26日，中国科学院武汉植物研究所科文植人字［1996］第008号文件："钟扬同志由中科院武汉分院正高级专业技术职务评审委员会特批通过研究员职务任职资格，经所长办公会议研究决定聘任钟扬为研究员。聘期从1996年9月至2000年9月止。特此通知。"

是年，论文"Data model and comparison and query methods for interacting classifications in a taxonomic database"发表于国际植物分类学会会刊 *Taxon* 杂志1996年第45期，钟扬为第一作者。在国际上率先提出一种新的交互分类数据模型（UNIC），并据此建立基于分类本体论思想的交互分类信息系统（HICLAS），为不同生物分类系统的整合提供了技术保障。

是年，担任湖北省青年科技工作者理事会成员。

1997年　33岁

6月16日，中国科学院武汉植物研究所科武植外字［1997］第010号文件《关于钟扬研究员赴美访问讲学的申请》，同意钟扬应美国Michigan State University计算机科学系Sakti Pramanik教授邀请，于1997年8月1日至1997年10月5日赴该校访问。

6月20日，中国科学院《出国及赴港澳任务批件》：［1997］科际批字2473号：武汉植物研究所：兹批准钟扬同志等1人自1997年8月1日至1997年10月10日前往美国合作研究任务，在国（境）外停留70天。费用来源：外方。中国科学院国际合作局。1997年6月20日。

7月15日至18日，香山科学会议第79次学术讨论会在北京香山举行，主题为"生物进化的新理论和新方法"，钟扬就"系统发育重建方法中数据处理和计算方法等若干问题"作专题发言。

7月30日，担任中国科学院武汉植物研究所副所长（副局级）。

8月，赴美国密西根州立大学访问，至1998年5月。

是年，钟扬撰《一种基于子树相似度的树比较的通用方法及其在分类数据库中的使用》发表在 *BioSystems*。

是年，钟扬、洪亚平撰《分子生物学数据库概述》《交互分类信息系统和电子植物志的设计与实现》发表于《数量分类学与生物信息处理研究进展》，该书由中国植物学会数量分类学专业委员会主编，云南科学技术出版社出版。

是年，徐克学、张明理主编《数量分类学与微机信息处理研究进展》，钟扬出任副主编。由云南科技出版社出版。

1998年　34岁

5月，结束在美国密西根州立大学作访问学者回国。

7月9日，应湖北省科学技术协会邀请，担任第七届湖北省自然科学优秀学术论文评审委员会委员。

7月8日，应邀出席纪念中国科学院武汉分院成立四十周年暨邓小平同志批示恢复武汉分院建制二十周年座谈会。

9月，参加中国科学院第11期所级干部上岗培训班。

是年，钟扬、余清清撰《传统药物及天然产物信息系统间的交互运行技术》刊登于《中国中医药信息杂志》1998年第4期。

9月19日，参加庆祝中国科学技术大学建校四十周年"所系结合、办好科大"座谈会。共56人参加。

9月20日，中国科学技术大学建校四十周年（1958—1998）庆祝大会在东校区大操场召开，钟扬应邀在主席台就座。

同月，钟扬参加"中国科技大学少年班创办20周年"座谈会。

9月24日，中国科学院武汉分院科武院字［1998］第83号文件：《关于调整生物学科研究员任职资格评审委员会的通知》，聘请钟扬为武汉分院生物学科研究员任职资格评审委员会成员。

是年，任湖北省暨武汉市植物学会副理事长。

1999年　35岁

钟扬、施苏华撰《外类群对构建基因树的影响》刊登于《中山大学学报（自然科学版）》1999年第1期。

是年，钟扬撰"HICLAS: a taxonomic database system for displaying and comparing biological classification and phylogenetic trees"发表在生物学信息学著名的学刊 *Bioinformatics* 杂志上。

2000年　36岁

5月，辞去中国科学院武汉植物研究所副所长的职务，在陈家宽引荐下到复旦大学工作，担任生命科学学院教授。

6月，由复旦大学和北京师范大学联合创立的生物多样性与生态工程教育部重点实验室主任获准建设，实验室主任由北京师范大学张大勇担任，钟扬任副主任。

12月，到加拿大女王大学访问，为钟扬进入复旦大学后首次出访。

是年，钟扬以第一作者在国际著名期刊 *Science* 发表"Collaborations tailored for bioinformatics projects"。*Science* 290: 2074. (Letter)

是年，论文"Testing hybridization hpyotheses based on incongruent gene trees"发表于《系统生物学》(*Systematic Biology*) 2000年第49期，钟扬为第二作者。钟扬与美国密西根州立大学桑涛教授合作，提出了一种检验不一致基因树中杂交事件的新方法。

钟扬、施苏华撰《红树科6属cpDNA和nrDNA序列相对速率检验及分歧时间估计》刊登于《科学通报》2000年第1期。

钟扬、张亮撰《生物多样性信息学：一个正在兴起的新方向及其关键技术》刊登于《生物多样性》2000年第10期。

2001年　37岁

1月1日，受聘担任广东省热带亚热带植物资源重点实验室第一届学术委员会委员，聘期4年。

3月，卢宝荣、钟扬、李博担任复旦大学生物多样性科学研究所副所长。

4月，被复旦大学学位评定委员会批准为生物学一级学科植物学专业博导。

8月17日，组建6人小组，第一次前往青藏高原进行野外考察，与西藏自治区高原生物研究所合作，为期10天。钟扬为组长，组员包括东京大学长谷川政美教授、北京大学的顾红雅教授、中山大学的施苏华教授、复旦大学任文伟博士和张文驹。从此每年赴西藏开展野外考察。

12月11日，2001年度中国高校科学技术奖获奖名单公布，"不同地理与生态分布植物类群的分子系统发育研究"获中国高校科学技术奖（自然科学奖）一等奖，主要完成单位为中山大学、复旦大学、中科院武汉植物研究所，主要完成人为施苏华、钟扬、黄椰林。钟扬应用改进的分子进化分析方法和统计分析工具，探讨木兰科和红树科等植物的系统发育关系，在国际学术刊物发表了一批论文，提升了我国在系统与进化植物学研究领域的水准。

12月27日，"上海科技馆工程建设与研究"项目获上海市科学技术进步奖一等奖，复旦大学为第五完成单位，钟扬主持完成科技馆的英文图文版。

12月，钟扬、张亮、赵琼主编《简明生物信息学》由高等教育出版社出版。该书由复旦大学生命科学学院和计算机科学系"生物多样性信息学"联合研究组集体编著，概述生物信息学的基本概念、必备的计算机基础和主要的信息学资源，介绍DNA序列分析、系统发育分析、基因组分析以及蛋白质组分析等分析方法、关键技术和常用软件。除列有阅读材料、参考文献和思考题外，还附录生物信息学相关网址和刊物简介。本教材为全国高校本科生和研究生用生物信息学首批中文教材。

2002年　38岁

2月，受中国高校科学技术奖励委员会表彰，在促进科学技术进步工作中做出重大贡献一等奖。

3月，进入日本国立综合研究大学院大学生物系统科学系，在职攻读生物系统学专业博士。自本科毕业后中间未读硕士。所在研究单位是日本文部科学省统计数理研究所,任外国人客员教授。

6月,(美)Masatoshi Nei,(美)Sudhir Kumar著《分子进化与系统发育》,由高等教育出版社出版,吕宝忠、钟扬、高莉萍等译。本书包括:进化的分子基础;氨基酸序列的进化演变;DNA序列的进化演变;同义与非同义的核苷酸替代等内容。

同月,受聘担任上海生物信息技术研究中心学术委员会委员、副主任。

同月,扎西次仁从挪威卑尔根大学硕士毕业回到西藏大学,遇到了正在西藏工作的钟扬。

9月1日,受聘担任北京大学理论生物学中心兼职教授,聘期3年。时任主任汤超。

9月9日,双胞胎儿子出生,钟扬因参加973项目申请讨论会出差,直到半夜2点多才匆忙赶回到上海,陪在妻子张晓艳身边。为孩子所取两个名字分别对应一种裸子植物和一种被子植物。

9月10日,获复旦大学"复华奖教金—SCI论文特别奖"。

是年,论文"Detecting evolutionary rate heterogeneity among mangroves and their close terrestrial relatives"发表于 *Ecology Letters* 2002年第5期,钟扬为第一作者。应用改进的分子进化分析方法,检测了红树植物及其近缘物种在分子进化速率上的异质性。

2003年　39岁

1月,担任2013年度复旦中学创新素养培育项目导师。

3月,受聘担任复旦大学药学院兼职教授,聘期三年。

4月,詹姆斯·D.沃森著《基因·女郎·伽莫夫:发现双螺旋之后》由上海科技教育出版社出版,钟扬、沈玮、赵琼、王旭译。本书为作者的自传,是他关于DNA突破性发现所产生的惊人后果的报告,揭示了伟大的科学是如何完成的,又剖析了这位青年男子的勃勃雄心。

6月,担任复旦大学生命科学学院常务副院长,至2008年8月。时任院长金力。

9月，D.W.Mount著《生物信息学》由高等教育出版社出版，钟扬、王莉、张亮主译，李亦学、钱晓茵、张晓宁校。全书内容包括历史介绍及概述、实验室中序列的提取和储藏、成对序列对位排列、多序列对位排列、RNA二级结构的预测、系统发育预测、数据库搜索相似序列、基因预测、蛋白质分类和结构预测、基因组分析等。书后附有词汇和索引辅助阅读。

10月，受聘担任复旦大学遗传学协同创新中心PI。

同月，担任中国植物学会植物分类与系统进化专业委员会副主任，是年，与琼次仁合作的"西藏大花红景天的居群分布、化学成分变化及地理信息系统研究"项目申报国家自然科学基金成功，为西藏大学第一个国家自然科学基金项目。

是年至2004年，参与由中国科学院上海生命科学院赵国屏院士领导、国内外数十家单位加盟的SARS冠状病毒分子进化分析工作。对61个SARS病毒全基因组序列进行了系统发育分析。通过对流行病学所划分的SARS在中国在其爆发所经历不同阶段的同义置换与非同义置换比率进行分析，发现SARS冠状病毒在早期传播时存在不同选择样式。

是年，在期刊 Annals of Botany 第91卷3期发表论文 "Genetic Diversity in Primula obconica (Primulaceae) from Central and South-west China as Revealed by ISSR Markers"，钟扬为通讯作者。

2004年　40岁

1月，受聘担任《科学通报》特邀编辑，聘期1年。

2月17日，因2003年度在学校的教学、科研和学科建设岗位工作考核中成绩显著，获复旦大学岗位奖励津贴一万元。

7月11日，东方科技论坛第42次学术研讨会在上海沪杏科技图书馆举行，钟扬作"分子进化分析与系统生物学研究"报告。

9月，受聘担任《生命世界》杂志编委，任期4年。

10月4日，湖北省黄冈中学上海校友会为黄冈中学建校100周年捐赠一万元，钟扬为会长。

10月5日，参加黄冈中学百年校庆校友报告会，发言中提到复旦大学自明年起，将取消专业设置，取而代之的是建立文科、理科、医学和数学四个平台。

是年，论文"Molecular evolution of the SARS coronavirus during the sourse of the SARS epidemic in China"发表于《科学》(*Science*) 2004年第303期，署名"The Chines SARS Molecular Epidemiology Consortium"。钟扬为并列第一作者，在SARS病毒基因组分子进化分析中发挥重要作用。

2005年　41岁

4月，获蔡冠深生命科学学者奖，签发者复旦大学生命科学学院院长金力。

5月23日，受聘担任西藏大学理学院客座教授。

7月，《听基因讲祖先的故事》由上海科技教育出版社出版，长谷川政美、任文伟、杨莉琴著，曹缨、钟扬审订。该书介绍了分子人类学的诞生与发展，在生物进化和化石证据构筑的人类进化背景下，用大量故事和图片描述了分子人类学的产生、原理、相关技术和故事，并交织了科学与宗教、化石证据与分子证据的矛盾冲突。

8月起，任西藏大学兼职教授、生物多样性研究所所长。

9月，美国菲利普·R.赖利著《林肯的DNA以及遗传学上的其他冒险》由上海科技教育出版社出版，钟扬、李作峰、赵佳媛、赵晓敏译。本书包括24篇短文，共分6个主题，涵盖了一些重要的遗传学话题。

11月22日，受聘担任上海科技馆《自然与人》杂志社编委。

12月，从日本国立综合研究大学院大学毕业，获生物系统科学博士学位。

是月，钟扬、张文娟、王莉、赵佳媛编著《基因计算》由上海教育出版社出版。该书包括基因与计算、基因可以计算、向基因学习计算、让计算为基因服务4章，帮助读者较全面地了解基因科学知识及基因科学在工业、农业、医学等诸多方面的应用价值。该书曾获上海市科技进步奖。

是年，钟扬的学生扎西次仁主持"西藏巨柏的居群遗传结构、化学成分变异及保护生物学研究"项目，得到国家自然基金20万元经费资助，2008年12月完成。

是年，入选教育部"新世纪优秀人才支持计划"。

是年，在期刊 *Bioinformatics* 第21卷第9期发表论文"MPSS: An integrated database system for surveying a set of proteins"，钟扬为通讯作者。

2006年　42岁

1月，开展"西藏巨柏的居群遗传结构、化学成分变异及保护生物学研究"项目，得到国家自然基金20万元经费资助，2008年12月完成。

同月，为《上海中长期科学和技术发展规划纲要（2006—2020）》编制工作做出贡献。

3月，获得日本综合研究院大学颁发的论文博士（理学）学位证书。

6月16日至29日，全国医学细胞生物学讲习班在上海第二军医大学举行，钟扬受聘担任讲习班教授，讲授生物信息学。

7月27日，钟扬撰《道德底线干细胞研究试探中》刊登于《第一财经日报》。

8月，在期刊 *PNAS* 第103卷31期发表论文"Solution structure of Urm1 and its implications for the origin of protein modifiers"，钟扬为通讯作者。

10月27日至29日，在台北参加2006年国际医学资讯研讨会暨亚太区医学资讯研讨会，获大会感谢状。

10月，受聘担任《微生物学报》第九届编辑委员会编委，任期5年。

11月16日，钟扬撰《引用率低说明了什么？》刊登于《社会科学报》。本文被《中国高等教育评估》2006年第4期转载，并收入博芬、王雪编《大学怎么了》，2016年2月由上海社会科学出版社出版。

11月20日，《武汉晨报》刊登杨梅撰《神童到中年》，介绍钟扬考取少年班及后来教学科研经历。

11月24日，获上海市科学技术奖二等奖。

12月，受聘担任《植物学报》编委，任期2年。

是年，论文"Solution structure of Urm1 and its implications for the origin of protein modifiers"发表于《美国科学院院报》（*PNAS*）2006年第103期。钟扬作为并列通讯作者，与施蕴渝院士合作，在中国科技大学获得Urm1泛素结构的基础上，建立泛素超家族的进化关系，提出Urm1作为分子化石的新见解，并提出基于结构信息的进化分析新方法。

是年，论文"Genetic diversity and population structure of Lamiophlomis rotate (Lamiaceae), an endemic species of Qinghai-Tibet Plateau"发表于*Genetica*杂志2006年第128期。钟扬为通讯作者，主持了青藏高原植物遗传多样性与群体结构研究，涉及植物包括红景天、独一味、点地梅等，为青藏高原特有植物的保护与利用提供了科学依据。

是年至2009年，作为PI之一参与上海交通大学附属瑞金医院陈竺院士领导的日本血吸虫全基因组分析工作，负责动物分子进化树构建和适应性进化检测，对300 000bp以上长度序列进行了系统发育分析，对5 000个功能基因进行了适应性进化检测，获得了血吸虫进化及其与宿主间相互作用的分子证据。

2007年　43岁

6月，指导扎西次仁主持的"青藏高原藏药原植物种质资源库的构建"项目，得到上海市农业生物基因中心25万元经费资助，2013年1月完成。

7月起，担任中国生物物理学会生物信息学与理论生物学专业委员会常务理事、专业委员会主任。

10月底，钟扬课题组从珠海等地购买了秋茄、桐花树、白骨壤、无瓣海桑、老鼠簕、木榄、拉关木等7种真红树，以及黄槿、海杧果、银叶树等3种半红树。总共10种红树苗12 000株，种植在上海临港地区一块荒凉的滩涂上。本年度，钟扬第三次向上海市科委申报种植红树林的课题，获得批准。

11月5日，获2007年度明治乳业生命科学奖优秀奖。

12月，获第21届上海市优秀发明选拔赛优秀发明二等奖。

是年，《基因宝库》丛书获上海市科技进步奖（科普类）二等奖，钟扬主编的《基因计算》介绍了生物信息学和计算生物学的理论与应用，为丛书一部分。这是上海市科技进步奖首次设立科普类奖项。

是年论文"PlantQTL-GE: a database system for identifying candidate genes in rice and Arabidopsis by gene expression and QTL information"发表于 *Nucleic Acids Research* 杂志2007年第35卷。钟扬为通讯作者。

2008年　44岁

1月25日，"被子植物重要类群的分子系统发育重建与适应性进化研究"项目获教育部自然科学奖一等奖，钟扬为第二完成人。

1月，开展"青藏高原特殊生境下野生植物种质资源的调查与保存"项目，得到175万元经费资助，钟扬为主要参与者。2013年12月完成。

同月，担任 *BMC Bioinformatics* 期刊副编辑。

同月，受聘担任《科学通报》编辑委员会委员，任期5年。

4月6日，钟扬和扎西次仁与刚从英国皇家邱园回来的中国西南野生生物种质资源库的蔡杰先生以及另一位英国植物学家，在《自然》杂志发表了短文，阐述全球气候变化必须要有西藏的种子，并且呼吁全世界科学家关注、收集西藏的种子。

6月，杨子恒著《计算分子进化》由复旦大学出版社出版，钟扬、张文娟、梅旖、王莉译。本书包含核苷酸置换和氨基酸置换模型、系统发育重建的常规方法及最大似然法与贝斯推断法、分子钟检验与物种分歧时间估计、适应性进化检测以及分子进化模拟技术等章节。

同月，高校生命科学基础课程报告论坛组委会编写《高校生命科学基础课程报告论坛文集（2007）》由高等教育出版社出版，收入钟扬撰《宏观生物学与交叉学科人才培养的理念与实践》。

7月26日，在西藏曲水县达嘎乡的雅鲁藏布江边，为中国西南野生生物种质资源库采集到第一份种子。

9月23日，担任中国博士后科学基金评审专家。

9月，担任上海自然博物馆（上海科技馆分馆）科学顾问和评审专家。

10月，耿宇鹏、钟扬撰《生命的节拍》刊登于《生命世界》2008年第10期，为该期"封面故事"。同期刊登钟扬、赵佳媛撰卷首语《倘若生命失去节律》。

11月26日，参加由复旦二附中主办的杨浦网上公益学堂"名师讲坛"，作"如何设计生物学'小'实验"专题讲座。

12月，约翰·M.巴里著《大流感——最致命瘟疫的史诗》由上海科技教育出版社出版，钟扬、赵佳媛、刘念译，金力校。此书曾获2008年度上海市优秀科普作品、2009年引进版社科类优秀图书奖、上海图书奖一等奖、第五届文津图书奖推荐图书、第五届吴大猷科普著作奖翻译类佳作奖等奖项。

同月，受聘担任中国植物学会植物分类与系统进化专业委员会副主任，任期五年。

是年，"被子植物重要类群的分析系统发育重建与适应性进化研究"项目获教育部自然科学奖一等奖，获奖人施苏华、钟扬、黄椰林、唐恬、周仁超。钟扬提出了新的分子进化分析算法，并用于估计红树植物的分子进化速率。

是年，钟扬指导的扎西次仁从复旦大学毕业，成为西藏第一个获得植物学博士学位者。

是年论文"PBmice: an integrated database system of piggyBac (PB) insertional mutations and their characterizations in mice"发表于 *Nucleic Acids Research* 杂志2008年第36卷。钟扬为通讯作者。

2009年　45岁

1月2日，钟扬撰《美丽实用的分子进化》刊登于《自然与科技》2009年第1、2期合刊。

2月10日下午，"上海科普大讲坛"试讲，主题是"进化论的昨天和今天"，钟扬和汪品先院士、戎嘉余院士三人应邀做报告。钟扬报告题目是"构建'分子进化树'"。发言摘要刊登于2月16日的《文汇报》第12版。

2月12日，新华网刊发《复旦教授钟扬：分子生物学证明进化论，也"挑战"进化论》。

2月19日，2008年度上海市科学技术奖获奖名单公布，"生物信息系统与数据挖掘方法及其在生物医学领域中的应用"获得自然科学奖二等奖，第一完成单位是上海生物信息技术研究中心，第一完成人是李亦学，钟扬是第二完成人。

2月20日，钟扬参加"科普大讲坛"第1讲活动。所作报告文稿《分子进化》收入《科普大讲坛——从进化论到能源未来》第1章第2节，该书由上海科技馆编，上海科学技术出版社2013年7月出版。

4月3日下午，钟扬作为主持人参加"上海科普大讲坛"活动，主题为"转基因，让我欢喜让我忧"，演讲嘉宾为陈晓亚院士和卢宝荣教授。

4月13日，钟扬参加"科普大讲坛"活动。所作报告文稿《番木瓜的故事》收入《科普大讲坛——从进化论到能源未来》第5章第1节。

4月18日，受聘担任南昌市铁路第一中学顾问，并为学生做了一场题为"生物学的进化和进化生物学"的精彩报告。

4月，赵国屏、钟扬撰《从战争中学习战争》刊登于《科学通报》第54卷第12期。

5月10日上午，赵国屏、钟扬主讲第22期"文汇讲堂"，讲述人类与流感的竞争，400多人参加。现场同时为《大流感》签名售书。5月16日，钟扬撰《学会"与流感共舞"》刊登于《文汇报》，为文汇讲堂总第22期讲稿。此文收入文汇讲堂栏目组编《智慧的声音》，2011年4月由上海人民出版社出版。

5月14日，西藏大学举行仪式，聘请钟扬为西藏大学特聘教授。

6月，钟扬撰《人类与病毒共舞》刊登于《中国企业家》2009年第11期。

同月，担任中国生物物理学会生物信息学与理论生物学专业委员会的常务理事及专业委员会主任。

7月下旬，赴日本参加国际学术研讨会议。

8月5日，国家自然科学基金委公示2009年度国家杰出青年科学基金候选人名单，钟扬入选，依托单位为复旦大学。

8月17日，《文汇报》刊登钟扬撰《西藏，已不再遥远》，推介《走进西藏：生物多样性与保护事业》一书。

9月6日，教育部公布2008年度长江学者名单，钟扬入选长江学者特聘教授，工作单位为西藏大学，为期3年。这是西藏自治区第一人。

同月，获2009年度上海市育才奖。

同月，钟扬撰《进化论与进化生物学的发展》刊登于《科学》61卷第5期"纪念达尔文专题"栏目。

10月31日下午，在北京航空航天大学学术交流厅参加科技讲座，以"达尔文进化论的科学性"为题作报告。主持人为柴静。

11月24日上午，"达尔文与进化论"科学论坛在南京古生物博物馆举办，钟扬作"分子进化理论的建立与发展"专题报告，发言表示，随着现代分子生物学研究的深入，科学家发现，许多病毒等微生物具有高超的进化本领，"正因如此，人类应该有与病毒共舞的心理准备。"

11月，钟扬撰《达尔文进化论的科学本质与贡献》刊登于《生命世界》2009年第11期，为"封面故事"。

12月，受聘担任《武汉植物学研究》第六届编辑委员会编委。

是年，获第二届复旦大学生命科学学院复星医药奖教金，共一万元。

是年，论文"Photosynthetic metabolism of C3 plants shows highly cooperative regulation under changing environments: a systems biological analysis"发表于《美国科学院院报》(*PNAS*) 2009年第3期第106卷，钟扬为通讯作者。该文建立C3植物光合作用代谢的系统生物学分析模型，并进行计算机模拟，发现了环境扰动下代谢通路间协调性增强的规律，在植物系统生物学研究中属开创性工作。

论文"The Schistosoma japonicum genome reveals features of host-parasite interplay"发表于《自然》(*Nature*) 2009年第460期，署名"The Schistosoma japonicum Genome Sequencing and Functional Analysis Consortium"。钟扬为PI之一，在日本血吸虫全基因组分析国际合作研究中负责构建动物进化树，并检测适应性变化。

是年，在期刊*Genetica*第135卷3期发表论文"Fine- and landscapescale spatial genetic structure of cushion rockjasmine, *Androsace tapete* (Primulaceae), across southern Qinghai-Tibetan Plateau",钟扬为通讯作者。

2010年　46岁

1月,《学习博览》2010年第1期刊登李勇刚、黄渡海撰《从艰苦中提取欢乐——访植物学家钟扬教授》。

1月9日,科学网刊发文章《[嘉年华专题]谢肉祭——吃肉吃素的沉思录》。

2月18日晚,上海电视台纪实频道"风言锋语"栏目播出《谁会变成阿凡达》,李蕾主持,钟扬、卞毓麟对谈,时长25分钟。

4月,获评2007—2009年度上海市教育系统先进工作者。

5月,上海世博会英国馆的种子殿堂,其中40%的种子主要是由钟扬团队提供的。

5月14日,获评2007—2009年度上海市先进工作者。

5月,钟扬撰《世界之巅上的断思》刊登于《杂文月刊》2010年第5期。

7月,钟扬撰《生命之树常青》刊登于《科学》62卷第4期"百草园"栏目。

8月23日,第十五届国际光合作用大会在北京友谊宾馆开幕,主题为"光合作用研究——粮食、能源和未来"。钟扬应邀担任大会"系统生物学"分会主席。国际光合作用大会每三年举办一次,这是首次在中国举行。

8月,成为中组部选派的第六批援藏干部,任西藏大学理学院副院长。此批援藏为期3年。

11月3日,复旦大学"节水抗旱稻不育系、杂交组合选育和抗旱基因发掘技术"项目获上海市科学技术奖一等奖,钟扬参与。

11月,获2009—2010年度复旦大学生命科学学院复星医药奖教金个人奖。

同月,张晓艳、钟扬撰《生物信息学专业规划的理念与实践》刊登于《高教论坛》2010年第11期。

冬天,再次到日本文部科学省统计数理研究所做访问教授,为期3个月。

2011年　47岁

1月15日，受聘担任北京师范大学、复旦大学生物多样性与生态工程教育部重点实验室第一届学术委员会委员。

1月，受聘担任上海市交通大学生物信息研究所学术委员会委员，任期5年。

同月，《日本血吸虫基因组注释与寄生性适应研究的数据挖掘》获教育部自然科学奖一等奖。

1月，钟扬与西藏大学理学院党委书记徐宝慧一起去武汉大学谈对口援助工作。徐宝慧说："钟扬谈得很生动，突出了我们的特色和优势，打动了武大的领导和学者们。"

2月6日，《文汇报》刊登钟扬撰《"影响因子"与科研创新无关》。

3月，受聘担任学术期刊《广西植物》第七届编委会委员。

同月，受聘担任青海民族大学化学与生命科学学院"昆仑学者"特聘教授，聘期3年。

3月9日，《学习博览》刊发李勇刚、黄渡海文章：《从艰苦中提取欢乐——访植物学家钟扬教授》。

4月13日，复旦大学官网刊发古倩怡文章：《我们身边的共产党员之一／世界屋脊的"青松"——记生命科学学院钟扬教授与西藏的不解之缘》。

5月6日，《新民晚报》"平凡与崇高"栏目刊登记者张炯强撰《复旦大学生命科学学院教授钟扬支援西藏大学已有十个年头——研究植物学 窝在办公室可不行》。

5月17日，受聘担任北方民族大学客座教授，聘期3年。

6月28日，获复旦大学生命科学学院2011年度优秀共产党员称号。

7月，国际分子生物学与进化学会（SMBE）年会在日本京都举行，钟扬应邀担任年会"生物多样性与进化"分会主席。

7月15日，《中国民族报》刊发田建民文章：《巍巍雪域—钟扬》。

2011年7月，终于在西藏寻找到模式生物——拟南芥，号称植物学界的"小白鼠"。

8月，徒步到珠峰脚下海拔六千多米的地方寻找文献记载的生长海拔最高的种子植物——鼠麴雪兔子。

9月7日，《文汇报》刊发姜澎文章：《钟扬：在世界屋脊盘点植物"家底"》。

9月15日，第八届复旦大学"校长奖"颁奖大会在光华楼举行，钟扬获奖并参加仪式。

9月25日，为青海民族大学师生作《适应性生存与可持续发展》学术讲座。

9月，青海省政府聘请钟扬为"昆仑学者"特聘教授。

10月2日，在西藏采集高山蛙，海拔4 196米，后提供给上海自然博物馆。

10月18日，复旦大学第十一届秋烨生命节开幕，生命科学学院团学联在三教104教室举办生命节第一次学术讲座，钟扬主讲。

10月，受聘担任《微生物学报》第十届编辑委员会委员，任期5年。

10月，与扎西次仁一起在西藏亚东县采集植物种质资源。

12月8日，受聘担任《水生态学杂志》编辑委员会委员，聘期5年。

12月18日，钟扬为大连民族学院生命科学学院师生作"人类基因组计划与生物信息学"报告，介绍人类基因组计划的开启以及合成生物学、生物信息学知识。院长胡文忠主持报告会。

12月，席泽宗主编《科学编年史》由上海科技教育出版社出版，钟扬列名编委，任生物卷副主编。

同月，圣诞前夕，为上海自然博物馆采集到青藏高原温泉蛇，制成标本。次年4月运抵上海。

是年，"日本血吸虫基因组注释与寄生性适应研究的数据挖掘"项目获教育部自然科学奖一等奖，获奖人周雁、韩泽广、王升跃、钟扬、窦同海、赵国屏、顾坚磊。钟扬在血吸虫基因组分析工作中，负责进化分析部分，建立了动物分子进化树。

是年，获评2011年西藏大学优秀工作人员。

2012年　48岁

1月，钟扬牵头的"青藏高原极端环境下的植物基因组变异及适应性进化机制研究"获国家自然科学基金委"微进化重大研究计划"立项资助，资助金额280万元。这是西藏自治区首次获得的国家自然科学基金委重大研究计划项目。

同月，参加国家科技支撑计划项目"区域人口健康大型队列关键技术示范研究"，2014年12月完成。首席科学家金力。

3月19日，受聘担任国家高技术研究发展计划（863计划）生物和医药技术领域主题专家组专家，任期3年。

4月6日，受聘担任《复旦学报（自然科学版）》编委会委员。

4月，钟扬及其团队历经艰辛征集到的温泉蛇标本终于运抵上海自然博物馆。后来通过钟扬的努力，上海自然博物馆又成功地征集了8个高山蛙标本。这些标本的获得，为青藏高原的形成和隆起学说提供了展示的标本物证。

6月19日，受聘担任上海科技馆学术委员会委员。

6月26日，钟伯坚论文《禾本科祖先分枝的插曲式适应性进化研究》获复旦大学优秀硕士学位论文，钟扬为导师。

6月28日，复旦大学举行纪念中国共产党成立91周年暨创先争优活动表彰大会，钟扬被评为上海市教卫工作系统优秀共产党员，在大会上作典型发言。发言摘要以《生命的高度》为题刊登于7月6日《复旦人》报。

6月下旬，国家民委第二期高级专家创新能力与团队建设研修班在上海举办，钟扬作"基因组时代面临的机遇与挑战"专题报告，指出科研事业必须开放与合作、引进领军人才和创新思想。

9月，受聘担任复旦大学遗传学协同创新中心理事，聘期4年。

9月，出任水利部和中科院水工程生态研究所《水生态学杂志》编辑委员会委员。

9月底，任复旦大学研究生院院长。

10月11日至11月30日，带领研究生院调研团队，赴全校31个院系，就复旦大学研究生教育工作和各院系师生座谈。

10月30日晚，在上海市科学会堂思南楼参加第149期"新民咖啡馆"活动并作演讲，演讲主题为"生物进化与我们的未来"。

11月12日下午,钟扬在西藏大学工学院为全院教师作"申报国家自然科学基金的体会与建议"专题报告,学院副院长翟东海主持。

11月29日晚6时半,中国道路系列讲座在光华楼13楼中庭报告厅举行,钟扬作"适应性生存与可持续发展——一个进化生物学家的思考与感悟"报告。文稿《中国适应性生存与可持续发展》收入高天、滕育栋主编《中国道路大家谈》一书,2013年4月由复旦大学出版社出版。

12月2日,受聘担任大连民族学院特聘教授,党委书记黎树斌颁发聘书。次日,该校举行钟扬特聘教授座谈会,钟扬就有关学科建设发展、人才培养、国际项目开展与合作等同有关人员交流。

12月16日,受聘担任《中国数字医学》杂志编辑委员会委员。

12月17日,教育部公布2012年度"创新团队发展计划"入选名单,钟扬作为学科带头人的西藏大学"青藏高原的生物多样性与分子进化"创新团队入选,获得经费300万元,计划实施期限为2013年至2015年。

12月24日,担任中国生物化学与分子生物学会分子系统生物专业委员会第一届委员会委员、副主任委员,任期4年。

12月24—25日,在钟扬的积极推动下,西藏大学党委书记房灵敏率一行7人访问复旦大学。西藏大学代表团与研究生院的负责同志举行了研究生教育交流座谈会。钟扬主持了座谈会。

12月27日,受聘担任复旦大学第十届学位评定委员会委员。

12月28日,主持复旦大学研究生教育专题研讨会并作大会报告。会议主题是复旦大学现阶段研究生教育的问题与对策。

12月,钟扬、赵佳媛撰《获得,还是失去,这是个进化问题》刊登于《艺术世界》2012年第12期。

是年,获评2012年西藏大学优秀工作人员。

是年,西藏大学化学系青年教师德吉结识了钟扬教授。钟扬发现德吉是棵好苗子,便鼓励她进一步深造。于是,德吉报考了复旦生命科学院植物学博士研究生,并被顺利录取。

2013年　49岁

1月，美国肖恩·卡罗尔著《造就适者——DNA和进化的有力证据》由上海科技教育出版社出版，杨佳蓉译，钟扬校。

1月8日，出席复旦大学专业学位研究生实践基地授牌仪式并致辞。

1月11日，应浙江省植物学会邀请，在浙江大学紫金港校区生命科学学院245报告厅作了题为《基因水平转移的生物信息学预测与实验验证》的学术报告。

3月5日，出席复旦大学新学期研究生教育工作会议并讲话。

3月20日，在钟扬的鼓励下，扎西次仁主动要求借调到西藏自治区科技厅西藏自然科学博物馆筹备领导小组办公室，负责生物标本和科普文字工作。3年之后，又加入了西藏自治区高原生物研究所西藏种质资源库的建设团队，成为首位主任。

5月1—6日，钟扬倡导并资助的西藏大学师生代表团一行40余人在西藏大学副校长娄源冰教授的带领下访问复旦大学。5月2日，在复旦大学研究生院钟扬主持召开了两校师生座谈会。

5月，倡导立项的首批"FIST项目"（FIST — Fudan Intensive Summer Teaching，即暑期集中式授课）44门课程正式开课。"FIST项目"是复旦大学研究生教育教学体系推出的"拳头"项目，旨在建设一批高质量研究生开放课程。

6月13日，2013年复旦大学管理学院EMBA开学典礼在光华楼东辅楼吴文政报告厅举行，钟扬发言。

7月19日，西藏大学接到国务院学位委员会学位〔2013〕15号文件通知，西藏大学成为博士学位授予单位，民族学、中国语言文学、生态学3个一级学科获批博士学位授权点。这是西藏自治区首批博士点，生态学博士点由钟扬主持。

7月26日，《中国科学报》刊登钟扬撰《证据的力量》。

8月，成为中组部选派的第七批援藏干部，任西藏大学校长助理（正处级）。此批援藏为期3年。

9月6日，复旦大学2013级MBA新生开学典礼举行，钟扬为500多名新生寄语。

9月17日下午，复旦大学劳模创新工作室命名创建仪式暨30年教龄颁证仪式在复旦大学工会多功能厅举行，"钟扬青藏高原生物学研究工作室"入选。

9月27日，当选中共复旦大学第十四届委员会委员。

10月18日，当选上海市研究生教育学会第八届理事会副秘书长、理事。

10月，承担上海自然博物馆（上海科技馆分馆）展示工程图文系统文字撰写项目。

10月，担任《计算生物学与化学》（Computational Biology and Chemistry）编委。

10月23日，钟扬在研究生院组织座谈会，接待了到访的西藏大学研究生处处长欧珠罗布等师生，两校就设立民族与宗教管理专业学位硕士和公共传播专业学位硕士等共同关心的问题进行讨论，交换了意见。

11月14日，研究生院和党委研究生工作部召开主题为"新形势下师生关系：问题与对策"的研讨会，钟扬参加会议并讲话。

11月15日，与卞毓麟等讨论上海自然博物馆图文版写作。

11月，钟扬在上海自然博物馆与徐蕾等讨论达尔文中心的科学绘画"生物一家亲"，这幅画前后制作时间达大半年之久，作品将生物分类五界系统和三域系统综合表达于科学绘画之中，是一幅极具科学含量的图解式绘图。

12月18日至22日，受国家民族事务委员会委托，复旦大学研究生院承办了"第三期国家民委中青年专业技术骨干创新能力建设研修班"。钟扬作为此次活动的组织者，也是8位授课专家之一，提出提升创新能力需要关注"精神状态与工作干劲、人才使用与学生培养、大胆创新与开拓方向、科研协作与团队建设"等几个方面。

12月25日，"水稻抗旱基因资源挖掘和节水抗旱稻创制"（项目编号：F-301-2-08）项目获2013年度国家技术发明奖二等奖，获奖人罗利军、梅捍卫、熊立仲、余新桥、钟扬、王一平。钟扬建立水稻QTL和基因发现数据库及C3植物光合作用代谢模型,通过计算机模拟,发现缺水状态下其代谢通路间的协调性增强,结果为水稻抗旱基因挖掘和节水机制提供了理论依据。论文发表于《美国科学院院报》(*PNAS*)和《核酸研究》。

是年,首次发现高海拔拟南芥群体(海拔4 000米以上),并在全基因组测序(序列号SRP052218)基础上检测了功能基因的适应性进化,结果表明西藏拟南芥为目前世界上所发现野生拟南芥的基部(原始)群体。

是年,钟扬入选上海市"为人为师为学"先进典型,上海市教卫工作党委、上海市教委组织摄制组,远赴西藏实地拍摄了钟扬纪录片《播种未来》。该片曾一举斩获2013年国际微电影节金奖。

是年,《上海教育》2013年第34期刊发王威鹏、计琳文章《钟扬 播种未来》,知网空间在该文摘要栏里写道:"为盘点世界屋脊的生物"家底",寻找一种高端人才培养的援藏新模式,他一次又一次地走进西藏,走进那些最偏远、最荒凉、最艰苦的地方。"

是年,在钟扬指导下,许敏和赵宁两位学生利用每个周末到海拔4 000多米的雅鲁藏布江流域探寻,终于找到分布在西藏的一种全新的拟南芥生态型。钟扬将其命名为"XZ生态型拟南芥",这既是两位年轻人姓氏拼音的缩写,更是西藏首字母的组合:"这是西藏的馈赠,也是大自然的回报。"

2014年　50岁

1月1日,受聘担任上海市生物信息学会第三届理事会副理事长,聘期4年。时任理事长李亦学。

1月16日,出席在光华楼召开的复旦大学研究生教育会议并作大会报告。

2月,担任中国生物化学与分子生物学会分子系统生物学专业委员会副主任。

3月30日,《解放日报》刊发彭德倩文章《他带领我们把不可能变成可能》。

4月14日,《拉萨晚报》刊发曾飞、王静雯文章《以敬业友善之心追逐"教育行者"梦想——钟扬教授》。

4月25日下午3时,钟扬在上海共康中学作"小实验,大智慧"科普报告。

4月28日，带领复旦大学研究生院全体工作人员赴东方航空公司客服中心和培训中心参观和学习，学习先进的服务理念，切实提高服务质量和工作水平。

4月，聘请来自全国各高校、科研院所和研究生教育主管部门的36位研究生教育专家和导师对复旦大学12个院系的研究生进行问题驱动型质量大检查。

5月2日上午，在上海自然博物馆加班中度过50岁生日，讨论地质古生物部分图文写作，中国地质大学王永标教授等参加讨论。

5月30日，参加复旦-BI（挪威）MBA项目22班开学典礼并致辞。

6月9日，钟扬倡导的复旦大学研究生服务中心成立，秉承"专业化、人性化、规范化"的理念，力争为广大师生、校友及家属提供高效、便捷、优质的服务。复旦大学研究生服务中心是全国高校第一家研究生服务中心，也是复旦大学在研究生管理体制改革方面的一大创举。

6月20日，在光华楼召开的2014年复旦大学研究生招生工作总结暨情况通报会上总结了2014年研究生招生工作。

6月27日，参加复旦大学2014届研究生毕业典礼暨授证仪式并宣读所有学位授予名单。

8月6日，出席在贵阳召开的中国植物生理与植物分子生物学学会第十一届理事会，出任理事，并担任该届理事会所属西部合作工作委员会委员。

8月25日，对口支援西藏工作20周年电视电话会议25日在北京人民大会堂召开，钟扬参加会议并受到表彰，为全国对口支援西藏先进个人。会前，接受时任中共中央政治局常委、全国政协主席俞正声，中共中央政治局常委、国务院副总理张高丽的亲切接见。

8月29日，新华网刊发记者张京品撰《为高原留下科学的种子——记上海援藏干部、西藏大学校长助理钟扬》，《西藏日报》9月1日第2版刊载。

9月4日，上海市教卫党委、市教委表彰2014年度上海市教书育人楷模，钟扬获提名奖。

9月6日，参加2014复旦大学MBA开学典礼并致辞。

9月7日,《文汇报》刊登姜澎撰《在青藏高原上为全人类储备未来资源》,介绍钟扬采集青藏高原种子、为西藏培养人才事迹。

10月19日,参加复旦—港大IMBA项目2014毕业午宴。

11月5日,应邀在南京晓庄学院生物化工与环境工程学院综合楼作了题为《科学是一种什么样的游戏?》的主题报告。

11月8—9日,全国系统与进化植物学研讨会暨第11届青年学术研讨会在浙江大学举行,钟扬作承办下届会议报告。

11月15日,黄冈中学上海校友会2014换届选举大会在复旦大学新闻学院406教室举行。钟扬教授对新的《黄冈中学上海校友会章程》、《黄冈中学上海校友会换届选举办法》进行了说明和解读,并表示,新一届校友会将组织更多汇集各年龄段校友的社交联谊活动,同时按行业帮校友组成更专业化的群体,通过研究、讲座、论坛等形式帮助校友发展和提高。

11月22—29日,在德国University of Giessen参加该校与西藏大学、德国Excellence Cluster Cardio Pulmonary System(ECCPS)联合举办的中德高原医学双边研讨会。

12月12日,应华东师范大学生命科学学院石铁流教授邀请访问该校,为师生作"基因水平转移(HGT):生物信息学预测与实验验证"学术报告。

12月,受聘担任复旦大学遗传与发育协同创新中心理事,聘期4年。

是年,被评为"援藏二十年"表彰大会先进个人代表。

是年,拉琼、扎西次仁、朱卫东、许敏、钟扬撰《雅鲁藏布江河岸植物物种丰富度分布格局及其环境解释》刊登于《生物多样性》2004年第22期。

2015年　51岁

1月23日,《科学通报》刊发安瑞文章:《原创的,就是世界的——钟扬教授专访》。

1月24日,带领研究生院同仁到上海自然博物馆开展工会活动。

1月26日,复旦大学研究生服务中心—论文写作服务分中心(简称"论文写作服务分中心")成立,旨在采取多种形式更好地为全校研究生提供论文写作方面的指导和服务。

1月，受聘担任《植物科学学报》第七届编辑委员会编委。

2月1日，在黄冈师范学院作"科学是一种什么样的游戏？"专题报告。

3月6日，参加复旦大学会计硕士专业学位项目2015级开学典礼并致辞。

3月10日，出席在管理学院史带楼403教室召开的新学期研究生教育工作会议并讲话。

3月23日下午，在复旦大学2015年研究生管理干部和导师培训大会上作专题报告。

4月23—24日，全力推动的首期"Nature Master Class"高阶科技论文写作培训班在复旦大学举行，22名高年级博士生和中青年教师参加了培训班。

4月28日，庆祝"五一"国际劳动节暨表彰全国劳动模范和先进工作者大会在北京人民大会堂举行，钟扬荣获2015年全国先进工作者称号，参加大会，并受到习近平总书记的亲切接见。

4月，被评为2014年度西藏大学优秀工作人员。

5月1日，上海教育新闻网、中国科大新创校友基金会、中国科大官网刊发《钟扬：神童在西藏》。

5月2日，在上海突发脑溢血，住进医院。18天后出院。其间口述写下一封想要寄给党组织的信。

5月5日，写下一篇未完待续的《在我失联的日子里》。文中开头写道："5月2日是我51岁的生日。前一天的夜里，我在疲惫交加之际，写了几段文字来描述我的出生。不知为何，我在句子开头提到了"我很累"，可能这就是内心真实的感受吧，我只希望能快快休息一下，不要再过每天睡眠3小时的日子。"

5月7日，《劳动报》刊登张欣驰撰《收集的是种子 播撒的是未来》。

5月26日，上海市教育系统全国及上海市劳模先进事迹宣传表彰活动在上海戏剧学院举行，钟扬获评"师·范——社会主义核心价值观的践行楷模"和2010—2014年度上海市劳动模范（先进工作者）称号。

5月25日，上海教育新闻网刊发记者刘时玉、通讯员焦苇的文章《上海"校园劳模"不断涌现，师德建设显成效》。

6月，在西藏大学指导的第一批生物学研究生毕业。

7月3日下午，参加复旦大学2015届研究生毕业典礼暨学位授证仪式。

7月23日，在哈尔滨工业大学参加C9高校研究生院院长交流研讨会并发言。

8月21日，由中国科协、教育部、科技部等部门主办的第31届全国青少年科技创新大赛之STEM教育论坛上，钟扬与另外3位主讲人，从不同角度就STEM教育展示了各自的研究成果及教育理念。

8月26日，《光明日报》第6版刊登记者颜维琦、曹继军撰《钟扬：把科研的种子播撒在高原》，讲述钟扬与西藏的情缘。

8月，《上海研究生教育》2015年第3期刊登对钟扬的访谈《怎样真正提升研究生的能力》。

9月1日，《解放日报》第8版刊登彭德倩撰《追寻雪莲的生命高度——记复旦大学植物学教授钟扬》，介绍钟扬事迹。

9月10日晚8时，由中央电视台和光明日报社联合主办的2015"寻找最美教师"大型公益活动揭晓最美教师名单，录制视频在央视一套首播，钟扬被推选为活动"特别关注教师"。

9月17日，在复旦大学附属中学作"播种未来"讲座，上海市生命科学学科德育实训基地四期学员以及导师团周韧刚、邓无畏等参加。

9月21日，国家重大科学研究计划"代谢生理活动与病理过程中信号转导网络的系统生物学研究"项目课题结题验收会议中在中科院生物化学与细胞生物学研究所举行，钟扬作为项目专家组成员参加，李亦学为项目首席科学家。

10月22日，参加研究生院敬老节活动，与退休老同志座谈。

10月28日，在南京大学参加中国九校联盟——澳大利亚八校联盟研究生院院长会议2015年年会并发言。

10月29日上午9点，在辉瑞研发十周年庆典上就"复旦—辉瑞"专业学位研究生项目做英文发言。

10月29日，在复旦大学附属中学博学楼二楼的扇形礼堂内，为上海市第三期双名基地作《浅议教育接力赛与素质教育》专题报告。

10月30日，"C9高校研究生招生和学位工作研讨会"在复旦大学召开，钟扬出席并致欢迎辞。

10月，《博学文库》（第一辑）由复旦大学出版社出版，钟扬作《总序》。

11月14日，《解放日报》刊发彭德倩文章：《为劳模点赞／钟扬·追寻雪莲的生命高度》。

11月20日，《文汇报》刊登钟扬撰《研究生培养质量提升的解决之道》。其中有一句"即便准许学生抄论文，很多人都抄不对"，被《廉政瞭望》第23期的"声音"栏目摘录，配文说：复旦大学研究生院院长钟扬撰文称，很多学生在写作上达不到研究生的标准，一些学生缺乏逻辑，平时说话做事都颠三倒四。

12月1日，受聘担任吉首大学客座教授，为老师作"研究生教育与创新团队建设"主题报告，又为师生作"基因水平转移——生物信息学预测与实验验证"学术报告。

12月16日，《新民晚报》刊登记者张炯强撰《历8年艰辛，送未来上海一份礼物——复旦团队成功在北半球高纬度种活红树林》。

12月21日，在南京师范大学为研究生作报告《研究生应该具有的能力和素质》。

12月23日上午，调研复旦大学MPA、国际关系与公共事务学院。

12月，《科学通报》60卷第36期刊登《原创的，就是世界的——钟扬教授专访》，谈及钟扬对日本获得诺贝尔奖情况的考察，以及对中国的启发。

2016年　52岁

1月25日，《新民晚报》刊发张炯强文章：《沪教授率团队驻守临港海边，守护红树林扛过严寒考验》，报道钟扬和他的团队在纬度最高的北半球地区，成功实现人工栽种红树林。

1月21—25日，在复旦大学召开关于召开"高原生态环境保护与人群健康"学科领域建设方案研讨论证会。

2月12日，《文汇报》头版头条刊登首席记者姜澎撰《复旦大学钟扬教授10年破解红树北移难题，备上一份"生态厚礼"送给后人——为50年后的上海栽下美丽海岸线》。

3月1日下午，出席在复旦大学逸夫科技楼召开的新学期研究生教育工作会议并讲话。

3月底，第七届教育部科学技术委员会成立，钟扬被聘为地学与资源环境学部委员。

4月12日，在南京师范大学研究生院"研师论道·开讲啦"讲学。

4月15日，《南师研究生》刊发徐惠中文章《听钟扬教授分享"教师是一种什么样的职业"》。

4月19日下午，应华中农业大学水产学院副院长梁旭方邀请，参加该校水产讲坛，在水产楼109报告厅作题为"动植物间的基因水平转移"的学术报告。

4月26日，中共中央总书记、国家主席、中央军委主席习近平考察中国科学技术大学，钟扬应邀回到母校，受到习总书记的集体接见。

4月27日，出席复旦大学研究生委员会提案答复会并答复相关提案。

5月17日，参加中国教科文卫体工会座谈会。发言稿《弘扬劳模精神 培育创新人才》刊登于《中国教工》2016年第6期。

5月28日，《文汇报》第6版刊登钟扬撰《一个招办主任儿子的高考》，谈及当初不能提前高考、尝试少年班的经历。文章署名"索顿"，系钟扬藏族名字"索朗顿珠"缩写。6月12日，《黄冈日报》转载此文，署名钟扬，并注明其为黄冈人、黄冈中学毕业生。

5月，受聘担任中国医师协会临床精准医疗专业委员会第一届委员会委员，任期3年。

6月9日，参加2016复旦EMBA春季班开学典礼，发表致辞和主题演讲。

6月15日上午，在河西学院河西讲堂作"青藏高原的生物多样性与分子进化——15年研究回顾"学术报告。副校长张勇河主持。下午，出席河西学院学科建设暨微藻工程中心专家指导委员会会议，校长刘仁义主持。

6月24日，参加复旦大学2016届研究生毕业典礼暨学位授证仪式，并宣读全部学位名单。

6月27日，脑溢血后第一次进藏，商讨西藏大学农牧学院独立后，博士点去留问题。

6月，获复旦大学"优秀共产党员"荣誉称号。

同月，《博学文库》（第二辑）由复旦大学出版社出版，钟扬作《总序》。

7月2日，第二届复旦大学EMBA项目人文盛典在管理学院举行，钟扬作"基因·进化·哲学"主题演讲，表示科学和人文始终息息相关。

7月6日，《自然》（*Nature*）子刊《科学报告》（*Scientific Reports*）在线发表论文"The genome and transcriptome of Trichormus sp. NMC-1: insights into adaptation to extreme environments on the Qinghai-Tibet Plateau"，通过测序解析蓝藻对高原极端气候的适应机制，钟扬为通讯作者。

7月12日，第七批援藏完成之际，西藏大学党委组织部出具对钟扬的评价："援藏期间表现突出，建议提拔使用或晋升职级。"

7月14日上午，2016青少年高校科学营复旦大学分营在复旦大学开营。仪式后，钟扬带来首场大师讲堂，结合自己求学以及在西藏做科研的经历，讲述何为生物多样性及生物多样性之美。

7月20日，在上海交通大学出席C9高校研究生院院长交流研讨会，发言主题为"论文写作是研究生培养体系中的薄弱环节"，着重介绍研究生论文写作中存在的问题及提升研究生论文写作水平的途径。

7月，成为中组部选派的第八批援藏干部，在西藏大学工作。

8月1日，西藏大学召开援藏干部人才欢迎会，欢迎中组部、教育部第八批援藏干部人才到校开展支援工作。会上，由第七批援藏干部延任第八批援藏干部的钟扬，介绍了在藏工作的经验和体会。

8月15日，由华东师范大学教育学部承办的第31届全国青少年科技创新大赛之STEM教育论坛在上海召开，钟扬作报告。

8月16日，大公网刊发《钟扬：教育者亦是能力的发现者》。

8月18日上午，钟扬、李辉在上海图书馆主讲"解读我的美丽基因组"。

8月30日，《上海科技报》刊发《复旦生科院钟扬教授：上帝的两扇门，揭开基因组天书的奥秘》，文章报道在2016上海书展"书香·上海之夏"名家新作系列讲座之"我的美丽基因组"讲座活动中，教授钟扬用一个个鲜活生动的例子，深入浅出地为公众解读了基因组这一生命天书的奥秘。

9月9—15日，全国系统与进化植物学研讨会暨第十二届青年学术研讨会在青海省西宁市和拉萨市举行，会议分别由青海民族大学和西藏大学承办。钟扬作为组委会主任主持大会并致辞，拉琼为组委会副秘书长。

9月17日下午，"2016复旦哲学大会"前沿思想讲坛在光华楼吴文政学术报告厅举行，钟扬作"基因进化中的哲学思考"主题讲座。

10月11日，2016年教育部"创新团队发展计划"滚动支持名单公布。钟扬作为学科带头人的西藏大学"青藏高原的生物多样性与分子进化"创新团队入选，获得经费300万元，实施期限为2017年至2019年。

10月21日，"C9高校研究生学籍学生事务与奖助学金管理工作研讨会"在复旦大学召开，钟扬出席并致欢迎辞。

10月22日上午，在宁夏大学贺兰山校区科技楼A510作"如何提高科研论文的写作水平"主题报告，共两个半小时。

10月25日，上海自然博物馆引进展"灭绝：并非世界末日？"开幕，钟扬担任戎嘉余院士讲座主持人。

10月，受聘担任《微生物学报》第11届编辑委员会编委，聘期5年。

11月4日，在武汉大学参加研究生院联席会并作大会报告《提高研究生培养质量的理念与措施》。

11月12日，西北农林科技大学研究生导师培训会在学校交流中心208会议室举行，钟扬作"如何应对当前研究生教育面临的挑战？"报告，100多名近三年来首次招收博士、硕士的研究生指导教师参加。

11月13日中午，从西安抵达开封，下午为河南大学研究生院"导师学校"作"提高研究生培养质量的理念与实践"专题报告。

11月15日，第3期国家民委系统新进青年干部培训班在中央民族干部学院举办，钟扬作为援藏前辈专家发言。

11月21日，中国科大新闻网刊发记者杨梅文章：《神童到中年》。

11月27日，在北京林业大学鹫峰实验林场会议室，为该校新任导师做"研究生教育改革与导师的职责"专题报告。

11月30日下午，在复旦大学光华楼多功能厅参加2016年复旦大学研究生导师及管理干部培训大会并致辞，为新成立的"研究生导师服务中心"揭牌。

12月8日下午，新民科学咖啡馆在上海科技馆主办讲座，钟扬参加，讲述如何做好科普。

12月10日，《新民晚报》记者马丹、董纯蕾文章《致敬科普志愿者，愿你们早日打通"最后一公里"》。

12月15日下午2时半，湖南商学院"麓山大讲堂"第49讲在F201举办，钟扬主讲"研究生教育与导师的职责"。

12月16日下午，华南师范大学"名家大讲堂"在生科院102报告厅举行，钟扬为研究生作题为"怎样提高科技论文写作水平"的学术讲座，100多人参加。

12月17日，受聘担任北京师范大学、复旦大学生物多样性与生态工程教育部重点实验室第二届学术委员会委员。

12月24日，出席北京大学城市与环境学院生态系主办的第十三届"北京大学生态讲坛"，与葛剑平、魏辅文、李德铢、罗述金作大会特邀报告。

12月28日上午，在大连民族大学开发区校区作"怎样写好研究生学位论文"专题报告。

2017年　53岁

1月22—26日，在澳大利亚麦考瑞大学参加Cotutelle & Joint PhD 2017 research management workshop，并作报告"The joint-Ph.D. program based on MQ-FU-HAM tri lateral partnerships"。

3月8日,"青藏高原特殊生境下野生植物种质资源的调查与保存"项目获云南省科学技术进步奖三等奖,钟扬为获奖者。

3月14日,在东莞市召开的全市创新发展大会上,代表复旦大学与东莞市人民政府签署《东莞市人民政府 复旦大学共建研究生实践基地意向书》。

3月,英国E.奇文、A.伯恩斯坦编《延续生命——生物多样性与人类健康》由科学出版社出版,索顿(钟扬)、乔琴、张体操、臧婧泽、金燕、顾卓雅译,赵佳媛校。

同月,钟扬撰《达尔文进化论过时了吗?》刊登于《科学》69卷第2期"科学书屋"栏目。

同月,指导上海市实验学校学与做科学社社长朱薪宇撰写的论文《西藏拟南芥适应能力分析》获得了第32届上海市青少年科技创新大赛二等奖。

4月14日上午,钟扬在湖南师范大学为湖南省高校硕士研究生导师高级研讨班作《研究生教育面临的挑战与导师的职责》专题报告。

同日晚,参加湖南商学院研究生创新创业论坛,在乐知楼F201作"如何提高研究生学位论文写作水平"专题报告。

4月15日,湖南师范大学研究生教育创新论坛在研究生院二楼会议室举行,钟扬作"有关研究生教育的若干理论与实践"主题讲座。

4月18日,上海市精神文明建设委员会在市委党校大礼堂召开上海市精神文明建设工作会议。钟扬荣获"2016年度上海市社会主义精神文明好人好事"称号。

5月5日早上6点从拉萨出发赶往墨脱进行植物学野外科学考察。

5月10日,在 *PLoS ONE* 期刊发表藏族博士生拉琼为第一作者的论文"Testing the effect of the Himalayan mountains as a physical barrier to gene flow in Hippophae tibetana Schlect. (Elaeagnaceae)"。钟扬为通讯作者。

是年,在期刊 *Science Bulletin* 第62卷24期发表论文"Discovery of a high-altitude ecotype and ancient lineage of *Arabidopsis thaliana* from Tibet",钟扬为联合通讯作者。

5月12日,受聘担任上海市实验学校顾问,协助课程建设,并作题为《生物学实验与批判性思维》的演讲。

5月18日,在上海自然博物馆参加科普活动。

5月20日下午2时半,在上海市漕溪北路331号新华中心18楼华空间作"基因密码——生命与哲学"主题讲座。

5月23日下午,在复旦大学光华楼102报告厅出席复旦大学2017年研究生导师及管理干部培训大会并作专题报告。

5月,应原中国科大少年班班主任朱源、同学郝权邀请,到深圳为当地中学生做了题为《生物学实验与批判性思维》的科普讲座。

6月2日,在重庆市复旦中学作题为"批判性思维·理念与实践"讲座。

6月6日,在浙江大学参加全国研究生招生工作学术研讨及培训会,并作大会报告《研究生招生考试方式与培养效果的关联分析》。

6月15日上午8时,在河西学院河西讲堂作"青藏高原的生物多样性与分子进化——15年研究回顾"主题报告。

6月17日下午,在上海自然博物馆与30多个小朋友及家长交流。

6月18日,在上海大学美术学院作"领导力与队伍建设——学科带头人与创新团队建设"报告。

6月23日,受聘担任国家重点研发计划"生物安全关键技术研发"重点专项专家组成员,聘期4年。

同日下午,复旦大学2017届研究生毕业典礼暨学位授予仪式在正大体育馆举行,钟扬主持学位授予仪式。藏族博士毕业生德吉向导师钟扬献哈达。

6月26日,《哲学课堂》刊发《重磅|钟扬:基因进化中的哲学思考》。

6月30日,在西藏大学"西藏大学生态学一流学科建设高校建设方案专家论证会"上,学科带头人钟扬做了大会报告。

7月6日,国家重点研发计划"生物安全关键技术研发"重点专项专家组在中国生物技术发展中心成立,并召开第一次会议,钟扬担任副组长,聘期5年。

7月15日,在杭州西溪举行的"一席"现场演讲与网络视频节目,作为第507位讲者,发表著名演讲:《种子方舟》。

7月中旬，为安徽师范大学中层业务领导人员发展战略研修班作"重点学科培育和科研平台建设"报告，上海复旦科技园进修学院承办。

7月20日，在北京参加教育部博士研究生教育综合改革试点座谈会。

8月初，扎西次仁最后一次在拉萨与钟扬碰面，约定在西藏种质资源库9月30日开张时，钟扬答应为团队讲课指导。

8月7日晚，钟扬和上海大学上海电影学院执行院长何小青教授、摄影师敖国兴、导演刘深、学生边珍商讨拍摄在西藏采集种子的纪录片。

8月22日，在上海科技馆参加活动，为学生讲解在临港种红树林的经过。

8月25日，在上海科技馆科普讲坛，陈家宽主讲，钟扬主持，还留下了30分钟的视频。这也是钟扬与陈家宽教授的最后一次合作。

是年暑假，钟扬带领上海市实验学校学与做科学社社长朱薪宇等中学生前往西藏林芝、墨脱等地学习考察。

8月31日，在上海浦东新区，为中国西南野生生物种质资源库采集到最后一份种子，为亲自采集，也是唯一一份没有采自青藏高原的种子。10年间，钟扬累计为该种质库采集种子226种、544份、1 300万粒，另采集标本3 665份、DNA有1 367份。

8月，钟扬撰《基因密码——生命与哲学》刊登于《书城》2017年8月号"知本读书会"栏目。

9月1日下午，为安徽师范大学音乐学院和生命科学学院的教师作"教师是一种什么样的职业"专题讲座。

9月2日上午，在安徽师范大学赭山校区图书馆报告厅，为生命科学学院师生作"青藏高原的生物多样性与分子进化"和《基因水平转移——生物信息学预测与实验验证》的专题报告。

9月5日下午，从成都乘飞机至拉萨，到纳金校区图书馆学术报告厅，为全校2017级研究生作"做一个合格的研究生"报告。这是钟扬最后一次为西藏大学学生讲课。

9月6日中午，从拉萨乘飞机返回上海。这也是钟扬最后一次离开西藏。

9月8日下午，邀请浙江西湖高等研究院跨学科联合培养项目的首批共

19名博士生新生到复旦大学研究生院座谈，勉励博士生们全力以赴投入学习科研，争取顺利完成学业。

9月9日，西藏大学5名学位点负责人赶到复旦大学，请钟扬为西藏大学中国语言学文学点的博士评估材料修订作指导。从下午2点持续到晚上9点，事后5位学位负责人才知道，这天正是钟扬双胞胎儿子大毛、小毛的15岁生日，钟扬为了能及时保质、保量地完成西藏大学的工作而没有陪儿子过完生日。

9月11日上午，为安徽工业大学2017级研究生作"做一个合格的研究生——科研论文写作与学术诚信教育"主题报告。

9月12日，钟扬撰《世界屋脊上的种子收集者》刊登于《北京青年报》，系在"一席"的演讲记录。《课外阅读》杂志第22期转载。

9月13日，在复旦大学参加复旦大学和汉堡大学联合举办的"中国在欧洲 欧洲在中国——历史与当下"联合培养博士项目开幕招待会并致辞。

9月15日，钟扬在浦东为小学生们讲解湿地生态保护有关知识。

同日，与团队成员顾卓雅、顾洁燕等一起在上海科技馆，专题研究上海自然博物馆更新改造事宜。

9月19日，上海市教卫直属机关青年工作委员会首场报告会举行，钟扬讲述"高原教育实践和感悟"，提出青年成才需要毅力、胸怀和创新三个重要品质。

9月21日，教育部发布了"双一流"大学名单，西藏大学生态学入选一流学科。

同日中午，在复旦研究生院院长办公室，与研究生院副院长杨长江、学位办主任姜友芬讨论学校学位委员会换届事宜。

同日下午，这也是钟扬在复旦工作的最后一天。当天他和同事们一起开会，和大家分享了西藏大学生态学入选教育部双一流的好消息。

同日晚上，从上海飞赴北京，参加国家自然科学基金委的项目评审。

9月23日，乘机抵达内蒙古鄂尔多斯市城川民族干部学院，为内蒙古自治区党委办公厅第一期干部能力提升暨党性教育培训班做题为《干部创新思维与创新能力培养》专题讲座。短短两天行程、满满的2堂课。

9月24日晚23时56分，刚刚为城川民族干部学院讲完课的钟扬，在复旦研究生院"院长办公会"微信群讨论上党课事宜，说："我26日出差回校，下午4:00给大家讲黄大年。"

9月25日早晨5点多，乘车赶往银川机场，在经由内蒙古鄂尔多斯市下辖的鄂托克前旗途中，所乘小车与停在路边的铲车猛烈相撞，钟扬不幸因公殉职。

（作者曾艺任职于复旦大学宣传部，董少校系中国教育报上海记者站记者。本年表经钟扬妻子张晓艳教授审读，参考复旦大学楚永全、南蓬、钟扬表姐夫林绿琪等整理的钟扬资料，先梦涵、包晓明、扎西次仁、拉琼等提出修改意见，特此致谢。）

图书在版编目(CIP)数据

钟扬纪念文选/本书编委会编.—上海：复旦大学出版社,2018.6(2018.7重印)
ISBN 978-7-309-13629-6

Ⅰ.钟… Ⅱ.本… Ⅲ.钟扬(1964-2017)-传记 Ⅳ.K826.15

中国版本图书馆 CIP 数据核字(2018)第 071122 号

钟扬纪念文选
本书编委会　编
责任编辑/李又顺

复旦大学出版社有限公司出版发行
上海市国权路 579 号　邮编：200433
网址：fupnet@fudanpress.com　http：//www.fudanpress.com
门市零售：86-21-65642857　团体订购：86-21-65118853
外埠邮购：86-21-65109143　出版部电话：86-21-65642845
上海市崇明县裕安印刷厂

开本 787×1092　1/16　印张 24.25　字数 330 千
2018 年 7 月第 1 版第 2 次印刷

ISBN 978-7-309-13629-6/K·652
定价：78.00 元

如有印装质量问题，请向复旦大学出版社有限公司出版部调换。
版权所有　侵权必究